企業法制の将来展望

資本市場制度の改革への提言

2024年度版

神田 秀 樹

[責任編集]

公益財団法人 **資本市場研究会**

[編]

中 空 麻 奈	藤 野 大 輝
鈴 木 利 光	大 崎 貞 和
飯 田 秀 総	石 川 真 衣
加 藤 貴 仁	関 　 雄 太
松 尾 直 彦	根 本 剛 史
森 田 多恵子	脇 田 将 典
伊 藤 雄 司	

刊行にあたって

　2023年10月、IMF は世界経済成長率の予想を2022年の3.5％から2023年3.0％・2024年2.9％と発表、「世界経済の回復ペースは依然遅い。地域間の格差が広がる中、政策の幅は限られている。」との見通しを示しました。

　地球温暖化が顕著となり、自然災害が記録的に発生しております。新型コロナウイルスは、WHO 緊急事態宣言が終了されたものの、変異株により再び増加傾向が伺われます。更に、ウクライナ侵攻に対するロシアへの経済制裁も続いております。この様な状況は、海洋環境の変化、農産物や天然資源の価格高騰を発生させ、引き続き、経済的にも政治的にも大きな影響を与えております。

　こうした影響を受け、日本・米国・英国で40年ぶりの物価上昇、EU 圏で最高のインフレ率となり、米国・欧州では歴史的ハイペースな利上げが実施されました。また、為替市場では1ドルが150円を超える円安／ドル高傾向となり、約24年ぶりの日銀による介入が実施されました。

　世界各地で様々な問題が起きている中、多国間協力が世界中で不可欠な状況でありながら、各国において異なる価値観のもと、インフレ抑制など国民生活を守るための政策を行わなければならない大変難しい局面が続いております。

　一方では、官民一体となり、ESG 投資を含めたサステナブルファイナンス市場の法整備へ向けた議論が継続的に進められており、SDGs 社会に向けた持続的行動が、今後更に注視される事になるでしょう。

当公益財団法人ではグローバルな金融・資本市場を取り巻く環境の変化、および、諸問題についての調査研究会を設け、継続的な取り組みを行っております。

　座長は、神田秀樹教授（学習院大学大学院法務研究科）にお願いし、学識経験者、弁護士、実務家など16名からなるメンバーにご参加いただき、研究会を開催しております。また、ここ数年間は、新型コロナウイルスの影響で実施出来ておりませんが、欧米への海外調査も行っております。

　本書は、今後の資本市場のあるべき姿に関して研究会のメンバーが持つ問題意識を整理し、今後の資本市場の法制・規制の在り方を議論する上でのベースとなる参考文献と考えております。神田座長と各参加メンバーの調査研究の成果をご高覧いただきたく存じます。

2023年10月

公益財団法人　資本市場研究会

理事長　林　　正和

【研究会参加メンバー】

（座　長）
神田　秀樹　学習院大学大学院法務研究科　教授
（委　員）
飯田　秀総　東京大学大学院法学政治学研究科　教授
石川　真衣　東北大学大学院法学研究科　准教授
伊藤　雄司　法政大学法学部　教授
大崎　貞和　株式会社野村総合研究所主席研究員　東京大学客員教授
加藤　貴仁　東京大学大学院法学政治学研究科　教授
神作　裕之　学習院大学大学院法務研究科　教授
朱　　大明　東京大学大学院法学政治学研究科　特任教授
関　　雄太　株式会社野村資本市場研究所　常務
武井　一浩　西村あさひ法律事務所・外国法共同事業　パートナー弁護士
中空　麻奈　BNP パリバ証券株式会社　グローバルマーケット統括本部
　　　　　　副会長
松尾　直彦　松尾国際法律事務所　弁護士
横山　淳　　株式会社大和総研金融調査部　主任研究員

（オブザーバー）
長谷川　勲　株式会社日本取引所グループ　常務執行役
松元　暢子　慶應義塾大学法学部　教授
水野　卓郎　日本証券業協会 政策本部 調査部長
脇田　将典　東北大学大学院法学研究科　准教授

座長を除き五十音順、敬称略
（2023年11月30日現在）

目　次

第1章　サステナブルファイナンスの潮流　　中空　麻奈

第2章 サステナビリティ情報開示に関する動向・今後の展望

～ ISSB、EU（CSRD・SFDR・MiFID II）の動向と国内への影響～ 藤野　大輝／鈴木　利光

第3章 スタートアップ投資の拡大に向けた資本市場制度改革 大崎　貞和

第4章　ダイレクトリスティングと証券訴訟

飯田　秀総

第5章　欧州における株式上場制度の見直しに向けた
　　　　近時の取組み
　　　　　　　　　　　　　　　　　　　　　　　　　　　　　石川　真衣

第 6 章　インサイダー取引規制の構造・機能の再検討
─暗号資産に関するインサイダー取引規制の要否を題材にして

加藤　貴仁

第7章　ビットコイン現物 ETF の承認を巡る米国の 議論
～グレイスケール・ビットコイン・トラストのケースを中心に～

関　　雄太

第12章　金融商品取引法における市場概念　　神田　秀樹

企業法制の将来展望

資本市場制度の改革への提言

2024 年度版

はじめに

神田　秀樹

　公益財団法人資本市場研究会の資本市場法制研究会は、2023年度における研究に基づいてこの2024年度版を刊行することとした。今回も、研究会における議論等を踏まえて、金融・資本市場法制や会社法制に関して近年重要視されている諸課題を幅広く検討する論稿を収録している。

　第1章「サステナブルファイナンスの潮流」(中空麻奈) は、サステナブルファイナンスの動向を検討する。気候変動、SDGs に進んでいたサステナブルファイナンス市場拡大の流れはしばらく継続するものと考えられていた。しかし2022年には、ロシアによるウクライナ侵攻を受け、市場の成長が初めて止まった。また、米国において顕著な反ESG の流れも一部では強まっているように見える。行きつ戻りつを繰り返す中、脱炭素化社会への道のりはむしろ障害も多い。こうした現状に鑑み、サステナブルファイナンス市場はこの先どうなるのか。さらには生物多様性やサーキュラーエコノミーに加え、水、物理的気候リスクといった新しい観点での動きもある。これらを包括して紹介するとともに、これから先の金融市場においてサステナブルファイナンスがどういう役割を果たしていくべきなのかについて整理する。方向性を確認するとともに、日本がサステナブルファイナンス市場においてどう関わっていくべきか、課題が見えてくることを目指す。

　第2章「サステナビリティ情報開示に関する動向・今後の展望〜ISSB、EU（CSRD・SFDR・MiFID II）の動向と国内への影響〜」（藤野大輝、鈴木利光）は、企業のサステナビリティ情報開示の動向を紹介して将来を展望する。企業のサステナビリティ情報開示への要請には大きな動きが見られる。ISSBにおいて、国際的・統一的な基準としてIFRS S1、IFRS S2が公表された。今後は広い国・地域でこれを基にした開示が行われていくことが予想される。一方、EUではCSRDの発効により、ダブルマテリアリティを採用した情報開示が要求される。日本では、開示府令の改正が行われたものの、こうした海外の動向と比較するとまだ詳細な情報開示は求められていない。今後ISSBの基準を基にした開示拡充が見込まれ、企業にはさらに積極的な開示の検討が期待されている。

　また、2022年に入り、運用商品における「グリーンウォッシング」への懸念表明を意図した当局からのリリースが相次いだ。もっとも、そうした懸念は、昨今に始まったことではない。とりわけ、EUの「EUタクソノミー」と、その開示フォーマットであるSFDR、そしてMiFID IIの改正は、運用商品におけるグリーンウォッシング対策の先駆けといえる。この問題に対して長らく沈黙を維持していた金融庁も、EUに続く動きをみせている。

　第3章「スタートアップ投資の拡大に向けた資本市場制度改革」（大崎貞和）は、スタートアップ投資の拡大に向けた資本市場制度改革について論じる。2022年11月に策定された政府の「スタートアップ育成5か年計画」はスタートアップへの投資額を5年間で10兆円規模に増加させるという目標を示した。そのための施策として多岐にわた

る項目が掲げられているが、資本市場制度改革につながる項目も含まれる。この計画に基づき、2023年7月までに非上場株式等の特定投資家向け勧誘に係る制度整備や特定投資家の範囲の拡大、特定投資家向け証券のPTS取引の解禁などの措置が講じられた。特定投資家制度が米国の適格投資家制度とは異なり、証券会社の勧誘規制上の概念であることに由来する限界もあるが、今後の制度の活用が期待されると論じる。

　第4章「ダイレクトリスティングと証券訴訟」（飯田秀総）は、日本でも検討が進みだしたダイレクトリスティングに関して、アメリカ法におけるダイレクトリスティングと証券訴訟について検討する。ダイレクトリスティングでは、新株発行せずに既存株主が株式を売却できるものの、IPOと比べると投資者保護の仕組みが不足するのではないかが懸念される。日本と発行開示規制の構造がやや異なるアメリカ法に由来する問題ではあるが、Slack社の事例を通じて、ダイレクトリスティングにおいては登録株式と未登録株式の区別が困難であるため、原告適格の証明が難しいという問題がアメリカでは生じている。今後、ダイレクトリスティングの制度整備を進めるにあたっては、投資者保護の視点から考える必要があるのではないかという問題提起をする。

　第5章「欧州における株式上場制度の見直しに向けた近時の取組み」（石川真衣）は、欧州における株式上場制度の見直しに向けた近時の取組みを紹介して検討する。企業がその発行する株式を上場する背景には、市場を通じた株主の退出の機会の付与、資金調達・M&Aの容易化、企業の知名度の向上等の様々な理由があり、企業はそれぞれ

の事業の性質、発展段階、株主構成や将来計画に照らし合わせて選択を行う。近時、上場会社数の減少を受けて、欧州においてはいかに企業を市場に誘引し、株式市場を活性化させるかという観点からの検討が活発に行われている。本章は、リスティング・ギャップと呼ばれる、潜在的に上場可能な企業の数と実際の上場会社数の差を埋めるために欧州において進められている取組みの全体像を捉えるために、2022年12月に公表された EU の Listing Act Package 及びこれに至るまでに公表された各種報告書（Oxera 報告書及び TESG 報告書）の内容及び英仏の UK Listing Review 及びパリ金融市場高等法制委員会（HCJP）報告書を中心とする関連する議論の動向に注目し、欧州における検討の方向性を探ろうとする。

　第6章「インサイダー取引規制の構造・機能の再検討─暗号資産に関するインサイダー取引規制の要否を題材にして」（加藤貴仁）は、暗号資産に関するインサイダー取引規制の要否を題材としてインサイダー取引規制の構造・機能の再検討を行う。2019年の金融商品取引法改正により暗号資産を対象とした不公正取引規制が導入されたが、インサイダー取引規制は導入されなかった。しかし、アメリカでは暗号資産に関するインサイダー取引に対する法執行活動が行われた例があり、EU の Regulation on Markets in Crypto-assets には暗号資産に関するインサイダー取引規制を定めた規定が存在する。暗号資産の取引には国境が存在しないことを踏まえると、日本も暗号資産に関するインサイダー取引規制の導入を迫られる可能性がある。したがって、暗号資産に関するインサイダー取引規制の要否を改めて論じることに一定の意義がある。また、そのような検討を通して、金融商品取引法の有

価証券に関するインサイダー取引規制の基本構造の課題の再確認を行うことが可能となり、その改善につながる示唆を得ることが期待できると論じる。

　第7章「ビットコイン現物 ETF の承認を巡る米国の議論　〜グレイスケール・ビットコイン・トラストのケースを中心に〜」（関雄太）は、ビットコイン現物 ETF の承認を巡る米国の議論を紹介して検討する。暗号資産の規制を巡る複雑な動向の中で、米国 SEC が、ビットコイン先物 ETF に続いてビットコイン現物 ETF 上場を認めるかどうかも、証券市場関係者から注目を集めてきた。グレイスケール・ビットコイン・トラストの ETF への転換と NYSE アーカ取引所上場を巡って争われた訴訟で、連邦控訴裁判所が2023年8月29日に出した判決は、SEC が一貫して不承認の理由としてきた1934年証券取引所法6条（b）（5）項が求める「（当該 ETF の）詐欺・相場操縦行為を探知・防止するために、原資産の取引について十分に大きく規制下にある市場と監視協定を締結していること」という要件が、先物 ETF と現物 ETF で一貫性を欠く適用がされていると指摘した。この判決を踏まえて現物 ETF が承認されれば、証券市場とビットコインの関係はより強まり、投資家層の多様化などの効果が期待されるが、暗号資産の規制全体については今後も複雑な動きが続くこととなろうと展望する。

　第8章「非公開情報授受規制について」（松尾直彦）は、非公開情報授受規制について論じる。最近いわゆる銀証ファイアーウォール規制（非公開情報授受規制）が見直された上で、引き続きの検討課題とさ

れている。この検討は、銀行グループ・証券グループの間の業際問題的思惑を離れて、規制の趣旨を踏まえて行われる必要がある。本章では、規制の原点にまで立ち返って、その趣旨に係る考え方の変遷及び本来の趣旨（主として顧客保護説）を明らかにしている。併せて、今後の検討課題として、法人顧客に関する民事上の守秘義務の問題を取り上げている。

　第9章「人権デュー・ディリジェンスについて」（根本剛史、森田多恵子）は、人権デュー・ディリジェンスについて検討する。国連人権理事会において「ビジネスと人権に関する指導原則」が全会一致で支持されたのを大きなきっかけとして、昨今、人権尊重を求める意識は高まりを見せ、海外における法制化、国際労働機関（ILO）によるサプライチェーン上の人権保護に関する包括的な戦略の策定、投資家による人権侵害を理由としたダイベストメントなど、人権尊重の取組に関する企業を取り巻く国内外の環境は激しく動いている。本章では、日本政府が2022年に策定した「責任あるサプライチェーン等における人権尊重のためのガイドライン」を、「ビジネスと人権に関する指導原則」やOECDの「責任ある企業行動のためのOCEDデュー・ディリジェンス・ガイダンス」等も踏まえた上で紹介する。

　第10章「敵対的買収に関する近時の裁判例の検討」（脇田将典）は、日邦産業事件、日本アジアグループ事件、富士興産事件、東京機械製作所事件、三ツ星事件という近時の防衛策に関する裁判例を統一的に説明する視点を提供することを目的とする。検討においては、判旨の文言自体よりも事案の内容に注目し、裁判例で問題となっている防衛

策に注目する。本章は、近時の買収防衛策についての裁判例は、対象会社が防衛策の目的に従った行動をとっているかどうかによって整理できると主張する。そのために、近時用いられている買収防衛策を紹介した後に、防衛策の目的に沿った行動について敷衍した上で、実際の裁判例の分析がされている。

　第11章「買収手法の強圧性と買収防衛策」（伊藤雄司）は、買収手法の「強圧性」という概念が、買収防衛策の適法性を判断する際にどのような役割を果たしうるものであるかを検討するものである。いわゆる有事の買収防衛策の適法性について、近時の裁判例は、買収防衛策の発動について株主総会の承認を得ているかどうかを重視しているが、これは、買収手法の強圧性に関わる問題を、当該買収が企業価値を毀損するものであるかについて株主に別途判断させることによって克服できるとする議論に依拠している。この議論は、Bebchuk の見解を祖述したものであるが、Bebchuk の論理は、①総体的にみて株主に不利益に作用する公開買付けが成功するとの予測を株主が採用することと、②公開買付けが株主にとって不利益であるかどうかの判断の基準を公開買付け期間終了直前の時点の企業価値に置くことを前提とすることに留意すべきである。本稿では、企業価値を毀損する買収によって買収者が利得するためには少数派に対する極端な搾取をしなければならないことや、株主総会による株主意思の表明にも種々の問題があることなどを考え合わせれば、株主意思確認を正当化根拠とする買収防衛策の合理性は自明とは言いがたいことを論じ、かつ、そうであるとすれば買収防衛策を導入するかどうか自体について事前の株主の判断に委ねるべきであり、有事導入型の防衛策の導入・発動を適法とする現

在の裁判例はそのようなアレンジメントを困難にする点で問題がある
と論じている。

　第12章「金融商品取引法における市場概念」（神田秀樹）は、金融商
品取引法における「市場」概念について検討する。金融商品取引法に
は「金融商品市場」「取引所金融商品市場」「市場デリバティブ取引」
の定義が置かれているが、「市場」についての定義は存在しない。歴
史的には、有価証券の現物市場について取引所が開設する市場とそれ
以外という区分から進展してきたと見受けられるが、デリバティブに
ついて規定が整備された際に、デリバティブ取引は「市場デリバティ
ブ取引、店頭デリバティブ取引又は外国市場デリバティブ取引」と定
義され、今日では、有価証券とデリバティブとで市場概念に多少の相
違が見られる。本章は、市場概念についての若干の整理を試みる。

　この2024年度版も、2023年度版までと同様、金融・資本市場法制や
会社法制の分野において理論と実務に関心を有する方々にとって参考
にしていただければ、幸甚である。

第1章

サステナブルファイナンスの潮流

BNP パリバ証券株式会社　グローバルマーケット統括本部　副会長

中空　麻奈

1 はじめに

2022年は金融市場にとって大きな転換点であった。欧米では金利上昇が始まり、明らかなレジームチェンジとなっただけではない。堅調に拡大していたサステナブルファイナンス市場の拡大が止まり、市場としては初めて縮小した。

一方、ESG投資等に対する疑念も浮上している。5月にGFANZの傘下NZIA（ネットゼロ・インシュアランス・アライアンス）から損害保険会社が相次いで脱退した理由は反ESG派から反トラスト法違反を追求されるという突き上げがあったため、であった。ブラックロックのラリー・フィンクCEOが「もうESGという言葉は使わない」[1]と明言したことも、背景には反ESGの流れを打ち出すことが政争の具になっていることへの危惧がある。こうした流れを踏まえ、格付け会社のS&Pグローバル・レーティングは、信用格付けレポートに記載してきたESGの定量評価についての公表を取りやめ[2]ることを決めた。定性的な表現としての記載は続けるそうだが、一目瞭然となる定量評価をしないようにすることで、反ESGからの批判を躱す狙いがある、と言える。

反ESGの流れは一時的なものに過ぎないかどうか。考えてみると、これまで皆がつけていた色とりどりのSDGsを表すバッジをつけてい

1　6月25日のアスペン・アイデア・フェスティバル（コロラド州）で発言
2　8月9日付日経新聞 https://www.nikkei.com/nkd/company/us/BLK/news/?DisplayType=1&ng=DGKKZO7347276009082023EAF000

る人が格段に減ってきた気もする。ESG や SDGs の流れは多少成長痛
の局面を迎えているかもしれない。こうした問題意識に方向性を見つ
けるために、現状を鑑み、このところ浮上している新たなイシューや
流れを捕まえ、今後の市場動向を見極めることとしたい。

2　サステナブルファイナンス市場のスナップショット

　サステナブルファイナンス市場を概観してみると図表1の通り。

図表1　サステナブルファイナンス市場残高（10億ドル、累計は右軸、年別は左軸）

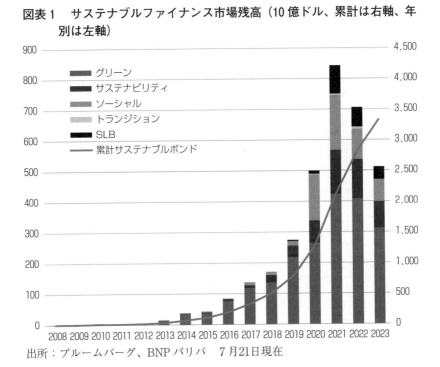

出所：ブルームバーグ、BNP パリバ　7月21日現在

2015年のパリ協定から本格的に市場拡大が始まったサステナブルファイナンス市場は、グリーンボンド、サステナビリティボンド、ソーシャルボンド、トランジションボンド、サステナビリティリンクボンドで構成される債券市場における資金調達である。ESG投資の流れができつつあったことに加え、グリーンボンドガイドライン[3]等の整備が各国でなされるに及び、発行体も投資家もそれぞれがガイドラインに則っての行動が可能になったこともあり、順調に市場が拡大した。その間に、ESG投資が投資家にとっても（運用資金を得るためにも）必要不可欠な投資手法になったこと、企業側もその意識を経営に盛り込むことが投資対象に挙がるためにも重要になったこと、もある。

しかし、2022年の同市場成長率は初めて縮小へ。この縮小の背景は、①金利上昇により債券投資の妙味が落ちた、②コロナ収束によりコロナ債[4]の発行が減った、③ロシアによるウクライナ侵攻を目の当たりにして、再生エネルギーより化石燃料を含め確実にエネルギーを確保することが優先された、こと。2022年末の市場残高は2.8兆ドル程度（1ドル140円計算で392兆円）となっている。

ただし、2022年の終わりにCOP27があった後、あるいは金利上昇に投資家が順応した、なども相まって、2023年のサステナブルファイナンス市場の増勢は強まっている。このままいけば、2023年の同市場は2021年を凌駕できる市場拡大が期待できそうだ。

翻って、日本のサステナブルファイナンス市場は2022年も拡大を続

---

3 例えば、日本では次のようなものを参照 https://www.env.go.jp/content/000062348.pdf
4 コロナ債とはコロナの対応に使うための資金を集める債券で、ソーシャルボンドに分類されるもの。ワクチンや薬品の製造はもとより、コロナによる一時帰休を余儀なくされた労働者への支払い分の調達も含まれた

け、2023年になっても発行体の多様化が進んでいる。2023年1月以降の発行例を見ると、事業法人（日産、JR 東日本、日本製鉄、住友不動産、アサヒグループ、東洋紡など）、金融機関（農林中央金庫、三井住友信託銀行、あおぞら銀行など）、公共セクター（地方公共団体金融機構、日本高速道路保有・債務返済機構、住宅金融支援機構）などと多様になってきている。ただし、2022年末時点で5兆円程度とグローバル市場の1.3％程度止まりだ。日本国債の一つとして GX 経済移行債が今年度中に発行されることになっているが、それがどこまで日本のサステナブルファイナンス市場を拡大させるか、は注目である。

3　成長を阻むハードル

(1)　NDC 貢献のばらつき

　2022年度のサステナブルファイナンス市場の拡大が止まる中、世界に再び気候変動対策の重要性を気づかせたのは COP27（国連気候変動枠組条約第27回締約国会議[5]）だった。この会議においては、大した成果がなかったと言われているものの、それでも、（1）パリ協定の1.5度目標の重要性の再確認、（2）パリ協定の気温目標に整合的な2030年の国別目標（Nationally Determined Contribution：以下 NDC）の強化、（3）気候変動の悪影響に伴う「ロス＆ダメージ」に関する基金の設置等が決まった。

5　2022年11月6日から11月20日の日程でエジプト シャルム・エル・シェイクで開催された国際会議

このうち NDC を見てみよう。実際には2022年再生可能エネルギー発電力自体は大幅に増加したにもかかわらず、世界全体でエネルギー関連の二酸化炭素排出量は0.9％増加している。つまり、現状の行動程度では全く足りないということになる。G7及び主要国が新たに掲げた太陽光発電と風力発電に関する目標は野心的な成長を見込んだものにはなっておらず、さらに野心性を高める必要がある。2022年主要排出国が掲げる目標と2022年末時点での進捗状況の差異を見てみると（図表2）、カナダやインドなど目標達成に向けた取組みが相当に遅れている国が見られる。また、中国とインドのように成長率が高い国については、排出量の削減以上に成長率を高めれば事足りる面もあるため、目標の定め方にも注意が必要になる。グテーレス国連事務総長は先進各国の首脳に対し、2040年までのネットゼロ達成の取組みを進め、悪影響を押さえ込むよう常に呼びかけを怠らない。少なくともこうした NDC の設定と、それを一堂に比較する機会が年に一回訪れることで、既存の温室効果ガス排出量削減の取組みを実現させる助けになる

図表2　主要排出国が掲げる目標と現在の進捗状況

	2030年の GHG 目標値	気候変動対策レーティング	現状の削減分	達成度	ネットゼロプレッジ
英国	68％削減（VS1990）	ほぼ整合的	43％	63％	2050年
EU27	56％削減（VS1990）	不十分	27％	49％	2050年
米国	50－52％削減（VS2005）	不十分	20％	39％	2050年
日本	46％削減（VS2013）	不十分	18％	39％	2050年
カナダ	40－45％削減（VS2005）	完全に不十分	3％	7％	2050年
中国	2005年の GDP の65％以下	完全に不十分	45％	69％	2060年
インド	2005年の GDP の45％以下	完全に不十分	13％	29％	2070年

出所：ブルームバーグ、各種報道、BNP パリバ

ことをグローバルに仕組みとして持っていることになる。

　中国は野心的な目標を急速に立てているものの、パリ協定の目標を達成するには不十分と見做されているため、さらに深掘りしていくことが求められる。中国はそもそも世界一位の高排出国である（2021年の数字でグローバルでの二酸化炭素排出量は343億トン、うち、中国の占める割合は31.2％[6]と突出している）。そうした国の頑張りなくして、2050年カーボンニュートラルを地球規模で達成できるはずもない。ただし中国は一気にこの分野に乗り出し、戦略的に取り組んでいることは確かだ。第14次5ヵ年計画において、再生可能エネルギーを中心に気候変動についての計画と見通しを発表した中国は、そこに国内市場の発展に回帰する二重循環戦略に則して三つの目標を立てている。①2060年までに実質的な脱炭素化を実現、②2030年までに温室効果ガスの排出のピークアウトを実現、③より質の高い輸出にシフトする、というもの。中国は再生可能エネルギーでの支配的立場を狙い、太陽光発電モジュール生産で65－70％程度の世界シェアを確保している他、高品質パネルのエネルギー変換率は6年前の12－15％程度から20－22％に改善させている。銅やアルミ、ポリシリコンを直接調達することも可能で、こうしたシェアの高まりは、気候変動対策を世界が取れば取るほど中国をパススルーできない仕組みに変えていく仕組みと言っても過言ではない。陸上風力発電についてもサプライチェーンの統合を進めているし、EVについても中国の優位性が圧倒的（図表3）なのである。バッテリー用部材の80％以上が中国で加工されていることがわかる。今後のEV市場は誰の手に委ねられるか、という点を考

6　世界銀行データより https://data.worldbank.org/indicator/EN.ATM.CO2E.
PC?end=2019&start=1990&view=chart

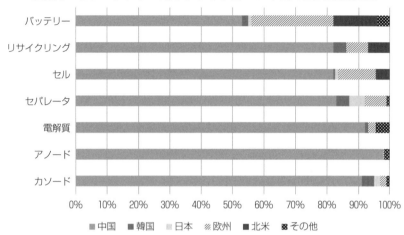

図表3　EVバッテリー用サプライチェーン中国の圧倒的優位性

出所：BNEF、ブルームバーグ、BNPパリバ

えると、2022年の1000万台のEV自動車販売市場のうち、60％を占めるのが中国[7]である事実を考えれば、バッテリー用部材の調達というサプライチェーン上の問題と販売市場のどちらを見ても中国がその鍵を握っていることを認めざるを得ない。

　さらに、新興国と先進国との構図を考えれば、なおさらNDCの重要性が浮かび上がる。2050年カーボンニュートラルを地球規模で達成するためには、新興国の動きが重要になる。新興国のESG関連の取組みには依然ばらつきがあるため、いかに先進国間の総意を取り付け、新興国に資金を回せるかが大事である。

(2)　反ESGの流れ

　反ESGの流れは強まっているように見える。戦争によって世界的

7　IEAのHPより https://iea.blob.core.windows.net/assets/dacf14d2-eabc-498a-8263-9f97fd5dc327/GEVO2023.pdf

なエネルギー危機を加速させたため、各国は気候変動に対する公約に
関わらず、エネルギー価格の高騰から国を守るために石炭と化石燃料
に目を向けざるを得なかった面があった。こうした背に腹は代えられ
ない選択によって、より反 ESG の流れは加速。

　一つ目の動きとしては、オーストラリアの建設業界年金基金とオー
ストリアの連邦年金基金が GFANZ 傘下の年金や生保の加盟団体ネット
ゼロ・アセット・オーナー・アライアンス（NZAOA）から、バンガー
ドがネットゼロ・アセットマネージャーズ・イニシアチブ（NZAMI）
から脱退した。企業間で歩調を合わせるかのように、徒党を組んで、
化石燃料業界やそれに類する二酸化炭素高排出業界への支援を制限す
れば、その行為が独占禁止法に抵触しかねない、というリスクに晒さ
れている、との観測が浮上したことによる。その非難を避けるための
脱退は正しい選択なのかどうか。

　二つ目の動きは、米国の様々な州において反 ESG 法案が成立して
いることである。米国国内における ESG を巡る衝突については、図
表にまとめた通り（図表4）である。民主党と共和党の鍔迫り合いが
基本の構図だが、州によっては極端な反 ESG に走りすぎているとこ
ろも散見されている。テキサス州の法律を基にして、エネルギー企業
のボイコット案に反対するモデルを作り上げたケースが見られている。
こうした法律のもとでは、先に挙げた金融機関の連合機関も歯が立た
ない。ESG 投融資を進める銀行は、当該州の年金運用などの取引から
は排除されることとなるため、現実的に取引を停止したくなければ、
ESG 投融資を進められなくなるか、進めていないフリをせざるを得な
くなったわけだ。

　ブラックロックの CEO、ラリー・フィンク氏は、ESG とはもう呼

図表4　米国国内の ESG を巡る衝突のポイント

テキサス	2021年テキサス政府機関に対して、特定のエネルギー企業をボイコットしている金融企業との取引を禁じる州法がテキサス州議会で成立。2022年8月、テキサス州はブラックロック、クレディスイス、UBS など合計10社をボイコット企業と特定。一部のテキサス州政府機関との取引から排除される可能性がある
ケンタッキー	2022年ケンタッキー州で独自のフェアアクセス法が成立。2023年1月3日、ケンタッキー州財務官はエネルギー企業のボイコットに関わっていると認定した金融企業11社のリストを公表。ブラックロック、シティ、HSBC、JP モルガンなどを含む。このリストは公表されている企業の方針とコミットメントに関するケンタッキー州財務官事務所による検証をもとに作成されたもの
フロリダ	2023年2月20日、フロリダ州議会商業委員会のボブ・ロメル委員長（共和党、ネープルズ市選出）はフロリダ州政府に対して、ESG 基準を組み込んだ投資判断を下すことと外部企業との取引において ESG に配慮することを禁止する法案 HB 3 を提出。この法案は2023年7月1日の施行を目指している
アメリカ立法交流評議会 ALEC	テキサス州の法律を基に、エネルギー企業反ボイコット法案のモデルを作り上げた。いくつかの州でフェアアクセス法案が成立しており、かつ、2023年中に法案成立となる州が増えている
米国 G-SIB を対象とする NZBA 加盟に関する調査	2022年10月19日、ミズーリ州、アリゾナ州、ケンタッキー州、テキサス州を中心とする米国19州の司法長官が BOA、シティ、JP モルガン、モルガンスタンレー、ゴールドマン、ウェルズファーゴの6行に対し、NZBA 加盟に関連する文書の提出を求める民事調査請求 CID を発した。この CID は NZBA 加盟を通じて、消費者保護法に違反している可能性のある融資慣行について共謀したとの疑いと、それに関連したパリ協定に基づく2050年までの温室効果ガス排出量削減と2030年の中間目標に関するコミットメントに関して、19州が進める操作の一部として発せられたものである

出所：報道資料、BNP パリバ

ばない、と公言したが、元々は毎年投資先企業の CEO や投資家に対して、気候変動対応の重要性を訴えてきたことで知られていた。これからも気候変動や脱炭素、人権問題など個別の問題点についての深掘りや目標達成は重要課題として認識し続けるとしたものの、政争の具となるだけの言葉は使わない、としたのである。もちろん、米国の一部の反 ESG に気を遣ったのはブラックロックだけではない。S&P グローバルレーティングは、信用格付けレポートに記載してきた ESG の定量評価についての公表を取りやめることで、反 ESG からの批判を躱すことを決めた模様である。

　既存のビジネスがうまく遂行できないとなると、当該企業も戦略を練る必要が出てくる。ESG を振りかざすなら、パーパス経営をしていると投資家や市場から高い評価を得られるまで追求するべきだし、そこまでできないのに目先喪失する収益が大きすぎる場合には少し後戻りすることも選択肢ではあろう。ただし、地球の置かれた現状を鑑み、世界各地で毎日のように報告される気象異常を考えれば、反 ESG の流れを身勝手に突き進めても浮かばれないことも確かである。

4　後押しする流れ

　こうした反 ESG の流れに歯止めをかける動きが出て来ているにもかかわらず、米国の強さは米国政府としてしっかり気候変動対策等への資金を用意していることがある。米国は IRA 予算において向こう10年間で3690億ドルを用意し、このうち1610億ドルはクリーン電力に対する税控除に充当。IRA が成立後、米国で打ち出された追加的グリ

ーン投資は900億ドルに上っており、経済成長を加速させる可能性も出てきている。一方、グリーントランジションのための EU 資金としては、REPowerEU2580億ユーロ、グリーンディール産業計画2070億ユーロ、次世代 EU1440億ユーロなどが次々と設定されており、盛りだくさんになっている。

世の中の流れがどうであれ、これだけの予算をさっさとつけている欧米諸国は、やはり戦略を持って ESG に取り組んでいることがはっきりするのではないか。もちろん、これらの考え方を後押しするツールも整えられている。以下の通り、三つ紹介する。

(1) 規制

理想か現実か。悩ましい状況の中、理想に平仄を合わせていくために、需要と供給をうまく作り出すように規制を使うことは常に有用である。その観点でやはり上手に振る舞っているのは欧州と言える。

欧州の規制について、2023年に入ってからの動きを少し整理してみよう。まずは1月、SFDR のルール厳格化から見ていく。SFDR は Sustainable Finance Disclosure Regulation で2021年3月に施行された情報開示原則である。金融商品である ESG ファンドについて、6条、8条、9条とその ESG のレベル感に従い分類するもの。このうち9条がいわゆるダークグリーン（濃いグリーン）で、つまり、持続可能な投資として適格な資産であるものしか含めてはならない。そのため、厳格にチェックすれば、多くが9条から8条の金融商品に格下げされることになってしまったのである。もちろん、この先、グリーンウォッシュを疑われるよりは精緻な定義に則ったものが投資先としては望ましいわけで、規制自体が入ることで、より安心して投資できること

にはなる。また、こうした分類に規制が入ることによって、多少の収益性のギブアップは正当化されることにもなる。さらに、それでも足りないと考えるフランスの金融庁はより厳格な指針も打ち出していることも付け加えておく[8]。

　また、2022年2月に欧州委員会が規制検討を決めたのが、コーポレート・サステナビリティ・デューデリジェンス指令（CSDDD）である。この規制が採択されると、どのセクターにあっても、関わる全てのバリューチェーンにおいて、人権侵害、環境リスクなどに影響がある場合にはEUに本拠を置く企業に責任を課す、ということになる。バリューチェーン全ての責任を一元化して統合することになれば、欧州金融機関に対する問題は、銀行も生保も大きくなること必至であるため、抵抗が続いているが、いかに包括的にリスクを捉えるか、という観点はESG投資の流れを後押しすることに他なるまい。

　欧州委員会が6月に発表したサステナブルファイナンス政策パッケージもある。これは持続可能な経済活動に関するEUタクソノミーが規定する六つの目標のうち、すでに施行されている二つの気候変動関連目標に関する委任規則に新たな経済活動を追加した他、これまで制定されていなかった四つの環境関連目標（水・海洋資源の持続可能な利用と保護、環境型経済への移行、汚染の予防と管理、生物多様性とエコシステムの保全と修復）についての判断基準が規定された。さらに、ESG格付け業者に対して、ESMA（欧州証券市場監督局）から承

8　フランスのAMFの指針は、EUの指針では持続可能な資産の定義が曖昧で、却ってグリーンウォッシュを助長しかねないことの指摘や最低環境基準の遵守及びその遵守は国の監督に委ねること、9条カテゴリの商品にはEUタクソノミーに沿わない化石燃料関連の投資の完全排除、などを求めるより厳格なものとなっている

認を受けること、独立しかつ客観的であることを担保する ESG 評価でなければならないこと、検証可能な格付け方法であること、などを決めたことは大きい。ESG 格付けそのものが曖昧であったのは、その手法に疑義があるというよりは、その格付けをどこまで信用できるかが不透明だったから、である。特に反対がなければ2024年1月から適用される。なお、今更だが、こういう観点こそ、日本の当局者、当事者が先にルール作りをして欲しかったものである。

　以上、三つ程主な規制について述べてきたが、新市場における規制の基本はあやふやな定義をなくすことである。あやふやな定義がなくなれば、市場の拡大に躊躇する企業も投資家も減るはずである。グリーンウォッシュだと警告を受けるリスクも激減であろう。厳格な規制は需要と供給を縮小させることは間違いないと言え、かといって品質保証つき、ESG 格付け機関も政府からのお墨付きを得たものが、たくさん出てくれば、さらなる市場拡大予想の確度を上げることになる。

(2)　ISSB 会計原則

　国際サステナビリティ基準審議会 ISSB は、2023年6月に、IFRS S1及びS2号を公表した。サステナビリティ関連開示について、骨子が見えるのはこれからだが、投資意思決定に多大な影響を与えるようになることは間違いない。

　TCFD に取り組む企業数を増やし、企業と金融機関、投資家との間のエンゲージメントを深める必要がある。来年春にはコーポレートガバナンス行動の改訂が予定されているが、情報開示の範囲や質について、幅広に捉え、かつ、TCFD の指針に沿う形になっていく必要がある、ということになる。

(3) 中央銀行

　さらに、もう一つのプレッシャーを与えられるのが、中央銀行ということになる。ECB は社債購入プログラム CSPP のポートフォリオの脱炭素化をフローベースからストックベースのアプローチに変化させることを決定した。つまり中央銀行が保有するポートフォリオに含まれる銘柄はストックで見たときに ESG の特徴が存分に反映されたものになっている、ということになる、ということだ。こうした中央銀行の動きを反映することが重要になってくるとなると、投資家は自らのポートフォリオについて、金融当局が見た ESG の取捨選択に合うことが望まれる。ちなみに、ECB による CSPP 購入に占めるグリーンボンドとサステナビリティボンドの割合を見ると、新発のグリーンボンドとサステナビリティボンドの割合が増加して45％程度になっている。2022年10月時点の同27％対比で、堅調にその割合を伸ばしていることが見て取れる。温室効果ガス排出量の多い発行体から環境意識の高い発行体への切り替えが進みつつある結果、と言える。

　また、EBA（欧州銀行監督機構）は2019年と少し前になるが、サステナブルファイナンスに関するアクションプランを公表した。その際、ESG リスクについて、自己資本規制にどう反映させるのか、が鍵となっていた。EBA は三つの柱におけるリスクを見極めた上で、ガイドラインの策定を行うことになっているが、最低資本基準にあたる第一の柱にどう取り込むかを含め、決定は2025年 6 月まで、と期限が長く設定されている。気候変動が金融機関の信用リスクにどう反映されるのか、は金融機関が今後どういう発想で ESG 投資に付き合えばいいのか、の指針になることも見ておくべきであろう。

5 新しい動き

　ESG投資の対象は次第に広がっている。いや、広がっているというのは正確ではなく、元々あった問題に対する認識が深くなる他、その影響度を測る術ができると、元から存在していた対象先の目隠しが外れるようになる、というイメージが正しいかもしれない。今回は、そうした中から、生物多様性、サーキュラーエコノミー、水、物理的気候リスクの四つを取り上げ、どういう観点の対応がこの先必要になるのかを含めて、見ておくことにする。

(1) 生物多様性

　プラネタリー・バウンダリーはストックホルム・レジリエンス・センターが発表している考え方で、人類が安全に活動できる地球環境の限界点の定義を9項目指摘したものである。そのうち6項目はすでに限界点を超えている。新規化学物質、淡水利用、気候変動、生物圏の一体性、生物地球化学的環境、土地利用の変化の6項目がそれ。

　水の過剰消費、森林伐採などから生物多様性が喪失される。社会や経済、そして最終的には投資家に影響を与えることになる、という考え方だが、問題は企業から得られるデータを使っていかに実態を把握できるか、だ。生物多様性フットプリントは推計値と実際の開示データを組み合わせて生物多様性に及ぼし得る潜在的な影響を数値化する際に役立つ評価ツールだが、これをどう利用して、サステナビリティ要因に及ぼす主要な悪影響まで見ることができるか。生物多様性が過

小評価されることにより持続不可能な天然資源の枯渇が進みながらも、生物多様性を脅かす業種の負担は限定的であったが、この外部性の測定と是正に向けた動きが進んでいる。

　生物多様性が失われると、それに付随する調整サービス、供給サービス、文化的サービスの利用が難しくなる一方、気候変動も加速、人間の生命に対する真のリスクとなり、経済面と金融面の両方に計り知れない影響が生じるであろうことが懸念されている。生態系サービス崩壊による2030年の実質GDPへの影響についてはIPBES[9]によると、地域ごとの差が大きいものの、グローバルに見ても2.3%の影響がある（図表5）。同じIPBESによると、生態系は人の影響がない状態と

図表5　生態系サービス崩壊による2030年の実質GDPへの影響

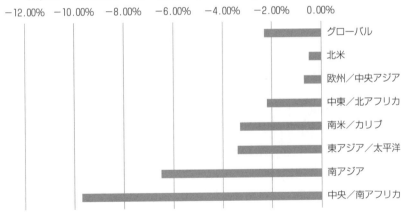

出所：IPBES、International Bank for Reconstruction and Development, World Bank、BNPパリバ

9　「Intergovernmental Science-Policy Platform on Biodiversity and Ecosystem Services（生物多様性及び生態系サービスに関する政府間科学―政策プラットフォーム）」の略称。UNEPの下で検討され、2012年4月設立された。IPCCの生物多様性版。2021年3月現在、137か国が参加済み

比べてすでに47％も減少していると言う。一刻も早い措置が必要だと言うことになる。まずは自らの本業において、どういう生物多様性に対する侵害があるのか、悪影響を及ぼし得るのか、を認知することから、始めるべきであろう。

⑵　サーキュラーエコノミー

　サーキュラーエコノミーとは文字通りに言えば循環経済である。循環経済とは、従来の３Ｒ（Reduce 減量、Reuse 再利用、Recycle 再生）に加え、「資源投入量・消費量を抑えつつ、ストックを有効活用しながら、サービス化等を通じて付加価値を生み出す経済活動であり、資源・製品の価値の最大化、資源消費の最小化、廃棄物の発生抑止等を目指すもの」（環境省）である。

　経済産業省が2023年３月末に「成長志向型の資源自律経済戦略」を策定している。資源枯渇、廃棄物処理の困難性、カーボンニュートラル実現の対応必要性に鑑み、それらを踏まえて成長機会を目指す、という総合的な政策パッケージである。合わせて、この市場規模を、世界全体では2030年4.5兆ドル、2050年25兆ドル、日本国内では2020年50兆円、2030年80兆円、2050年120兆円、と大胆に予測し、いかにサーキュラーエコノミーが重要かつ不可欠なものかを彷彿とさせる。日本のように資源不足の国にとっては、なおさらであると言えよう。

　ただし、サーキュラーエコノミーは新しい付加価値をどこで生み出すかが難しいことは最初から前提のようなものである。資源を共有するシェアリングや長期利用となれば、新たな付加価値、利潤をどこに載せれば良いか、工夫が必要になる。バージン材とリサイクル材でできた製品・商品の価格設定は、サーキュラーエコノミーを望むのであ

ればリサイクル材の購入を促進させる値付けを行う必要があることは言うまでもない。例えば、経済産業省の「成長志向型の資源自律経済デザイン研究会」では、次のような事例[10]も想定された。アイルランド・ダブリンにおいて、シェアカーが進む場合にマイカー保有率がどれくらい減少し得るかのシミュレーションである。前提やシナリオで、このシミュレーションに幅ができるものの、最悪マイカー低減率が99％になる、と言う。ほぼマイカー保有がなくなることと同意。仮にこのシミュレーションが来る世界で成り立つとすれば、自動車セクターは立ち行けるだろうか。少なくとも現状の数の自動車会社はいらなくなる。だとすれば、だ。サーキュラーエコノミーを考えたときの投資行動はどうあるべきなのだろう。仮に、優良な自動車会社が20年債を発行した場合、投資して良いか。サーキュラーエコノミーは、資源不足の日本、気候変動対策に憂う地球を考えれば、促進されるべきポイントではあるのだが、果たしてその促進を踏まえた投融資は可能になるかは判断材料に欠く。

　同様な事例展開はどの業態・業種でも想像可能である。事業会社にとっては、どの業態に属するかによって、想像力を膨らませ、様々な展開に対応できるよう柔軟な経営が求められる。一方、投資家には、そうした経営の柔軟性をどう評価して投資選別をするか、が大事になってくるはずである。

(3) 水

　水がなければ生活ができないにも関わらず、公共財としての過小評

10　このシミュレーションの報告は（公財）地球環境産業技術研究機構（RITE）システム研究グループグループリーダー秋元圭吾氏によるもの

価が甚だしい。それが水の過剰利用と水質の低下につながり、その代償は利用者に不公平な形で押し付けられている。水ストレスが強まり、それが自然災害の発生率を高め、生物多様性の喪失を通じて、世界の経済・社会・政治の安定を脅かす要因となっていく、という流れである。水サイクル全体に広がる様々なソリューションを展開することによって、持続可能な水管理が可能になる構図がまさに水をいかに財として捉えるか、という考え方である（図表6）。取水し、貯留・排水する、ということだが、責任ある利用、排水の回収・処理、再利用まで到達してこそ、サーキュラーエコノミーの一環となり得る。

　ところが概念の整理とは裏腹に、世界の水管理と公衆衛生のために必要な資金とファンディングができていない。WRI（世界資源研究所）の推計ではそうしたファンディングギャップが1兆ドルを超えて

図表6　水サイクル全体に広がる様々なソリューションにより持続可能な水管理が可能になる構図

1．取水
表流水、地下水、雨水、海洋水、大気、霧から

2．排水・貯留
強靭なグレー・インフラ、もしくはグリーン・インフラとデジタル化の組み合わせによる効果的なモニタリングと漏水防止

3．責任ある利用
企業サプライチェーンと家庭

4．排水の回収・処理
物理的処理、生物学的処理、化学的処理、自然ベースの処理

5．再利用と再目的化
民間部門と公的部門による処理水の再利用、エネルギー回収と肥料生産、環境に対する残存排水の安全な放出

出所：IC4Water、European Environment Agency、BNP パリバ

いる（図表7）。これだけの資金が足りないのに、そもそも資金の投
入量が少ない。2021年に生物多様性分野に投じられた1660億ドルのう
ち80％は公的部門からの資金に依存しているのが現状となっている。
先進国と後進国との差も激しい分野である。高所得国では70％の水が
処理されているものになっているのに対し、低所得国の同割合は8％
止まり。民間資金と公的資金というリスクリターンの選好の異なる資
金をブレンドして目的を達成する資金調達方法（ブレンデッド・ファ
イナンス）によって、資金を集め、安全な飲料水、トイレ、衛生施設
に関する共通目標を達成する必要があるが、2030年までにEM諸国に
おける投資は毎年3倍に増やすことが必要になる、と指摘されている。

図表7　世界の生物多様性資金年間フロー（10億ドル、2021年実績）

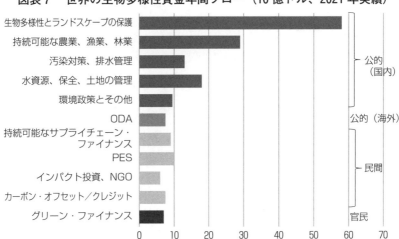

出所：BNEF, Taskforce on Nature Markets, Global Nature Markets Landscaping
　　　Study, 2022; UN Environment Programme, State of Finance for Nature
　　　2022; The Paulson Institute, The Nature Conservancy, and the Cornell
　　　Atkinson Center for Sustainability, Financing Nature: Closing the Global
　　　Biodiversity Financing Gap, 2020, BNP パリバ

(4) 物理的リスク

　気候変動政策や規制、市場における評価などが移行リスクで、金融市場ではどちらかと言えば移行リスクをどうコントロールするか、がメインテーマになっている側面がある。物理的リスクは、しかしながら実際のリスクであり、世界の直接的被害が増えている中、事業会社としては影響を受けるのかどうかの考慮が必要だ。

　台風などのように突発的に起こる「急性リスク」、海面上昇のように時間をかけて起こる「慢性リスク」の二つに分けられる。一般に沿岸地域、島嶼国、人口密集地、自然資本の集中度が高い地域は地球上で特に脆弱な地域とされる。リスクは災害の強度と頻度によって変わるが、災害によるエクスポージャー、脆弱性、保険加入状況によって変化する。自然災害に対するエクスポージャーが最も高いのはアジア、次いで北米。米国ではフロリダ州、カリフォルニア州、テキサス州で特にリスクが高い。欧州では北部が洪水リスク、南部は農業を含め旱魃リスクに直面している。脆弱性はインフラの強度と妥当性によって異なり、貧困水準とインフラ建築規制の強さが影響を与える。また保険加入状況でも状況は変わる。EU では気候関連災害に対する保険の加入率がわずか15％、南欧諸国では 5 ％を割っている。

　そう考えると、物理的リスクによる直接的経済損失及び保険損害は増えるばかり（図表 8 ）。損害保険会社と再保険会社に対して、あらゆる保険支払いとの連動がリスクになり、及び保険料率の設定のあり方を見直さなければならない状況に晒される。S&P500の60％近くが物理的気候リスクに対する高水準のエクスポージャーを有していることがわかっている。移行リスク及び訴訟リスクと一体化することによ

図表 8　物理的気候リスクによる世界の直接的被害（10 億ドル、インフレ調整後）

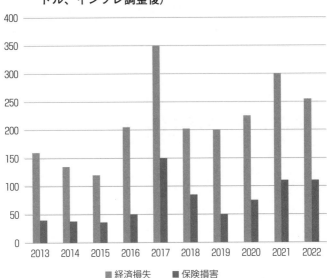

出所：Munich Re、UNDRR、World Bank、Swiss Re などより
BNP パリバ

り、金融面のリスクと機会が生じることになる。ちなみに、損害保険セクターを除くと、物理的リスクに晒される影響が大きいのはその保有資産から、不動産セクター及び農業セクターが挙げられる。

　金融監督当局は保険会社の支払い能力を保護し、総合的な安定を維持する必要がある。EIOPA は2021年より多くのサステナビリティ関連要因を統合する形でソルベンシー II の枠組みを修正しており、2023年には予定される作業プログラムが目白押しとなっている。重視されるのは第二の柱（監督当局による検証）と第三の柱（情報開示）である。ソルベンシー資本要件などに重大な気候変動リスクを組む込むことやサステナビリティ情報開示要件の遵守などが含まれる。ストレステストも行われる。フランスの銀行監督機関である健全性監督破綻処

理機構 ACPR や BOE など一部欧州諸国の監督当局は気候変動ストレステストにおいてシナリオ分析を行っているが、簡略化されたもの。現状は資産側の移行リスクだけがチェック対象だが、今後は広範なストレステストの導入が検討されることになる。

6　これからの市場拡大の課題と期待

　色々見てきたように、規制や会計手法、中央銀行の後押しによって、ESG 投資、サステナブルファイナンス市場は着実に拡大することになる。生物多様性、サーキュラーエコノミー、海洋を含めた水問題に物理的リスクなど新たに注目を集めるテーマが山積している。紹介してきた通り、どの問題も一筋縄では解決できない問題であり、これに紐づいて多くのリスクを検証しなければならなくなることもある。

　そもそもサステナブルファイナンス市場というのは、これまでの経済分析の枠組みでは分析しきれなくなったことを踏まえて捉えねばならない。経済を構成する企業、家計、金融といった三者のそれぞれが利潤最大化を目指していれば良かったこれまでの枠組みに、エネルギーの確保、排出量規制や炭素税といった新たなコストを含めて利潤最大化を目指す[11]ことが必要になる、という考え方をしていかねばならないものだ。新たな枠組みでなければ経済分析が完了しないということは、これまでと同じロジックでは勝ち負けが図れない、ということでもある。

11　慶應義塾大学経済学部名誉教授の吉野直行先生の考え方を一部採用

　つまり、サステナブルファイナンス市場が勃興し、そこで資金調達
をしなければならないたくさんの理由があり、経済成長の機会もそこ
から得ようとする中で、これまで我々が正しいと考えてきた金融市場
の常識は悉く覆される可能性が出てきた、ということである。自動車
セクターはいつまでも勝ち組でいられるのか。相対的な勝ち組が保証
されるには、どういう条件が必要になるか。リソースの大宗を EV に
向けた企業が強いか、ハイブリッドを残した企業が強いか。数多くの
部品メーカーや系列企業を排除することが日本の自動車会社に可能な
のか。新しい判断を積み重ねた上での勝ち負けの決定を今から想像し
ておくことは相当に難しくなっている。

　そういう苛立ちの中、反 ESG の流れを見ると、一気にサステナブル
ファイナンス市場が逆戻りするのではないかという気にもなってこよう。

　しかし、だ。世界の規制動向やすでに決定しているたくさんのイニ
シアチブを考えるだけでも、加えてすでに投資されてきた市場規模を
考慮すれば、ESG の流れを逆戻りさせることは難しいと言って良い。
そうであれば、事業会社も投資家もリスクの所在を認識し、開示する
ことから始めざるを得ないのではないか。

　日本の課題も明らかになりつつある。10年間で150兆円の GX 投資
が可能となっている中、EV 普及に約15兆円、次世代自動車の研究開
発に約 9 兆円を始め、ざっくりとした資金使途[12]が見えているものの
詳細はわからず。中国の EV がそうであるように、日本も戦略として
日本をパススルーして通れない仕組みをいくつ用意できるか、が重要

12　GX 実行会議において決定されたのは、内訳として、電動乗用車・商用車の
　　普及で約15兆円、次世代自動車の研究開発に約 9 兆円、蓄電池製造・開発関
　　連投資として約 7 兆円、電動車関連のインフラ投資と製造工程の脱炭素化で
　　それぞれ約 1 兆円、カーボンリサイクル燃料で約0.4兆円など

だ。どの分野にそれを求めるのか、戦略的に GX 投資を活用していくにはどうすればいいか。日本の競争力を確保するためには、それ程時間は残されていないことだけは確かである。

〔**参考文献**〕

・環境省［2022］『グリーンボンド及びサステナビリティ・リンク・ボンドガイドライン2022年版、グリーンローン及びサステナビリティ・リンク・ローンガイドライン2022年版』
・金融庁［2022］『サステナブルファイナンス有識者会議　第二次報告書』
・経済産業省［2022］『GX 実現に向けた基本方針（案）』
・経済産業省［2023］『成長志向型の資源自律経済戦略』
・World Resources Institute（https://www.wri.org）
・IFRS（https://www.ifrs.org/issued-standards/ifrs-sustainability-standards-navigator/）

第 2 章

サステナビリティ情報開示に関する動向・今後の展望

~ ISSB、EU（CSRD・SFDR・MiFID II）の
動向と国内への影響~

大和総研 金融調査部制度調査課

藤野　大輝
鈴木　利光

1 ISSB、EU（CSRD）の動向と国内への影響[1]

(1) ISSB がサステナビリティ情報開示の国際的基準を策定

① ISSB（国際サステナビリティ基準審議会）の設立

近年、企業開示には従来以上に大きな動きが見られ、企業はその対応を迫られている。特に、サステナビリティ情報に対する投資家などのニーズの高まりを受け、国際的にサステナビリティ情報開示の基準や規制の検討が進んでいる。

2021年11月には、IFRS 財団が ISSB（国際サステナビリティ基準審議会）を設立した。IFRS 財団の下には、IFRS（国際財務報告基準）を策定する IASB（国際会計基準審議会）があり、ISSB はこれに並ぶ形でサステナビリティ情報を開示するための国際的に一貫性のある基準を策定する機関である。

ISSB はその目的から、サステナビリティ情報開示のための基準を設定する既存の機関との統合を進めている。2022年1月には CDSB（気候変動開示基準委員会）が ISSB に統合され、また、2022年8月には VRF（価値報告財団。IIRC（国際統合報告評議会）と SASB（サステナビリティ会計基準審議会）が2021年6月に合併して設立されたもの）も ISSB に統合されている。

---

1 本章（1 ISSB、EU（CSRD）の動向と国内への影響）は、2023年8月30日時点の情報に基づいて執筆されている。

IFRS は既に140以上の国・地域で採用されている。ISSB が策定する基準についても、今後同様に国際的な利用が図られていくものと考えられる。

②　ISSB が IFRS S1、IFRS S2 を公表

2022年 3 月、ISSB は「IFRS S1 サステナビリティ関連財務情報の開示に関する全般的要求事項（General Requirements for Disclosure of Sustainability-related Financial Information）」、「IFRS S2 気候関連開示（Climate-related Disclosures）」の二つの公開草案を公表した。その後、公開草案に対するコメント募集を行った結果を踏まえ、2023年 6 月に各基準を最終化した。

「IFRS S1 サステナビリティ関連財務情報の開示に関する全般的要求事項」（以下、'IFRS S1'）は、企業に対して、投資家の投資判断などに役立つ、サステナビリティ関連のリスクと機会に関する情報の開示を求めている。サステナビリティ全般に関する開示事項のほか、開示の場所やタイミングなど、ISSB の基準に沿ってサステナビリティ情報の開示を行う際の要件を定めている。

また、ISSB の基準に準拠する企業は、IFRS S1 に加え、特定のテーマ（例えば、気候変動など）ごとに定められた ISSB の基準がある場合には、その基準にも準拠する必要がある。「IFRS S2 気候関連開示」（以下、'IFRS S2'）は気候関連のリスクと機会に関する情報の開示にフォーカスしたテーマ別の基準であり、主に気候関連の開示事項を定めている（図表 1 ）。企業が ISSB の基準に準拠する上では、これらの基準のうちの一つではなく、全ての基準に準拠することが必要とされている。

図表 1　ISSB の基準のイメージ図

IFRS S1 全般的要求事項

テーマ別基準 { IFRS S2 気候関連開示 … }

（出所）ISSB 各種資料を基に大和総研作成

③　IFRS S1、IFRS S2 に共通するポイント

　IFRS S1、IFRS S2 に共通することとして、まず、どちらも目的は、企業に対して下記のようなサステナビリティ・気候関連のリスクと機会に関する情報開示を要求することである。

　一般目的財務報告の利用者（投資者、金融債権者、その他の債権者）が、リソースの提供に関する意思決定（以下を参照）を行う際に役立つ情報

・株式や負債性金融商品の売買、保有

・貸付金及びその他の形態の信用の提供、販売

・企業の経済的資源の使用に影響を与える企業の経営者の行動に対する、投票やその他の方法での権利の行使

（出所）ISSB "IFRS S1 General Requirements for Disclosure of Sustainability-related Financial Information"、"IFRS S2 Climate-related Disclosures" を基に大和総研作成

　この目的に基づいて、IFRS S1、IFRS S2 はサステナビリティ・気候関連の「ガバナンス」、「戦略」、「リスク管理」、「指標と目標」の四つの柱に基づいた開示事項を定めている。なお、具体的な開示事項についてはそれぞれ後述する。

　両基準は短期、中期、長期にわたって企業のキャッシュ・フロー、

資金調達へのアクセス、資本コストに影響を与えることが合理的に予想される全てのサステナビリティ・気候関連のリスクと機会に関する情報の開示を企業に求めている。これに該当しない情報は IFRS S1、IFRS S2 の対象外となる。

　また、企業の財務諸表が IFRS に沿って作成されているか否かにかかわらず、IFRS S1、IFRS S2 を含む ISSB の基準を適用することができる。つまり、わが国の企業であって、IFRS 未適用企業であっても、ISSB の基準の適用が可能であるということである。

④　IFRS S1、IFRS S2 の開示事項

　IFRS S1、IFRS S2 では、それぞれ図表2のような開示事項が求められている。

　開示項目について、IFRS S1 と IFRS S2 で共通する部分も見られる。特に「ガバナンス」、「リスク管理」については、サステナビリティ・気候関連のリスクと機会の監督が統合して管理されている場合も考えられる。このような場合、企業は開示における不必要な重複を避け、テーマごとに個別で開示するのではなく、統合した情報を開示することが求められる。

　また、企業の財政状態、財務業績、キャッシュ・フローに及ぼすと予想される影響の開示、リスクと機会の特定、バリューチェーンの範囲の決定などにおいては、過度なコストや労力をかけずに入手可能な情報を用いることとされている。ここでいう過度なコストや労力は企業の状況によって異なり、コスト・労力と利用者の便益のバランスを考える必要がある。

　過度なコストや労力をかけないという考えは IFRS S2 におけるシナリオ分析にも共通する。企業は気候変動に関するレジリエンスを、

図表2　IFRS S1、IFRS S2 で求められる開示事項

		IFRS S1 全般的要求事項	IFRS S2 気候関連開示
ガバナンス	開示 目的	一般目的財務報告の利用者が、企業がサステナビリティ・気候関連のリスクと機会を監視、管理、監督するために使用するガバナンスのプロセス、統制、手続を理解できるようにすること	
ガバナンス	開示 事項	ガバナンス機関に関する情報 ● サステナビリティ・気候関連のリスクと機会に対する責任が、ガバナンス機関の付託事項、義務、職務内容、その他の関連する方針にどのように反映されているか ● サステナビリティ・気候関連のリスクと機会に対応するための戦略を監督する上で適切なスキルと能力が、利用可能であるか、開発されるかどうかをガバナンス機関がどのように判断するか ● サステナビリティ・気候関連のリスクと機会について、ガバナンス機関がどのように、どのくらいの頻度で知らされるのか ● 企業の戦略、主要な取引に関する意思決定、リスク管理プロセス、関連する方針を監督する際に、ガバナンス機関がサステナビリティ・気候関連のリスクと機会をどのように考慮するか（ガバナンス機関がそれらのリスクと機会に関連するトレードオフを考慮したかどうかを含む） ● ガバナンス機関がサステナビリティ・気候関連のリスクと機会に関する目標の設定をどのように監督し、それらの目標に向けた進捗状況を監視するか（関連するパフォーマンス指標が報酬ポリシーに組み込まれるかどうか、どのように組み込まれるかを含む）	
ガバナンス	開示 事項	サステナビリティ・気候関連のリスクと機会を監視、管理、監督するためのガバナンスのプロセス、統制、手続における経営陣の役割（以下を含む） ● 役割が具体的な経営者レベルの地位または委員会に委任されているかどうか、および役割を委任したものに対してどのように監督が行われているか ● 経営陣がサステナビリティ・気候関連のリスクと機会の監視をサポートするために統制と手続を適用しているかどうか、また適用している場合、これらの統制と手続が他の内部機能とどのように統合されているか	
戦略	開示 目的	一般目的財務報告の利用者が、サステナビリティ・気候関連のリスクと機会に対処するための企業の戦略を理解できるようにすること	

	IFRS S1 全般的要求事項	IFRS S2 気候関連開示
開示 事項	企業の見通しに影響を与えると合理的に予想されるサステナビリティ・気候関連のリスクと機会 • リスクと機会を説明する • リスクと機会ごとに影響が合理的に発生すると予想される期間（短期、中期、長期）を特定する •「短期」、「中期」、「長期」をどのように定義するか、また、これらの定義が企業の戦略的意思決定に用いる計画期間とどのように関連付けられるかを説明する	
	—	• リスクごとにそのリスクが物理的リスクか、移行リスクかについて説明する
	サステナビリティ・気候関連のリスクと機会が企業のビジネスモデルとバリューチェーンに及ぼす現在の影響または予想される影響 • 企業のビジネスモデルとバリューチェーンに対するサステナビリティ・気候関連のリスクと機会による現在の影響、予想される影響の説明 • 企業のビジネスモデルとバリューチェーンのどこにサステナビリティ・気候関連のリスクと機会が集中しているかの説明（地域、施設、資産の種類など）	
	サステナビリティ・気候関連のリスクと機会が企業の戦略と意思決定に及ぼす影響への対応 • 企業が過去の報告期間に開示した計画の進捗状況（定量的・定性的情報を含む）	
	• 企業がその戦略と意思決定においてサステナビリティ関連のリスクと機会にどのように対応してきたか、対応する計画があるか • 企業が考慮したサステナビリティ関連のリスクと機会との間のトレードオフ	• 企業がその戦略と意思決定において気候関連のリスクと機会にどのように対応してきたか、対応する計画があるか（企業が設定した気候関連の目標や、法律や規制によって達成が求められている目標に係る計画を含む） ①気候関連のリスクと機会に対処するための、ビジネスモデルの変更（例えば、化石燃料

IFRS S1 全般的要求事項	IFRS S2 気候関連開示
	（carbon）、エネルギー、水を大量に消費する事業の廃止計画などが含まれ得る） ②直接的な緩和・適応の取り組み（例えば、生産プロセスや設備の変更など） ③間接的な緩和・適応の取り組み（例えば、顧客やサプライチェーンとの協力を通じたもの） ④気候関連の移行計画（主要な前提条件や依存関係に関する情報を含む） ⑤気候関連目標（GHG排出量に関する目標を含む）を達成するための計画 • 影響への対応に関してどのように資源調達しているか

サステナビリティ・気候関連のリスクと機会が企業の財政状態、財務業績、キャッシュ・フローに及ぼす現在の影響または予想される影響（以下に関する定量的・定性的情報を開示）

• サステナビリティ・気候関連のリスクと機会が報告期間の財政状態、財務業績、キャッシュ・フローにどのような影響を与えたか
• 関連する財務諸表で報告される資産・負債の帳簿価額が次年度報告期間内に重要な調整を受ける重大なリスクがある、サステナビリティ・気候関連のリスクと機会
• サステナビリティ・気候関連のリスクと機会に対処する戦略を踏まえて、企業が短期、中期、長期に財政状態がどのように変化すると予想しているか（以下を考慮する）
　①投資・処分計画（企業が契約上の義務を負わない計画を含む）
　②戦略を実行するために計画された資金源
• サステナビリティ・気候関連のリスクと機会に対処する戦略を考慮して、企業が短期、中期、長期に財務業績とキャッシュ・フローがどのように変化すると予想しているか

IFRS S1 全般的要求事項	IFRS S2 気候関連開示
サステナビリティ関連のリスクについての企業の戦略とビジネスモデルのレジリエンス（定性的評価、該当する場合は定量的評価を、評価の実施方法と期間に関する情報を含めて開示）	気候関連の変化、進歩、不確実性に対する企業の戦略とビジネスモデルのレジリエンス（企業の状況に応じたアプローチで、シナリオ分析を使用して気候変動に対するレジリエンスを評価する） • 企業の気候変動に対するレジリエンスの評価（以下を理解できるようにする） ①戦略とビジネスモデルに対する企業の評価から得られるインプリケーション（シナリオ分析で特定された影響に企業がどのように対応する必要があるかを含む） ②レジリエンスの評価において考慮される重要な不確実性に関するエリア ③企業が短期、中期、長期にわたって戦略とビジネスモデルを気候変動に適合・適応させる能力（以下を含む） ✓シナリオ分析で特定された影響に対応するための企業の既存の財務リソースの利用可能性と柔軟性 ✓既存の資産を再配置、再利用、アップグレード、廃止する企業の能力 ✓レジリエンスのための、気候関連の緩和・適用、機会に対する投資による効果 • シナリオ分析がいつ、どのように実施されたか

IFRS S1 全般的要求事項	IFRS S2 気候関連開示
	①企業が使用したインプットに関する情報（以下を含む） ✓ 企業が分析に使用したシナリオとそれらのシナリオのソース ✓ 分析に多様なシナリオが含まれているか ✓ 分析に使用されたシナリオが物理的リスク・移行リスクと関連しているか ✓ 気候変動に関する最新の国際協定に沿ったシナリオを使用したか ✓ 選択したシナリオが気候関連の変化、進歩、不確実性に対する企業のレジリエンスの評価に関連すると企業が判断した理由 ✓ 分析に使用される期間 ✓ 分析に使用された企業の業務範囲（営業場所や事業単位など） ②企業が分析において行った主要な仮定（以下に関する仮定を含む） ✓ 企業が事業を展開する法域における気候関連政策 ✓ マクロ経済動向 ✓ 国レベルまたは地域レベルの変数（例えば、地域の気象パターン、人口動態、土地利用、インフラ、天然資源の利用可能性） ✓ エネルギーの使用量やエネルギーミックス ✓ 技術の発達

		IFRS S1 全般的要求事項	IFRS S2 気候関連開示
			③気候関連シナリオ分析が実施された報告期間
リスク管理	開示目的	一般目的財務報告の利用者が、サステナビリティ・気候関連のリスクと機会を特定、評価、優先順位付け、監視するための企業のプロセスを理解できるようにすること（当該プロセスが企業の全体的なリスク管理プロセスに統合され、情報を提供するかどうか、またその方法が含まれる）	
	開示項目	サステナビリティ・気候関連のリスクを特定、評価、優先順位付け、監視するためのプロセスや方針（以下を含む） • 企業が使用するインプット、パラメータ（データソースに関する情報など） • 企業がサステナビリティ・気候関連リスクの特定に関する情報を伝えるためにシナリオ分析を使用するかどうか、また、その方法 • 企業がそれらのリスクの影響の性質、可能性、規模をどのように評価するか（例えば、企業が定性的要因、定量的閾値、またはその他の基準を考慮するかどうか） • 企業が他の種類のリスクと比較してサステナビリティ・気候関連のリスクを優先するかどうか、またどのように優先するか • 企業がサステナビリティ・気候関連のリスクをどのように監視するか • 前期間と比較して企業がプロセスを変更したかどうか、またどのように変更したか	
		サステナビリティ・気候関連の機会を特定、評価、優先順位付け、監視するためのプロセス（企業がシナリオ分析を使用するか、どのように使用するかに関する情報を含む）	
		サステナビリティ・気候関連のリスクと機会を特定、評価、優先順位付け、監視するプロセスが、企業全体のリスク管理プロセスに組み込まれている程度や方法など	
指標と目標	開示目的	一般目的財務報告の利用者が、企業が設定した目標や法律や規制によって達成が求められている目標に向けた進捗状況など、サステナビリティ・気候関連のリスクと機会に関する企業のパフォーマンスを理解できるようにすること	

	IFRS S1 全般的要求事項	IFRS S2 気候関連開示
開示項目	ISSB の基準によって求められる指標	業種横断的な指標 • GHG に関する情報 ①報告期間中の GHG 排出量（スコープ1、2、3に分類する） ②GHG 排出量の測定に使用するアプローチ（以下を含む） 　✓GHG 排出量を測定するために使用するアプローチ、インプット、仮定 　✓アプローチ、インプット、仮定の選択理由 　✓報告期間中のアプローチ、インプット、仮定の変更とその理由 ③スコープ1、2について、以下の間で排出量を分解したもの 　✓連結会計グループ（例えば親会社と連結子会社） 　✓上記を除くその他投資先（例えば関連会社、合弁会社、非連結子会社） ④スコープ2について、ロケーションベースでの排出量、（GHG に関する）契約証書に関する情報（利用者の理解に必要な情報） ⑤スコープ3について、以下を開示 　✓GHG プロトコルに沿った、排出量の測定に含まれるカテゴリー 　✓（企業の活動に資産運用、商業銀行、保険が含まれる場合）カテゴリー15の排出

IFRS S1 全般的要求事項	IFRS S2 気候関連開示
	量やそれに係る投資に関連する追加情報 • 移行リスクの影響を受けやすい資産または事業活動の量と割合 • 物理的リスクの影響を受けやすい資産または事業活動の量と割合 • 気候関連の機会と整合した資産または事業活動の金額と割合 • 気候関連のリスクと機会のための資本支出、資金調達、投資の額 • 内部炭素価格（ICP：Internal Carbon Prices） ①企業が意思決定（例えば、投資判断、移転価格、シナリオ分析）において内部炭素価格を適用しているか、どのように適用しているか ②企業がGHG排出コストを評価するために使用する価格 • 報酬 ①気候関連の考慮事項が役員報酬に織り込まれるか、どのように織り込まれるか ②当期の経営陣の報酬のうち、気候関連の考慮に関連する割合
	業種ベースの指標
サステナビリティ関連のリスクと機会や企業のパフォーマンス（目標の進捗など）を測定、監視するための指標（指標が企業によって開発された場合、以下	企業が戦略的目標の達成に向けた進捗状況や、法律や規制によって達成が義務付けられている目標を監視するために設定した定量的・定性的な気候関連の目標に関する

	IFRS S1 全般的要求事項	IFRS S2 気候関連開示
	を開示) • 指標がどのように定義されているか • 指標が絶対的に測定されたものか、別の指標との関係で表現されたものか、定性的なものか • 指標が第三者によって検証されているか、検証されている場合はその第三者 • 指標の算定方法、インプット(その方法の制限や置いた重要な仮定を含む)	情報(GHG 排出量に関する目標を含む、目標ごとに以下を開示) • 目標を設定するために使用される指標 • 目標の目的 • 目標が適用される企業の範囲(企業全体に適用されるか、特定の事業単位や地域のみに適用されるか) • 目標が適用される期間 • 進捗が測定される基礎となる期間 • マイルストーン、中間目標 • 目標が絶対量か原単位か(目標が定量的である場合) • 気候変動に関する最新の国際協定と目標に関する情報
	企業が戦略的目標の達成に向けた進捗状況や、法律や規制によって達成が義務付けられている目標を監視するために設定した目標に関する情報(目標ごとに以下を開示) • 目標を設定し、目標達成に向けた進捗状況を監視するために使用される指標 • 企業が設定した、または達成する必要がある、特定の定量的または定性的目標 • 目標が適用される期間 • 進捗が測定される基礎となる期間 • マイルストーン、中間目標	目標の設定、見直しに対するアプローチ、および各目標に対する進捗状況の監視方法に関する情報 • 目標および目標設定の方法論が第三者によって検証されているか • 目標を検討するための企業のプロセス • 目標達成に向けた進捗状況を監視するために使用される指標 • ターゲットの変更とその説明
		気候関連の各目標に対する実績、実績の傾向、変化の分析に関する情報
		GHG 排出量に関する目標に係る情報

	IFRS S1 全般的要求事項	IFRS S2 気候関連開示
	• 各目標に対するパフォーマンスと、企業のパフォーマンスの傾向、変化の分析 • 目標の変更とその説明	• どのGHGが目標の対象となるか • スコープ1、2、3のGHG排出量が目標の対象となるか • 目標がグロスか、ネットか（ネットの目標を開示する場合、関連するグロスの目標も個別に開示する必要がある） • 目標が部門別の脱炭素化アプローチを使用して導き出されたか • ネットの目標達成のためのカーボンクレジットの使用計画 　①目標の達成がカーボンクレジットの使用にどの程度、どのように依存するか 　②どの第三者スキームがカーボンクレジットを保証、検証するのか 　③カーボンクレジットの種類 　④企業が使用する予定のカーボンクレジットの信頼性と完全性を利用者が理解するために必要なその他の要素

（出所）ISSB "IFRS S1 General Requirements for Disclosure of Sustainability-related Financial Information"、"IFRS S2 Climate-related Disclosures" を基に大和総研作成

企業の状況に応じたアプローチで、シナリオ分析を実施して評価し、開示するが、その際には、過度なコストや労力をかけずに入手可能な情報を考慮できるようなアプローチを採用する。また、企業がシナリオ分析で使用するインプットを選択する際には、企業は過度なコストや労力をかけずに入手可能な全ての情報（シナリオ、変数、その他の

インプットを含む）を考慮しなければならない。

　さらに、IFRS S1、IFRS S2 のいずれにおいても、バリューチェーンに関する情報の開示が求められている。このバリューチェーンの範囲は「報告企業のビジネスモデル及び企業がオペレーションを行う外部環境に関連するやり取り、資源、関係の全範囲」と定義されている。これには、製品・サービスの構想から提供、消費、終了に至るまで、企業が製品・サービスを生み出すために使用し依存するやり取り、資源、関係が含まれる。定義の範囲は広いが、過度なコストや労力をかけずに入手可能な情報を用いること、開示する情報は重要性のある情報に限られること、を考慮する。また、バリューチェーンにおいて、企業が直接関与していなくとも重大な状況の変化等（例えば規制の導入など）があった場合には、バリューチェーンの範囲の再評価を行わなければならない。

　なお、IFRS S2 では、SASB スタンダードを参考にした業種ベースのガイダンスが付属されている。当該ガイダンスでは、業種ベースの情報開示のために、各業種の説明、開示トピックと指標、その概要などが示されている。IFRS S2 では、気候関連のリスクと機会の特定、リスクと機会による影響やそれに対するレジリエンスの開示、業種ベースの指標の開示、目標に係る指標の特定・開示、などにおいて業種ベースのガイダンスの適用可能性を参照し、検討することが求められている。

⑤　IFRS S1 における開示要件など

　IFRS S1 は、企業が基準に沿って④のようなサステナビリティ情報を開示する上での全般的な要件や、企業の判断・測定の不確実性・誤謬についての要件を定めている（図表３）。

図表 3　IFRS S1 の全般的な要件、企業の判断・測定の不確実性・誤謬

ガイダンス のソース	➢ 企業は SASB スタンダードの開示トピックやそれに関連する指標の適用可能性を参照し、検討しなければならない ➢ さらに、以下の適用可能性を参照し、検討することができる 　✓ 水、生物多様性に関する CDSB フレームワーク適用ガイダンス 　✓ 一般目的財務報告の利用者のニーズを満たすように要件が設計されている他の基準設定機関の最新の発表 　✓ 同じ業種または地域で事業を行う企業によって開示された、指標を含む情報 　✓ （IFRS S1 の目的の達成に役立ち、ISSB の基準に矛盾しない範囲で）GRI スタンダード、ESRS（欧州サステナビリティ報告基準） ➢ 以下の情報を特定しなければならない 　✓ 適用したガイダンスのソース 　✓ ISSB の基準、SASB スタンダード、特定の産業に関連するその他のガイダンスのソースで指定されている業種
開示場所	➢ 一般目的財務報告の一部として、ISSB の基準で求められる開示を行わなければならない ➢ サステナビリティ情報を明確に特定できるようにしなければならない ➢ 他の報告書との相互参照によって開示を行うこともできる
開示の タイミング	➢ 関連する財務諸表と同じ報告期間を対象とするサステナビリティ情報を、関連する財務諸表の開示と同時に開示しなければならない ➢ 通常、企業は12カ月分のサステナビリティ情報を開示するが、異なる期間の情報を開示する場合、その期間の長さ、異なる理由、開示された金額が比較できない旨を開示しなければならない ➢ 報告期間の終了から情報の開示までの間の新しい情報についても開示が求められる場合がある ➢ 報告期間中に中間的なサステナビリティ情報の開示は義務付けられていない
比較情報	➢ 開示された全ての金額の情報について、前期に関する比較情報を開示しなければならない

準拠の表明	➢ サステナビリティ情報の開示が ISSB の基準における全ての要件に準拠している企業は、準拠の表明をしなければならない（全ての要件に準拠していなければ表明をしてはならない） ➢ 法律や規制で開示が禁止されている情報や、サステナビリティ関連の機会に関する機密情報は開示する必要がない（開示しない場合も ISSB の基準の準拠には影響しない）
企業の判断	➢ サステナビリティ情報に重大な影響を与える可能性のある、企業の判断（リスクと機会の特定など）に関する情報を開示しなければならない
測定の 不確実性	➢ サステナビリティ情報として開示される金額の測定の不確実性に関する情報を開示しなければならない ➢ 高いレベルの測定の不確実性の影響を受ける、開示された金額を特定し、以下を開示しなければならない 　✔ 測定の不確実性の原因 　✔ 金額を測定する際に行った仮定、概算、判断
誤謬	➢ 不可能でない限り、開示された前期の比較金額を再表示することにより、前期の重要な誤謬を修正しなければならない（誤謬の性質なども開示する）

（出所）ISSB "IFRS S1 General Requirements for Disclosure of Sustainability-related Financial Information" を基に大和総研作成

⑥ IFRS S1、IFRS S2 の発効日、経過措置

　IFRS S1、IFRS S2 は2024年1月1日以後開始する会計年度から発効する（早期適用可）。ただし、日本企業の法定開示書類に適用されるか否かはわが国の当局が判断することであるため、直ちに日本企業に IFRS S2 の適用が求められるわけではないことには注意が必要である。なお、両基準には経過措置も設けられている（図表4）。

図表4　IFRS S1、IFRS S2 の経過措置（いずれも適用初年度のみ）

	IFRS S1 全般的要求事項	IFRS S2 気候関連開示
前年度との比較情報	開示不要	
開示のタイミング	次の第2四半期または半期の一般目的財務報告と同時での開示可（半期の報告書を開示する義務がない場合等は適用初年度に係る期間の終了から9カ月以内）	
GHG 排出量の測定	―	従来 GHG プロトコル以外の方法で測定していた場合、その測定方法を使用可
スコープ3排出量		開示不要
その他	気候関連のリスクと機会に関する情報の開示についてのみ、IFRS S1 の要件を適用、その旨を開示	―

（出所）ISSB "IFRS S1 General Requirements for Disclosure of Sustainability-related Financial Information"、"IFRS S2 Climate-related Disclosures" を基に大和総研作成

(2)　EU におけるサステナビリティ情報開示規制

①　従来の NFRD（Non-Financial Reporting Directive）の概要

　欧州連合（EU）においては、企業のサステナビリティ情報開示に関して、2018年から NFRD（Non-Financial Reporting Directive：非財務情報開示指令）が施行されている。NFRD は従業員が500人超の上場会社（貸借対照表の合計額2,000万ユーロ超、売上高4,000万ユーロ超のうち、いずれかを満たす企業）などを対象に、ESG 事項（少なくとも環境、社会的責任、従業員待遇、人権尊重、腐敗・贈収賄防止、取締役会の多様性等の事項を含む）に関連する、下記の非財務情報を

経営報告書（management report）で開示することを求めていた。

> ➢ 企業のビジネスモデルの概要
> ➢ ESG に関する企業の方針（デューデリジェンスプロセスを含む）
> ➢ 上記の方針の成果
> ➢ 企業における ESG に関連するリスク（当該リスクのマネジメント方法等を含む）
> ➢ 特定のビジネスに関連する非財務 KPI

② CSRD（Corporate Sustainability Reporting Directive）の発効

　EUにおいて2023年1月にCSRD（Corporate Sustainability Reporting Directive：企業サステナビリティ報告指令）が発効した。CSRD は NFRD を改訂したものであり、開示対象となる企業範囲の拡大、開示内容の詳細化、監査と限定的保証の要求、が主な変更点である。

　まず、開示企業の対象について、上場会社（零細企業を除く）には開示が求められるほか、上場会社でなくとも大企業（従業員250人超、貸借対照表合計額2,000万ユーロ超、売上高4,000万ユーロ超のうち、二つ以上を満たす企業）である場合には開示が求められるようになる。

　開示内容については、図表5のような項目が求められている。①の NFRD の開示項目と比較して、詳細な内容を開示しなければならないことが分かる。これらの事項を開示する際には、後述する ESRS（European Sustainability Reporting Standards：欧州サステナビリティ報告基準）に沿う必要がある。

　さらに、NFRD では非財務情報開示がなされていることを監査人が確認することが求められていた一方で意見表明等は必要がないとされていたが、CSRD では限定的保証業務に基づいた意見の表明が必要と

図表 5 CSRD の開示項目の概要

ビジネス モデル と戦略	➤ サステナビリティリスクに対する企業のビジネスモデルと戦略のレジリエンス ➤ サステナビリティに関する事業の機会 ➤ ビジネスモデルと戦略が下記を両立することを確実にするための、行動計画や財務・投資計画を含む事業計画 ✔ パリ協定での1.5℃目標や2050年までのカーボンニュートラル目標など ✔ 持続可能な経済への移行 ➤ 企業のビジネスモデルと戦略において、ステークホルダーの利益とサステナビリティに対する企業の影響がどのように考慮されているか ➤ サステナビリティに関して企業の戦略がどのように実施されているか
目標	➤ 企業が設定したサステナビリティ関連の期限付き目標（温室効果ガス排出量の目標を設定することが適切な企業については、少なくとも2030年と2050年の温室効果ガス排出量絶対値の削減目標を含む） ➤ 上記目標の達成に向けた企業の進捗状況 ➤ （環境に関連する企業の目標が）決定的な科学的証拠に基づいているかどうかの説明
ガバナンス	➤ サステナビリティに関するガバナンス機関の役割 ➤ 上記役割の遂行に関連する専門知識とスキル ➤ ガバナンス機関が専門知識とスキルにアクセスできることの説明
方針	➤ サステナビリティに関する企業の方針
インセン ティブ	➤ ガバナンス機関のメンバーに提供される、サステナビリティに関するインセンティブスキームの存在に関する情報
影響への 対処	➤ サステナビリティに関して企業が実施するデューデリジェンスプロセス（デューデリジェンスプロセスの実施に関する EU の要件に該当する場合、それに沿ったもの） ➤ 自社の事業、製品、サービス、取引関係、サプライチェーンを含む、バリューチェーンに関連する実質的・潜在的な悪影響 ➤ 影響を特定・モニタリングするためにとられた措置 ➤ デューデリジェンスプロセスを実施する企業に関する他の EU の要件に従って、企業が特定する必要があるその他の悪影響

	➤ 実質的・潜在的な悪影響を防止、軽減、修復、終結させるために企業が講じた措置、およびそのような措置の結果
リスク	➤ サステナビリティに関する主要なリスクの説明（サステナビリティ事項への企業の主な依存関係、および企業がそれらのリスクをどのように管理するかを含む）
指標	➤ 上記の各事項に関連する指標

（注1）開示情報を特定するために実施したプロセスも記載する必要がある。また、該当する場合、開示情報にはバリューチェーンに関する情報を含む（経過措置あり）。

（注2）上記のほか、ガバナンス機関に関連するダイバーシティの方針の説明も求められる。

（注3）中小企業は開示項目について軽減措置を受けることができる。

（出所）Corporate Sustainability Reporting Directive を基に大和総研作成

される。

　CSRD は、従来 NFRD が適用されていた企業に対しては2024年以降に開始する会計年度から適用される。それ以外の大企業に対しては2025年以降に開始する会計年度、上場会社など（零細企業を除く）に対しては2026年以降に開始する会計年度から適用される。また、これらの EU 域内での適用のほか、一定の条件を満たせば、わが国の企業を含めた域外企業に対しても2028年以降に開始する会計年度から適用される。具体的には、EU 域外企業で EU 域内での売上高が2年連続で1億5,000万ユーロ超であり、① EU 域内子会社が上場会社又は大会社、又は② EU 域内の支店による EU 域内での売上高が4,000万ユーロ超、である場合には域外適用を受ける。

③　ESRS（European Sustainability Reporting Standards）の採択

（ⅰ）ESRS の構成

　先述のとおり、企業が CSRD に沿ってサステナビリティ情報を開示する際には、開示基準である ESRS に沿う必要がある。この ESRS

図表 6　ESRS の構成

横断的基準	ESRS 1 全般的要件	ESRS 2 全般的開示	―		
環境	ESRS E1 気候変動	ESRS E2 汚染	ESRS E3 水と海洋資源	ESRS E4 生物多様性と生態系	ESRS E5 資源利用とサーキュラーエコノミー
社会	ESRS S1 自社の労働者	ESRS S2 バリューチェーンの労働者	ESRS S3 影響を受けるコミュニティ	ESRS S4 消費者とエンドユーザー	―
ガバナンス	ESRS G1 事業活動	―			

（出所）欧州委員会 ESRS を基に大和総研作成

が2023年 7 月に EC（欧州委員会）に採択された。ESRS は大きく分けて、横断的基準、環境、社会、ガバナンスの四つで構成されており、それぞれについて細かく基準が設定されている（図表 6 ）。なお、今回の ESRS はあくまでも第一弾であり、今後、セクター別基準や中小企業向け基準の作成が見込まれている。

(ⅱ)　横断的基準

　横断的基準は、企業がサステナビリティ情報を開示する上でのベースラインとなる考え方や、環境、社会、ガバナンスといった分野にかかわらず全ての事業に適用される開示項目を定めたものである。

　このうち、ESRS 1 （全般的要件）は ESRS 全体の構成や基本となるコンセプト、情報開示に当たっての全般的要件を示している。ESRS 1 で特に注目すべき点は、企業はダブルマテリアリティの原則に基づいてサステナビリティ情報を開示する、とされていることだろう。先述したとおり、国際的な ISSB の基準は投資家などに向けて企業のサ

ステナビリティ関連のリスク・機会やその影響に関する情報を開示することを求めている。一方、ESRSでは、投資家などだけではなく、企業やそのバリューチェーンから影響を受け得る者も対象に、サステナビリティに関する企業への財務的な影響と、企業が人や環境に与える影響の両方を開示することを求めている。

　もう一つのESRS 2（全般的開示）は、企業がサステナビリティ情報を開示する上で、分野にかかわらず、全ての事業やサステナビリティのテーマ全体に横断的に適用される開示項目を定めている。バリューチェーンの範囲や情報の不確実性といった基礎的な情報に加え、「ガバナンス」、「戦略」、「影響、リスク、機会の管理」、「指標と目標」に分けた情報の開示が求められる。

(iii)　環境、社会、ガバナンス

　(i)で先述したとおり、環境（ESRS E1〜E5）、社会（ESRS S1〜S4）、ガバナンス（ESRS G1）では、それぞれ異なるテーマに関する情報の開示が求められる。

　環境では、例えばESRS E1「気候変動」においては、気候変動緩和のための移行計画や関連する方針、目標、取り組みに関する計画とそのための資源などを開示する必要がある。これに加え、指標としてエネルギー消費量やGHG排出量（スコープ1、2、3）、カーボンクレジットやICP（内部炭素価格）、予想される財務上の影響に関する情報を開示する。

　社会では、例えばESRS S1「自社の労働者」においては、自社の労働者に対する重大な影響の管理、関連する重大なリスクと機会に対処する方針、労働者との対話のプロセス、悪影響の是正のためのプロセス、懸念・ニーズを伝えるためのチャネル、重要な影響、リスク、機

会に関する取り組みとその有効性、目標の開示が求められる。加えて、指標として従業員数といった基本的なデータから、ダイバーシティに関する指標や研修・スキル開発に関する指標、健康安全に関する指標など、様々な情報を開示する。

　ガバナンスでは、ESRS G1「事業活動」に沿って、ガバナンス機関の役割や企業文化、サプライヤーとの関係の管理、汚職、贈収賄に対処する手続などを開示する。指標としては、汚職、贈収賄や政治的影響力、ロビー活動、支払い慣行に関するものの開示が求められている。

(3)　有価証券報告書でのサステナビリティ情報の開示拡充

①　開示府令の改正

（ⅰ）　サステナビリティ全般の情報

　わが国においてもサステナビリティ情報の開示が拡充されている。2023年1月、「企業内容等の開示に関する内閣府令等の一部を改正する内閣府令」（改正開示府令）が公布・施行され、2023年3月31日以後終了する事業年度に係る有価証券報告書等から適用されている。これにより、有価証券報告書に新たに「サステナビリティに関する考え方及び取組」の欄が追加された。企業はこの欄で図表7のような情報を開示することが求められている。

　サステナビリティ情報の開示に当たっては、各企業において自社の業態や経営環境、企業価値への影響等を踏まえ、サステナビリティ情報の重要性を判断することが求められている。この観点から「ガバナンス」、「リスク管理」はサステナビリティ情報開示を考える上で必要であり、全ての企業に開示が求められている。一方、「戦略」、「指標及

図表7　サステナビリティに関する考え方及び取組について記載すべき情報

ガバナンス	サステナビリティ関連のリスク・機会を監視・管理するためのガバナンスの過程、統制、手続	左記を全ての提出会社が記載
リスク管理	サステナビリティ関連のリスク・機会を識別、評価、管理するための過程	
戦略	短期、中期、長期にわたり連結会社の経営方針・経営戦略等に影響を与える可能性があるサステナビリティ関連のリスク・機会に対処するための取組	左記のうち、重要なものについて記載
指標及び目標	サステナビリティ関連のリスク・機会に関する連結会社の実績を長期的に評価、管理、監視するために用いられる情報	

（出所）「企業内容等の開示に関する内閣府令等の一部を改正する内閣府令」を基に大和総研作成

び目標」は「ガバナンス」、「リスク管理」の枠組みを通じて重要性の判断を行い、重要なものについて記載する。重要性の判断の際には、企業価値や業績等に与える影響度を考慮して判断することが望ましいと考えられている。

　なお、ここでいう「サステナビリティ」には、例えば、環境、社会、従業員、人権の尊重、腐敗防止、贈収賄防止、ガバナンス、サイバーセキュリティ、データセキュリティなどに関する事項が含まれ得ると考えられている。ただし、全ての項目を記載する必要はなく、各企業において重要性を判断して開示項目を判断することとなる。

　ISSBの基準やCSRDにおける開示項目と比較して、改正開示府令では細かな開示項目は設けられていない。各企業の現在の取組状況に応じて柔軟に記載できるような枠組みとされており、投資家との対話を踏まえ、自社のサステナビリティに関する取り組みの進展とともに、開示を充実させていくことになろう。

(ii)　人的資本に関する情報

　「サステナビリティに関する考え方及び取組」の欄では、サステナビリティ全般に係る情報に加え、人的資本に関する情報の開示も求められている（図表8）。企業の経営理念や戦略、ビジネスモデルに結び付いた人的資本に関する方針と、その方針に沿った取り組みと目指すゴールや進捗が投資家に分かりやすいように開示されることが期待されているものと考えられよう。

(iii)　多様性に関する指標

　(i)、(ii)とは別に、改正開示府令では、有価証券報告書の「従業員の状況」の欄において、新たに女性管理職比率、男性の育児休業取得率、男女間賃金格差を記載することが求められている。ただし、女性活躍推進法、育児・介護休業法に基づき、各指標を公表している場合のみ、有価証券報告書でも開示が求められる。

　これらの指標については、投資判断に有用である連結ベースでの開示に努めるべきとされているが、これは法令上の義務ではないため、単体ベースでの開示も認められている。企業ごとに、連結、単体、も

図表8　人的資本について有価証券報告書に記載すべき情報

ガバナンス	―
リスク管理	
戦略	人材の多様性の確保を含む人材の育成に関する方針、社内環境整備に関する方針 （例えば、人材の採用・維持、従業員の安全・健康に関する方針等）
指標及び目標	上記の戦略で記載した方針に関する指標の内容、当該指標を用いた目標、実績

（出所）「企業内容等の開示に関する内閣府令等の一部を改正する内閣府令」を基に大和総研作成

しくは例えば主要な子会社のみを含めた独自の範囲での開示を行うことが考えられる。

　また、多様性に関する指標の開示に当たっては任意の追加的な情報を記載することもできるとされている。例えば、男女間賃金格差を開示する上で、賃金の差異について的確に理解されるように、任意でより詳細な情報や補足的な情報を記載することも可能である。

② ISSB の基準の影響

　改正開示府令によって、有価証券報告書におけるサステナビリティ情報の開示は拡充されたが、これはあくまでもスタートである。改正開示府令で求められている開示項目と比較して、国際的にはより詳細な開示が求められるようになりつつある。こうした国際的な動向がわが国にも今後、影響を及ぼすことが予想される。

　ISSB の基準策定に対応して、わが国では、2022年7月にサステナビリティ基準委員会（SSBJ）が設立された。SSBJ は IFRS S1、IFRS S2 を踏まえ、日本版のサステナビリティ情報開示基準（日本版 S1 基準、日本版 S2 基準）の策定を進めている。日本版 S1 基準、日本版 S2 基準は、IFRS S1、IFRS S2 の内容を多く踏襲したものになると考えられ、仮に有価証券報告書に適用されれば、現状に比べて非常に詳細な情報の開示が求められることが想定される。

　日本版 S1 基準、日本版 S2 基準については、2023年度中に公開草案を公表、2024年度中に確定基準を公表することが目標とされている。両基準は確定基準公表後（遅くとも2025年4月1日以後）に開始する事業年度から早期適用が可能となる予定である。つまり、3月期決算の企業であれば、2026年3月期の有価証券報告書から早期適用が可能になるということである。その後、時期は不明であるが、強制適用と

なることも考えられるだろう。

　また、ISSB は新たに取り組むテーマの候補として、生物多様性・生態系・生態系サービス、人的資本、人権などを挙げている。これらのテーマについても、IFRS S1、IFRS S2 に続いて、基準が策定され得る。そのため、これらのテーマについても将来的には SSBJ によって日本版基準が策定され、詳細な情報の開示が求められる可能性が想定される。

　こうした国際的な動向を踏まえれば、わが国の有価証券報告書におけるサステナビリティ情報の開示は、引き続き拡充されていくことが考えられる。現在法令で求められている開示を行うことにとどまらず、投資家との対話を行った上で、投資判断に資する情報の開示に努めていくことが企業には求められているものと考えられる。

2　運用商品向けの「グリーンウォッシング」対策[2]

(1)　「グリーンウォッシング」問題、2022年以降に始まったことではない

　2022年に入り、運用商品における「グリーンウォッシング」（うわべだけの欺瞞的な環境訴求）への懸念表明を意図した当局からのリリースが相次いだ。

　もっとも、そうした懸念は、2022年以降に始まったことではない。

2　本章（2　運用商品向けの「グリーンウォッシング」対策）は、2023年8月30日時点の情報に基づいて執筆されている。

とりわけ、EU の「EU タクソノミー」と、その開示フォーマットである 'SFDR'[3]、そして 'MiFID'II[4] の改正は、運用商品におけるグリーンウォッシング対策の先駆けといえる。

この問題に対して長らく沈黙していた金融庁も、EU に続く動きをみせている。

そこで、このパートでは、EU、米国、そして日本における、運用商品向けの「グリーンウォッシング」対策を概観する。

(2) EU の ESG 投資に関する規制の最新動向（SFDR）

① SFDR の制定経緯

SFDR は、EU を拠点とする資産運用会社等のサステナビリティ開示規制である。そのルーツは、国連サミットの「持続可能な開発のための2030アジェンダ（SDGs）」（2015年 9 月27日公表）及び COP（Conference of Parties）21の「パリ協定」（2015年12月12日公表）、そしてこれらを受けた欧州委員会の「サステナブル・ファイナンス行動計画」（2018年 3 月 8 日公表）にある。

SFDR の制定経緯は、図表 9 のとおりである。

SFDR と同じく EU のサステナビリティ関連のルールで、よりその存在が浸透しているものに、「EU タクソノミー」がある。図表 9 からも分かるとおり、この EU タクソノミーと SFDR は、切っても切れない関係にある。というのも、SFDR は「開示フォーマット」であり、EU タクソノミーはその開示項目の一部の「中身」を決めるものだか

3　'EU Regulation on sustainability-related disclosures in the financial services sector' 又は 'Sustainable Finance Disclosure Regulation' の略称をいう。
4　EU 版の金融商品取引法である 'MiFID: Markets in Financial Instruments Directive'（2007年11月施行）の改定版をいう。

図表 9　SFDR の制定経緯

時期	発出主体	トピック
2015/9	国連サミット	持続可能な開発のための2030アジェンダ（SDGs）
2015/12	COP21	パリ協定
2018/3	欧州委員会	サステナブル・ファイナンス行動計画
2018/5	欧州委員会	サステナブル・ファイナンス関連法案パッケージ
2019/12	欧州議会・EU 理事会	EU 官報公表：SFDR 本則
2020/6	欧州議会・EU 理事会	EU 官報公表：EU タクソノミー本則
2021/12	欧州議会・EU 理事会	EU 官報公表：EU タクソノミー細則（気候変動関連 TSC [※1]）
2022/7	欧州議会・EU 理事会	EU 官報公表：EU タクソノミー細則補完（原子力・天然ガス）[※2]
2023/2	欧州議会・EU 理事会	EU 官報公表：SFDR 細則
2023/6	欧州委員会	法案公表： EU タクソノミー細則（「残りの四つの環境保護目的」 TSC [※1]）

（※1）TSC: Technical Screening Criteria
（※2）気候変動関連 TSC の改正
（出所）EU 資料等を基に大和総研作成

らである。

　そのため、SFDR を理解するには、まずは EU タクソノミーの概要を把握する必要がある。

②　EU タクソノミーの概要

　EU タクソノミーとは、環境面でサステナブルな経済活動領域、すなわち「グリーン」セクターを分類するための基準である。

　EU タクソノミーの適用対象となる事業者は、「'financial product' を運用する 'financial market participant'」と、「従業員500人超の 'public-interest entities'」である。

前者の 'financial product' とは主に「運用ポートフォリオ」を、'financial market participant' とは主に「資産運用サービスを提供する投資業者」をいう。後者の 'public-interest entities' とは、EU 域内の上場企業、銀行、保険会社等をいう。

　EU タクソノミーは、「グリーン」セクターに分類される事業への従事や投資を義務付けてはおらず、それへの対応状況を開示することを求めているにとどまる。

　「従業員500人超の 'public-interest entities'」であれば、EU タクソノミーへの対応状況を、EU の非財務情報開示指令、'NFRD'[5] が定める開示フォーマットにて開示する。

　そして、「'financial product' を運用する 'financial market participant'」であれば、EU タクソノミーへの対応状況を、SFDR の細則が定める「契約前開示」（目論見書等）と「定期報告」（運用報告書）の開示フォーマットにて開示する。

　それでは、「環境面でサステナブルな経済活動」、すなわち「グリーン」セクターと分類されるためには、どのような要件を満たす必要があるのか。

　EU タクソノミーは、六つの環境保護目的を想定している。「気候変動の緩和」、「気候変動への適応」、「水資源や海洋資源のサステナブルな使用・保護」、「サーキュラーエコノミーへの移行」、「汚染（公害）の防止と管理」、そして「生物多様性及び生態系の保護・回復」である。

　「グリーン」セクターに分類されるためには、これらの六つの環境保護目的のうち一つ以上に対して「多大な貢献」をするものであり、他

5　'Non-Financial Reporting Directive' の略称をいう。詳細は 1⑵①②を参照されたい。

の環境保護目的を著しく阻害せず（DNSH：Do No Significant Harm）、「ミニマムセーフガード」（OECD 多国籍企業行動指針、国際連合「ビジネスと人権に関する指導原則」等）を遵守すること、が求められる。

　「多大な貢献」の詳細は、細則にて定める「技術的な審査基準」（TSC：Technical Screening Criteria）を参照する必要がある。ただ、「石炭」セクターが「グリーン」セクターたり得ないことは、細則を参照するまでもなく、本則に明記されている。なお、当初は規定上の取扱いが「先送り」されてきた「天然ガス」セクターと「原子力」セクターであるが、「ネットゼロ」[6]への移行において重要な役割を担うことから、一定の厳格な要件[7]を満たすことを前提として、追加的に「グリーン」セクターに区分することが認められている。

　EU タクソノミーの適用時期、すなわち EU タクソノミーへの対応状況を踏まえた開示が求められる時期を確認する。六つの環境保護目的のうち、「気候変動の緩和」・「気候変動への適応」については、2022年 1 月から適用が開始されている。ただし、「天然ガス」セクターと「原子力」セクターの要件については、2023年 1 月から適用が開始されている。そして、六つの環境保護目的のうち、残りの四つについては、2024年 1 月から適用が開始される見込みである[8]。

③　SFDR の概要

　SFDR の適用対象となる事業者は、'financial market participant'（以下、'FMP'）と 'financial adviser'（以下、'FA'）である。

6　温室効果ガスの排出量を「正味ゼロ」にすることをいう。

7　「一定の厳格な要件」の詳細については、拙稿大和総研レポート「SFDR、天然ガス・原子力への出資の開示へ」（2022年11月16日）を参照されたい。

8　本稿執筆時点（2023年 8 月30日）では、「残りの四つの環境保護目的」については、細則が未だ法案段階にとどまっている（図表 9 参照）。

前者のFMPとは主に「資産運用サービスを提供する投資業者」を、後者のFAとは主に「投資助言を提供する投資業者」をいう。このパートでは、より規制対応の負荷が大きいFMPに焦点を当てることとする。

SFDRの本則は、図表10のような構成となっている。

まず、SFDRの本則は、「事業体レベル」と「商品レベル」に大別される。前者はFMPの投資活動全般のサステナビリティ開示を、後者は個別商品の運用ポートフォリオのそれを想定している。

後者の「商品レベル」の開示は、「契約前開示」（目論見書等）、「ウェブ開示」、「定期報告」（運用報告書）の三つに大別される。昨今、市

図表10　SFDR（本則）の構成

	主要な条文	開示項目	適用対象		細則への委任
			FMP	FA	
事業体レベル	3条	サステナビリティリスクについての方針	○	○	×
	4条	サステナビリティへの悪影響	○	○	○
	5条	サステナビリティリスクの統合に関連する報酬方針	○	○	×
商品レベル	6条	サステナビリティリスクの統合	○	○	○ [(※)]
	7条	サステナビリティへの悪影響	○	×	○
	8条	'E'又は'S'の促進についての契約前開示	○	×	○
	9条	サステナブル投資についての契約前開示	○	×	○
	10条	'E'又は'S'の促進、及びサステナブル投資のウェブ開示	○	×	○
	11条	'E'又は'S'の促進、及びサステナブル投資の定期報告	○	×	○

（※）FMPへの適用についてのみ
（出所）EU資料を基に大和総研作成

場関係者の間で「9条ファンド」、「8条ファンド」、「6条ファンド」（それぞれ⑤参照）という用語が定着しているが、これらは、SFDRの本則の条文に由来している。

④　**PAI（事業体レベル）、EU タクソノミーへの対応状況（商品レベル）を開示**

図表10から分かるとおり、多くの開示項目の具体的な内容は、細則に委ねられている。

FMP にとって最も厳しいのは、事業体レベルにおける、サステナビリティへの「主要な悪影響」（以下、'PAI'[9]）の開示だろう。細則では、最低でも18項目の PAI（事業法人向け出資、ソブリン向け出資、不動産向け出資の三区分）（図表11参照）の評価につき、定量・定性の情報を開示することが求められる。

商品レベルの開示については、細則では、「契約前開示」と「定期報告」における、EU タクソノミーへの対応状況の開示が主眼となっている。いずれにおいても、「グリーン」セクターへの投資の割合や、その点についての監査人の保証又は第三者のレビューの有無、そして「グリーン」セクター以外への投資がある場合はその理由を示すことが求められる。

⑤　**「サステナブル投資」とは？**

SFDR は、開示規制ではあるが、事実上、資産運用会社に対し、「サステナブル投資」を奨励するものといえる。

サステナブル投資に分類されるためには、a）ESG のうち 'E'（環境）又は 'S'（社会）の促進に貢献することを目的とした経済活動への投資

9　'Principal Adverse Impacts of investment decisions on sustainability factors' の略称をいう。

図表 11　SFDR：PAI（事業体レベル）の評価、開示必須 18 項目

【事業法人向け出資】	
■　気候変動その他の環境関連	
温室効果ガス（GHG）排出	1．GHG 排出
	2．カーボンフットプリント
	3．GHG インテンシティ
	4．石炭・石油向けエクスポージャー
	5．再生不能エネルギー
	6．エネルギー消費インテンシティ
生物多様性	7．保護地域
水	8．水質汚染
廃棄物	9．有害廃棄物・放射性廃棄物レシオ
■　社会、雇用、人権、反腐敗・反贈収賄関連	
社会・雇用	10．国際的なガイドラインの非遵守
	11．国際的なガイドラインを遵守するメカニズムの欠如
	12．性別による賃金格差
	13．取締役会の性別多様性
	14．非人道的兵器向けのエクスポージャー
【ソブリン向け出資】	
環境	15．GHG インテンシティ
社会	16．‘social violations’
【不動産向け出資】	
石炭・石油	17．不動産を通じた石炭・石油向けエクスポージャー
資源効率	18．資源非効率な不動産向けエクスポージャー

（出所）EU 資料を基に大和総研作成

であり、b）他のサステナブル投資目的を著しく阻害せず（DNSH：Do No Significant Harm）、c）投資先の企業において 'G'（ガバナンス）に係るグッド・プラクティスを実践していること、が求められる。

「9条ファンド」とは、このサステナブル投資を運用ポートフォリオのメインに据えたものであり、「ダークグリーン・ファンド」とも呼ばれている。

「8条ファンド」とは、サステナブル投資には該当しないものの、結果として 'E' 又は 'S' を促進している投資を運用ポートフォリオのメインに据えたものであり、「ライトグリーン・ファンド」とも呼ばれている。

この8条ファンドは、サステナブル投資を一切含まないものと、それを一部含むものに大別される。このうち、商品レベルの「契約前開示」と「定期報告」にて EU タクソノミーへの対応状況の開示が求められるのは、後者の「サステナブル投資を一部含む8条ファンド」、すなわち「9条ファンドの『要素』を持つ8条ファンド」のみである（④参照）。

なお、「6条ファンド」とは、9条ファンドと8条ファンドのいずれにも該当しないものをいう。

⑥　8条ファンドの最低水準

8条ファンドについては、その定義が論点となっている。というのも、何をもって8条ファンドと分類するかについては、SFDR の本則はおろか、細則においても、厳格な要件の定めがないのである[10]。

もっとも、欧州委員会は、現時点で流通している8条ファンドの一

10　このことは、9条ファンドについても同様である（(3)①参照）。

部について、グリーンウォッシングの懸念があるとして、8条ファンドに何らかの「最低水準」を設けることを検討している[11]。

この「最低水準」が数値基準であるとすると、例えば、ポートフォリオに占める「'E' 又は 'S' を促進する投資」の割合を一定以上とすることが考えられる。そして、「'E' 又は 'S' を促進」を裏付ける方法の一つとして、ESG 格付けが用いられる可能性がある。というのも、現に、開示実例を見ても、そのようなアプローチで8条ファンドを分類している大手資産運用会社が出てきており、そうした先進的な事例が欧州委員会の検討に影響を与える可能性があるためである。

⑦　スケジュール

SFDR は、本則が2021年3月10日から、細則が2023年1月1日からそれぞれ適用されている。なお、細則に基づく PAI の開示（事業体レベル）は、2023年6月30日までに初回のそれが行われている。

(3)　SFDR Q&A の更新（2023年4月）

2023年4月14日、欧州委員会は、SFDR の Q&A を更新している。

ここで更新された SFDR の Q&A（以下、「更新 Q&A」）は、EU の銀行・証券・保険の監督当局（以下、'ESAs'[12]）から寄せられた質問（2022年9月9日公表）に対する回答をその内容としている。

ここでは、更新 Q&A のうち、筆者が重要と考えるものを二点紹介する（以下①②）。

11　'Strategy for financing the transition to a sustainable economy'（欧州委員会、2021年7月6日公表）参照
12　'European Supervisory Authorities' の略称をいう。

① 「'E' 又は 'S' の促進に貢献することを目的とした経済活動」の解釈

　「サステナブル投資」の定義[13]のうち、「'E' 又は 'S' の促進に貢献することを目的とした経済活動（への投資であること）」という要件の解釈について、従前は何ら明確なガイドライン等がなく、市場関係者としては落としどころを決めかねる状況が続いていた。

　更新 Q&A は、この点について、「何ら最低水準等の定めはなく、自社で決めた内容を開示することで足りる」という、極めて柔軟性に富む見解を示している。

　なお、更新 Q&A は、「サステナブル投資」の定義のうち、「他のサステナブル投資目的を著しく阻害しないこと（DNSH）」という要件の解釈について、移行計画でその要件を「将来的に満たす」ことをターゲットにしている投資は、「サステナブル投資」とはいえない、としている。

② PAB 又は CTB にトラックするパッシブファンドの位置付け

　9 条ファンドの保有資産について、SFDR 細則の前文15は、基本的には「サステナブル投資」のみで構成することを求めている。ただし、「基本的には」とあるように、サステナブル投資以外の投資（以下、「残りの投資」）を組み入れることも想定している。

　ESAs が2022年 6 月 2 日に公表した、細則の明確化を図る文書（以下、「ESAs ステートメント」）でも、こうした想定を「確認」している。

　ESAs ステートメントによるこの「確認」を受けて、市場では、「残りの投資」として許容される資産の内容が、現金及びヘッジ目的の投資に限られる、と厳格に解釈された。

13　(2)⑤参照

こうした厳格な解釈の普及は、EU 公認の気候ベンチマークとして2019年12月に導入された、'EU Paris-aligned Benchmarks'（以下、'PAB'）及び 'EU Climate Transition Benchmarks'（以下、'CTB'）のいずれかにトラックするパッシブファンドであっても、9 条ファンドに分類することができないのではないか、という懸念を生じさせた。というのも、PAB 又は CTB にトラックするパッシブファンドといえども、ESAs ステートメントの厳格な解釈、すなわち、9 条ファンドは「（現金及びヘッジ目的の投資を除いて）100%『サステナブル投資』で構成」という要件を満たすことは極めて困難だからである。

更新 Q&A は、この点について、「PAB 又は CTB にトラックするパッシブファンドであれば、自動的に 9 条ファンドに分類可能」としており、実質的に要件を緩和している。

(4) EU タクソノミーと SFDR のリンケージに関する FAQ（2023年 6 月）

2023年 6 月13日、欧州委員会は、EU タクソノミーと SFDR のリンケージに関する FAQ（以下、単に「FAQ」）を公表している。

ここでは、FAQ のうち、筆者が重要と考えるものを二点紹介する（以下①②）。

① 「グリーン」セクターへの投資と「サステナブル投資」

SFDR の「サステナブル投資」であっても、直ちに EU タクソノミーの「グリーン」セクターへの投資に該当するわけではない。

というのも、「サステナブル投資」が「'E' 又は 'S' の促進」を包含[14]

---

14 (2)⑤参照

するのに対して、「グリーン」セクターへの投資でいう「多大な貢献」は「'E' の促進」に限定され[15]、'S' の促進を目的とする「サステナブル投資」は「グリーン」セクターへの投資たり得ない。

　また、仮に「サステナブル投資」が 'E' の促進を目的とするものであっても、それが EU タクソノミーを考慮したものでなければ、「グリーン」セクターへの投資たり得ない。

　もっとも、FAQ は、「グリーン」セクターへの投資であれば、自動的に「サステナブル投資」にも該当することを明確化した。

　こうした明確化により、欧州委員会には、SFDR 対応における EU タクソノミーとのリンケージを強化・促進させる意図があるものと考える。

②　「ミニマムセーフガード」と PAI

　「グリーン」セクターに分類されるための要件の一つとして、「ミニマムセーフガード」（OECD 多国籍企業行動指針、国際連合「ビジネスと人権に関する指導原則」等）を遵守すること、が求められる[16]。

　この「ミニマムセーフガード」の遵守について、FAQ は、SFDR の PAI のうち、「社会、雇用、人権、反腐敗・反贈収賄関連」に区分される五項目（図表12参照）の考慮が最低限求められる旨、明確化している。

　こうした明確化により、欧州委員会には、EU タクソノミー対応においても 'S' を考慮させる意図があると考える。

15　(2)②参照
16　(2)②参照

図表 12　EU タクソノミー：「ミニマムセーフガード」の遵守にあたって最低限考慮が求められる PAI 項目

指標		測定基準
【事業法人向け出資】		
■　社会、雇用、人権、反腐敗・反贈収賄関連		
社会・雇用	10. 国際的なガイドラインの非遵守	国連グローバル・コンパクトの定める 4 分野（人権、労働、環境、腐敗防止）10原則、又は OECD 多国籍企業行動指針を遵守しない出資先への出資シェア
	11. 国際的なガイドラインを遵守するメカニズムの欠如	国連グローバル・コンパクトの定める 4 分野（人権、労働、環境、腐敗防止）10原則、又は OECD 多国籍企業行動指針を遵守するためのモニタリング方針を持たない出資先への出資シェア
	12. 性別による賃金格差	出資先における性別による賃金格差（平均）
	13. 取締役会の性別多様性	出資先における、取締役会の女性比率（平均）
	14. 非人道的兵器向けのエクスポージャー	非人道的兵器（対人地雷、クラスター爆弾、化学兵器、細菌兵器）を製造・販売している出資先への出資シェア

（注）図表11も併せて参照されたい。
（出所）EU 資料を基に大和総研作成

(5) MiFID II 改正：「サステナビリティ選好」の反映義務化

　EU における運用商品向けのグリーンウォッシング対策として、いま一つ、忘れてはならないのが、2022年 8 月 2 日から適用が始まっている、MiFID II の改正である[17]。

　MiFID II の改正は、投資業者に対し、あらゆる顧客からそのサス

テナビリティに関する選好（以下、「サステナビリティ選好」）をヒアリングすることを義務付けている。

　具体的には、まず、顧客のサステナビリティ選好の有無を、有るとした場合はそれがa）「グリーン」セクター[18]への投資、b）サステナブル投資[19]、c）PAI[20]を考慮した投資、の三つのいずれにあるかを、「ヒアリング」することが求められる。

　次いで、上記a）及びb）のいずれかであればその投資がポートフォリオに占める最低割合を、上記c）であればその質的要素又は量的要素を、「顧客に決めさせる」ことが求められる。

　この改正では、「サステナビリティ」を謳う投資商品の販売におけるグリーンウォッシングを防止することが意図されている。これにより、金融市場におけるグリーンウォッシング対策が、個人投資家への販売局面にも及ぶこととなった。

(6)　米国の ESG 投資に関する規制の最新動向

　2022年5月23日、米国証券取引委員会（SEC）は、とある米銀大手の投資顧問子会社に対して、その運用する投資信託のESG考慮に関する情報提供に虚偽があったとして、150万ドルの制裁金を科した旨公表している。

　これを踏まえてか、直後の2022年5月25日、SECは、ESG投資に関する二つの重要なSEC規則の改正案を公表している（以下①②）。なお、これら二つの改正案の進捗については、未だ不透明な状況となっ

17　2021.8.2公表
18　(2)②参照
19　(2)⑤参照
20　(2)④参照

ている。

① ESG 投資戦略に関する開示強化（案）

一つは、「ESG 商品」について、その ESG 投資戦略の開示を求める、という提案である。

この提案によると、投資顧問は、登録申告にて、投資戦略の決定に際して考慮する ESG ファクター、ESG 情報を提供するサードパーティーとの「重要な」関係性、議決権行使の際に用いる ESG ファクター等の開示が求められる。

また、投資顧問と投資会社は、プロスペクタスにてその運用商品を、'Integration Funds'、'ESG-Focused Funds' 及び 'Impact Funds' の三つのカテゴリーのいずれかに区分することが求められる。

さらに、投資会社は、アニュアルレポートにて、'E' ファクターを考慮する 'ESG-Focused Funds' の温室効果ガス排出の開示が求められる。

SEC の提案は、「運用商品に関するサステナビリティ開示規制」という点で、EU の SFDR と共通している。もっとも、SEC の提案は、SFDR と異なり、事業体レベルでのサステナビリティへの悪影響の開示は求められていない。すなわち、「ESG 商品」を運用しない投資顧問・投資会社にとっては、SEC の提案は無関係である。こうした点から、SEC の提案は、SFDR に比して緩やかな内容といえる。

② "Names Rule" の適用範囲拡大（案）

いま一つは、現行の "Names Rule"[21] の適用範囲を拡大する、という提案である。

"Names Rule" とは、投資会社に対し、特定の要素を想起させる名

---

21 Rule 35d-1 under the U.S. Investment Company Act of 1940

称の商品を運用する場合、そのポートフォリオの80％以上が、その「特定の要素」に合致するもので占められていることを求めるものである。

　現行の "Names Rule" が適用されるのは、特定の業種、特定の地理、を想起させる運用商品のみ、となっている。

　SEC の提案は、上記に加えて、'growth'、'value'、'sustainable' といった要素を想起させる運用商品をも、"Names Rule" の適用対象にするというものである。これにより、実質的には、'ESG' 又はそれに類似する用語（'sustainable'、'green'、'socially responsible' 等）を名称に用いている運用商品を捕捉することが意図されている。

　また、前記①の 'Integration Funds' に区分される運用商品の名称に、'ESG' 又はそれに類似する用語を用いることを禁ずることも併せて提案している。

(7)　日本の ESG 投資に関する規制の最新動向

　2023年 3 月31日、金融庁は、ESG 投信に関する「金融商品取引業者等向けの総合的な監督指針」の一部改正（以下、「監督指針改正」）を公表している。監督指針改正は、ESG 投信におけるグリーンウォッシングの防止を主題としている。

　背景として、金融庁は、2022年 5 月27日に「資産運用業高度化プログレスレポート2022」を公表している。これによると、2021年10月末時点の ESG 投信（37社・225本）を調査したところ、11社（構成比30％）に ESG 専門部署・チームがなく、14社（同38％）に「ESG 専門人材」[22] が一人もいなかった。

　こうした状況を受けて、金融庁は、「2022事務年度 金融行政方針」

（2022年8月31日公表）にて、「ESG投信を取り扱う資産運用会社への期待（中略）や国際的な動き等も踏まえ、各資産運用会社における適切な態勢構築や開示の充実等を図るため、2022年度末を目途に金融商品取引業者等向けの総合的な監督指針を改正する。」と述べている。

監督指針改正は、ここでいう「2022年度末を目途に金融商品取引業者等向けの総合的な監督指針を改正」するものに該当する。

監督指針改正は、「ESG考慮に関する留意事項」を新設している。「ESG考慮に関する留意事項」は、次の①から④の項目で構成されている。

---

①意義
②ESG投信の範囲
③開示
④態勢整備等

以下、順に紹介する。

① **意義**

監督指針改正は、「ESG考慮に関する留意事項」の意義を、次のように記している。

名称や投資戦略にESG（Environmental・Social・Governance）を掲げるファンドが国内外で増加しており、運用実態が見合っていないのではないかとの懸念（グリーンウォッシング問題）が世界的に指摘されている。こうした中、名称や投資戦略にESGを

---

22 「資産運用業高度化プログレスレポート2022」（2022年5月27日公表）では、「ESG専門人材」を、「90％以上の時間をESG関連業務に費やす専任スタッフ」と定義している。

掲げる我が国の公募投資信託について、市場の信頼性を確保し、ESG 投資の促進を通じた持続可能な社会構築を図る必要がある。このため、投資家の投資判断に資するよう、ESG に関する公募投資信託の情報開示や投資信託委託会社の態勢整備について、以下の点に留意して検証することとする。

（出所）金融庁「『金融商品取引業者等向けの総合的な監督指針』の一部改正」（下線は筆者）

②　ESG 投信の範囲

監督指針改正は、「ESG 投信」の範囲（定義）を、次のように規定している。

本監督指針において、ESG 投信は、以下に該当する公募投資信託とする。

① ESG を投資対象選定の主要な要素としており、かつ、

②交付目論見書の「ファンドの目的・特色」に①の内容を記載しているもの

なお、外部委託運用（ファンド・オブ・ファンズ形式を含む。以下同じ。）の場合は、投資戦略やポートフォリオ構成を踏まえ、投資信託委託会社が適切に判断することとする。

（出所）金融庁「『金融商品取引業者等向けの総合的な監督指針』の一部改正」（下線は筆者）

「ESG 投信」の範囲（定義）に関して、監督指針改正と同時に公表された、「コメントの概要及びコメントに対する金融庁の考え方」（以下、「金融庁の考え方」）のうち、重要と考えるものを二点紹介する。

一つは、「『主要な要素』の定義は各委託会社で決める」というもの

である。そこに明確な数値基準は設けておらず、「ESG が投資対象選定の主要な要素であることを合理的に説明できる割合や目標を資産運用会社において検討する必要がある」としている。

いま一つは、ネガティブスクリーニングに代表される、「所謂 ESG インテグレーションのみを行うような場合は、『主要な要素』とはならない」というものである。

③ **開示**

監督指針改正は、ESG 投信の開示項目として、次の(i)から(vi)を挙げている。

(ⅰ)投資家の誤認防止

(ⅱ)投資戦略

(ⅲ)ポートフォリオ構成

(ⅳ)参照指数

(ⅴ)定期開示

(ⅵ)外部委託

以下、順に紹介する。

(ⅰ)　投資家の誤認防止

投資家に誤解を与えることのないよう、ESG 投信に該当しない公募投資信託の名称又は愛称に、ESG、SDGs（Sustainable Development Goals）、グリーン、脱炭素、インパクト、サステナブルなど、ESG に関連する用語が含まれていないか。

投資対象の選定において、財務指標など他の要素と並ぶ要素として ESG も考慮する公募投資信託について、交付目論見書や販

売用資料、広告等の ESG に関する記載が、当該公募投資信託が
ESG を投資対象選定の主要な要素にしていると投資家に誤認さ
れるような説明となっていないか。

　ESG 投信に該当しない公募投資信託のうち、2023年 3 月末ま
でに設定されたものについて、その名称又は愛称に ESG に関連
する用語が含まれている場合には、ESG を投資対象選定の主要
な要素としているものではない旨を交付目論見書に明記してい
るか。なお、上記の場合には、ESG に関連する用語をできる限り
速やかに名称又は愛称から除外することが望ましい。

（出所）金融庁「『金融商品取引業者等向けの総合的な監督指針』の一部改正」（下
　　　　線は筆者）

　「ESG に関連する用語」を「名称又は愛称」に含むことができるの
は ESG 投信のみとしている点からは、部分的とはいえ、SEC が2022
年 5 月25日に公表した、"Names Rule" の適用範囲を拡大するという
提案[23]との類似性がうかがえる。

　投資家の誤認防止に関して、「金融庁の考え方」のうち、重要と考
えるものを二点紹介する。

　一つは、「財務分析が投資対象の選定における主要な要素であるケー
ス」も当然考えられるが、「それをもって、ESG が主要な要素から
排除されるものではない」、というものである。

　いま一つは、「2023年 4 月以降に新設される ESG 投信に該当しない
と判断される公募投資信託について、交付目論見書に ESG を投資対象
選定の主要な要素としていない旨を明記していても、名称等に『ESG』

---

[23]　(6)②参照

等の関連用語を用いることは適切ではない」というものである。

(ii) 投資戦略

ESG 投信の交付目論見書の「ファンドの目的・特色」（ハにおいては、「ファンドの目的・特色」又は「投資のリスク」）に、以下の事項を記載しているか。

イ．ESG の総合評価又は環境や社会の特定課題等、投資対象選定の主要な要素となる ESG の具体的内容

ロ．主要な要素となる ESG の運用プロセスにおける勘案方法（関連する基準や指標、評価方法等の説明を含む）

ハ．主要な要素となる ESG を運用プロセスにおいて勘案する際の制約要因やリスク

ニ．持続可能な社会の構築に向けて、環境や社会のインパクト創出を目的としている ESG 投信について、その目的、インパクトの内容、及び目標とする指標・数値、方法論などインパクトの評価・達成方法

ホ．投資信託委託会社として、ESG を主要な要素とする投資戦略に関連する個別の公募投資信託固有の方針又は全社的なスチュワードシップ方針がある場合には、当該方針の内容

ヘ．イ〜ホについて、更に詳細をウェブサイト等で開示する場合には、その参照先

（出所）金融庁「『金融商品取引業者等向けの総合的な監督指針』の一部改正」（下線は筆者）

　投資戦略の開示に関して、「金融庁の考え方」のうち、重要と考えるものを二点紹介する。

　一つは、「イ.」について、「特定のESG指数への連動を目指す場合においては、当該指標におけるESGの勘案方法を記載するという理解でよい」というものである。

　いま一つは、「ニ.」について、「インパクト創出を目的としている場合には、目標とする数値が開示できない場合であっても、当該インパクトの評価・達成方法は開示していただくことが求められる」というものである。

(iii)　ポートフォリオ構成

> 　ESG投信の純資産額のうち、ESGを主要な要素として選定する投資対象への投資額（時価ベース）の<u>比率</u>について<u>目標や目安</u>を設定している場合、又は、ESG投信の投資対象の選定において主要な要素となるESGのポートフォリオ全体の評価指標の<u>達成状況</u>について、<u>目標や目安</u>を設定している場合、交付目論見書の「ファンドの目的・特色」に、当該比率やその他の計数を記載しているか。また、こうした<u>目標や目安</u>を設定していない場合、<u>その理由を説明</u>しているか。

（出所）金融庁「『金融商品取引業者等向けの総合的な監督指針』の一部改正」（下線は筆者）

　ここでは、事実上、ESG投信における「ESGを主要な要素として選定する投資対象への投資額」の占める最低割合等の設定、開示が求められている。

　ポートフォリオ構成の開示に関して、「金融庁の考え方」のうち、重要と考えるものを二点紹介する。

　一つは、特に委託会社で独自の目標は設定していないパッシブファ

ンドであっても、「指数のメソドロジーとして同等の目標があれば、当該指数の目標を開示することで要件を満たす」というものである。

いま一つは、「アクティブ度の高い運用であることが、目標となる比率や係数を設定できない理由にはならない」というものである。

(iv) 参照指数

> 公募投資信託の運用において、ESG 指数への連動を目指す場合、交付目論見書の「ファンドの目的・特色」に、参照指数におけるESG の勘案方法や当該 ESG 指数を選定した理由を記載しているか。

（出所）金融庁「『金融商品取引業者等向けの総合的な監督指針』の一部改正」（下線は筆者）

参照指数の開示に関して、「金融庁の考え方」のうち、重要と考えるものを二点紹介する。

一つは、「適用対象はパッシブファンドの連動対象インデックスのみで、アクティブファンドのベンチマークは対象外」というものである。

いま一つは、「Data Provider の開示に制限があるため、参照指数におけるESG の勘案方法が記載できない場合には、その旨の記載が必要」というものである。

(v) 定期開示

> ESG 投信の交付運用報告書（上場投資信託の場合には継続的な開示書類。以下同じ。）に、以下の事項を継続的に記載しているか。
> イ．純資産額のうち、ESG を主要な要素として選定した投資対象

への投資額（時価ベース）の比率について、<u>目標や目安を設定している場合</u>には、<u>実際の投資比率</u>

ロ．投資対象の選定において<u>主要な要素となる ESG のポートフォリオ全体の評価指標の達成状況</u>について、<u>目標や目安を設定している場合</u>には、<u>その達成状況</u>

ハ．持続可能な社会の構築に向けて、<u>環境や社会のインパクト創出を目的としている ESG 投信</u>について、<u>インパクトの達成状況</u>

ニ．<u>投資信託委託会社</u>として、ESG を主要な要素とする投資戦略に関連する<u>スチュワードシップ方針がある場合</u>、<u>当該方針に沿って実施した行動</u>

ホ．イ〜ニについて、<u>更に詳細をウェブサイト等で開示する場合</u>には、<u>その参照先</u>

（出所）金融庁「『金融商品取引業者等向けの総合的な監督指針』の一部改正」（下線は筆者）

　ここでは、前記「(iii)　ポートフォリオ構成」で「目標や目安」として設定した、ESG 投信における「ESG を主要な要素として選定する投資対象への投資額」の占める最低割合等の実績を開示することが求められている。

　定期開示に関して、「金融庁の考え方」のうち、重要と考えるものを二点紹介する。

　一つは、「ネガティブスクリーニングのみでは、ESG を主要な要素とする銘柄だけを選定することは難しいと考えられ、比率の開示及びどのように主要な要素と考えるかの説明が必要になる」というものである[24]。

いま一つは、「ESG を主要な要素として選定した投資対象への投資額（時価ベース）の比率」（前記イ）について、「目標や目安を設定していない場合は、その理由を説明する必要がある」というものである。

（vi）　外部委託

> 　ESG 投信の運用を外部委託する場合、<u>外部委託先に対する適切なデューディリジェンスや運用状況の確認を行い、交付目論見書や交付運用報告書に外部委託運用の②〜⑤の内容を反映した開示</u>がなされているか。また、これらの開示が困難な場合には、その理由を説明しているか。

（出所）金融庁「『金融商品取引業者等向けの総合的な監督指針』の一部改正」（下線は筆者）

　外部委託の開示に関して、「金融庁の考え方」のうち、重要と考えるものを二点紹介する。

　一つは、「外部委託運用の場合は、外部委託先の行動を開示することとなり、委託元である『投資信託委託会社』としての行動の開示は不要」というものである。

　いま一つは、「ファンド・オブ・ファンズ形式の ESG 投信において、多数のファンドを投資対象としている場合においては、代表的なものを参照することにより対応いただくことは可能」というものである。

④　**態勢整備等**

　監督指針改正は、求められる態勢整備等として、次の(i)(ii)を挙げている。

24　（6）②参照

> （ⅰ）　組織体制
>
> （ⅱ）　ESG 評価・データ提供機関の利用

　以下、順に紹介する。

（ⅰ）　組織体制

> 　ESG に関連するデータや IT インフラの整備、人材の確保等、投資戦略に沿った運用を適切に実施し、実施状況を継続的にモニタリングするためのリソースを確保しているか。
>
> 　運用を外部委託する場合には、上記のリソースの状況を把握する等、外部委託先に対するデューディリジェンスや（3）②〜⑤ [注]の内容の確認を行うための体制を整備しているか。

（注）「（3）②〜⑤」は、本稿でいう「③(ⅱ)〜(ⅴ)」を指す。
（出所）金融庁「『金融商品取引業者等向けの総合的な監督指針』の一部改正」（下線は筆者）

　組織体制に関して、「金融庁の考え方」のうち、重要と考えるものを一点紹介する。

　それは、「人材の確保について、プログレスレポート2022では、ESG 専門人材（90％以上の時間を ESG 関連業務に費やす専任スタッフと定義）の欠如の問題が指摘されているが、体制の整備方法は各社様々であり必ずしも上記定義上の ESG 専門人材がいなくとも（例えば全員が他部署との兼務であっても）実効的な体制整備は可能」というものである。

（ⅱ）　ESG 評価・データ提供機関の利用

> 　公募投資信託の運用プロセスにおいて第三者が提供する ESG

> 評価を利用する場合や<u>自社の ESG 評価に第三者が提供するデータを利用する場合</u>、ESG 評価・データ提供機関の組織体制や評価の対象、手法、制約及び目的を理解する等、<u>デューディリジェンスを適切に実施しているか。</u>

（出所）金融庁「『金融商品取引業者等向けの総合的な監督指針』の一部改正」（下線は筆者）

　参考までに、ここでいう「ESG 評価・データ提供機関の組織体制」は、「資産運用業高度化プログレスレポート2022」（2022年5月27日公表）では、「スタッフ数、経験、顧客ニーズに応じた情報提供能力、法令遵守体制」と定義されている。

　ESG 評価・データ提供機関の利用に関して、「金融庁の考え方」のうち、重要と考えるものを二点紹介する。

　一つは、「運用の外部委託を行う場合、外部委託先が利用する ESG 評価・データ提供機関のデューディリジェンスを、契約当事者でない国内投信の委託会社が直接行うことは難しいと考えられる。この場合、外部委託先が当該 ESG 評価・データ提供機関に対するデューディリジェンスを適切に実施していることを確認することで要件を満たす」というものである。

　いま一つは、④(i)(ii)は「ESG 投信に該当しない ESG を考慮する公募投資信託を組成・提供する資産運用会社にも適用」されるというものである。

(8)　「ESG 投信」に何らかの定量基準が導入されるか？

　監督指針改正が定める ESG 投信の開示項目を見ると、「2022事務年度 金融行政方針」（2022年8月31日公表）において「国際的な動き等

も踏まえ」と述べていたとおり、SFDR の細則との類似性がうかがえる。

　ESG 投信の範囲（定義）や、「名称又は愛称」に関する制約を見ると、その内容は定性的なものにとどまっている。もっとも、今後、何らかの「定量基準」が事実上導入される可能性がある。具体的には、金融庁によるモニタリングを通じて、ESG 投信における「ESG を主要な要素として選定する投資対象への投資額」の最低水準が事実上収斂していく可能性がある。

第3章

スタートアップ投資の拡大に向けた資本市場制度改革

野村総合研究所未来創発センター 主席研究員

大崎　貞和

1　スタートアップ育成5か年計画の策定

　2022年11月、日本政府は「スタートアップ育成5か年計画」（以下「5か年計画」という。）を策定した[1]。スタートアップとは、革新的なアイデアで短期間に急成長を遂げる企業を指す用語である。5か年計画は、スタートアップが、社会的課題を成長のエンジンに転換して、持続可能な経済社会を実現するという認識に立ち、岸田文雄内閣が経済政策の旗印として掲げる「新しい資本主義」の考え方を体現するものだとする。そして、5か年計画の遂行によって第二次世界大戦後の創業期に次ぐ、第二の創業ブームを実現するとして、スタートアップへの投資額を5年間で現状の10倍を超える10兆円規模に増加させるという目標を掲げている。

　この目標を達成するために、5か年計画には、様々な施策が盛り込まれているが、その主要な柱は、①スタートアップ創出に向けた人材・ネットワークの構築、②スタートアップのための資金供給の強化と出口戦略の多様化、③オープンイノベーションの推進、の三つである。

　このうち二本目の柱とされるスタートアップのための資金供給の強化と出口戦略の多様化を図るための施策には、金融商品取引法（以下「金商法」という。）とその関連法令や日本証券業協会（以下「日証協」という。）の自主規制規則に規定された諸制度の見直しにつながる項

1　https://www.cas.go.jp/jp/seisaku/atarashii_sihonsyugi/kaigi/dai13/shiryou1.pdf

目が含まれている。具体的には、「未上場株のセカンダリーマーケットの整備」や「特定投資家私募制度の見直し」といった項目である。

　これらの項目はいずれも、従来、投資者保護の観点から厳しい制約の下に置かれてきた非上場株式の取引を円滑化することで、スタートアップが未上場のまま大きく成長できる環境を整えることを狙いとしている。以下では、5か年計画に示された非上場株式取引の円滑化へ向けた資本市場制度の見直しについて、過去の経緯や見直しの具体的な内容を整理するとともに、制度改革の意義と今後の課題について私見を述べることにしたい。

2　非上場株式の取引をめぐる従来の制度

(1)　投資勧誘の原則禁止

　現在、日証協の自主規制規則では、協会員である証券会社（金商法では第一種金融商品取引業者と呼ばれる）は、原則として顧客に対して非上場の株式等の投資勧誘を行ってはならないものとされている（店頭有価証券に関する規則3条）。このため、非上場株式の取引を円滑化するための取り組みは、この投資勧誘禁止原則の例外を拡大するという形で進められてきた。なお、非上場株式等には、非上場の株式のほか、非上場株式に転換可能な新株予約権、もっぱら非上場株式に投資する投資信託などが含まれる。

　非上場株式等の投資勧誘を原則禁止するという規制の起源は、証券会社に対して、非上場株式等の店頭売買銘柄の一般投資者への積極的

な推奨を慎むよう要請した1976年7月の大蔵省（当時）証券局長通達に求められる[2]。

　当時、証券取引所の上場基準の強化が図られるとともに、上場基準を満たすことが難しい非上場中堅企業や基準の強化で上場廃止となる企業の株式の流通の場として、日証協が管理する株式店頭市場の整備が進められていた。市場を監督する行政当局としては、株式店頭市場の必要性自体は認めつつも、市場の規模が取引所市場よりも格段に小さく、株式の流通性に大きな制約があるため、投資者保護の必要性が特に高いものと考え、証券会社による一般投資者への投資勧誘を自粛するよう求めたのである。この通達を受けて日証協は、店頭売買銘柄についての顧客を一方的に誘引する投資勧誘を禁止する自主規制規則を設けた（店頭における株式の売買その他の取引に関する規則13条）。

　その後、法的には非上場の株式を取引する店頭市場と位置づけられていた米国のナスダック市場を一つのモデルとしながら、中堅・中小企業の株式資金調達を円滑にするといった観点から株式店頭市場の改革が進められることとなった[3]。このため1983年には、前述の自主規制規則の規定が、店頭登録銘柄以外の非上場株式等についての投資勧誘を禁止するという内容に改められた（1983年11月1日施行店頭における株式の売買その他の取引に関する規則13条）。これが現行規制の原型とも言うべき自主規制規則の規定である。

2　大蔵省証券局長通達「株式店頭市場の整備に伴う証券会社の営業態度について」（1976年7月1日）。詳しくは、大崎貞和『株式市場間戦争』ダイヤモンド社（2000）153〜154頁参照。
3　詳しくは、前掲注2・大崎（2000）156〜159頁参照。

(2)　グリーンシートの盛衰

　1983年の制度改革以降、株式店頭市場は、個人を含む幅広い投資者が参加する新興ベンチャー企業株式の取引の場として定着し、銘柄数や株式時価総額で東京証券取引所（以下「東証」という。）市場第二部を上回る規模にまで成長した。しかし、バブル経済の崩壊による株価下落が顕著になるとともに、行政当局と東証、日証協は、日本株のメイン市場とも言うべき東証一部市場の株価維持のためには株式投資をめぐる需給調整が必要だといった考え方に基づき、株式新規公開（IPO）を一定期間禁止するとかIPO社数を制限するといった規制に乗り出した[4]。

　このような規制は、東証一部市場における株価の回復という所期の効果を生まなかったばかりか、IPOの延期を余儀なくされたベンチャー企業はもとより、広く産業界や産業政策を所管する通商産業省（当時）からの強い批判を招くこととなった。結果的には株価対策としてのIPO規制が、株式店頭市場をめぐる更なる制度改革や株式店頭市場に登録されていない非上場株式等の取引をめぐる規制緩和につながったのである。

　こうして1997年7月に施行された規則改正と理事会決議によって創設されたのが、日証協の管理する非上場株式等の取引の場となるグリーンシートである[5]。グリーンシートは、米国で広く活用されていた

4　詳しくは、前掲注2・大崎（2000）162～163頁参照。
5　詳しくは、大崎貞和「グリーンシートの盛衰とその功罪」証券アナリストジャーナル52巻1号37頁（2014）、同「株主コミュニティ制度の見直し」神田秀樹責任編集『企業法制の将来展望　資本市場制度の改革への提言2020年度版』財経詳報社（2019）172頁参照。

非上場株式等の気配表であるピンクシートを一つのモデルとして構想され、有価証券報告書の提出など法定の継続情報開示を行っているかまたは公認会計士・監査法人による適正意見の付された監査報告書の添付された財務諸表等の開示資料を利用できる発行者の株式等については、非上場銘柄であっても、日証協の会員証券会社による投資勧誘や会員証券会社間の流通が認められるという仕組みであった。

　グリーンシートの利用は順調に拡大し、制度が創設された1997年末時点で22銘柄だった指定銘柄数は、2004年末には96銘柄に達した。しかし、2005年４月施行の法改正で、グリーンシート銘柄が金商法上の不公正取引禁止規制の適用対象となる取扱有価証券（金商法67条の18第４号、163条〜167条の２）とされることになり、インサイダー取引規制の解除を可能にするためにグリーンシート銘柄の発行者にも上場会社並みの適時情報開示が求められることとなる一方、東証マザーズ市場をはじめとする取引所の新興市場が競うように緩やかな上場基準を採用したことなどで、グリーンシート銘柄の数は次第に減少していった。

　更に、グリーンシート銘柄の取扱会員証券会社の経営者が無登録業者による違法な未公開株勧誘に関与したとして逮捕され、日証協が当該会社の取扱会員としての資格を取り消し、結果として当該会社が気配提示を行っていた複数の銘柄の指定が取り消されるという深刻な不祥事も発生した。新たなグリーンシート銘柄の指定は2012年以降行われず、仕組みとしての信頼感も損なわれたグリーンシートは、2018年３月末をもって廃止されたのである。

(3)　投資勧誘禁止の例外拡大

①　勧誘対象を限定しない場合の難しさ

　当初は順調に指定銘柄数を増やしていたグリーンシート制度が衰退に向かった最大の要因は、指定銘柄の発行会社に対して上場会社並みの適時情報開示が求められるようになったことである。株式発行による資金調達を行おうとする非上場会社からすれば、グリーンシートの魅力は簡易な情報開示だけで一般投資者の間で自社の株式等を流通させられる点にあった。取引所市場よりも格下というイメージのあるグリーンシートで、上場会社並みの情報開示負担が求められるのであれば、制度としての魅力が失われるのは当然である。

　とはいえ、個人を含む幅広い一般投資者が取引に参加できるグリーンシート制度において、投資者保護の観点から発行会社に上場会社に準ずるような水準の情報開示義務の負担を課したことが著しく不当であったとは言いにくい。

　米国においても、比較的緩やかだと考えられてきたナスダック市場への上場基準を満たさない非上場会社の株式等を取引する仕組みであったOTCブリティンボードは、登録銘柄の発行会社に法定継続開示義務が課されるようになったことをきっかけに銘柄数が減少し始め、2021年末には廃止されるに至った[6]。かつてのピンクシートの流れを汲み、発行者情報がほとんど入手できないような銘柄を含む多数の非上場株式等が取引されてきたOTCマーケットにおいても、2021年9月に直近の財務諸表等の情報が公表されていない発行者の株式等につ

6　詳しくは、日本証券経済研究所編『図説アメリカの証券市場』〔2019年版〕日本証券経済研究所（2019）148〜149頁（大崎貞和執筆）参照。

いて証券会社による売買気配公表を禁止する証券取引委員会（SEC）規則が施行されたことで、最低限の情報開示を行わない発行者の株式等を一般投資者が売買することは事実上困難になっている[7]。

②　株式投資型クラウドファンディングと株主コミュニティ制度

プロ私募とも呼ばれる適格機関投資家向け勧誘制度のように、取引に参加できる投資者の範囲を限定するのではなく、非上場株式等の一般投資者への投資勧誘を可能にするのであれば、発行者情報の入手が上場株式よりも困難であることが投資者保護の観点から大きな問題とならないようにするための制度的な工夫が不可欠だろう。

そこで、投資勧誘の対象となる投資者の属性を制限しない代わりに、その他の制度面での制約を設けながら、非上場株式等の一般投資者への投資勧誘の禁止という原則の例外を認めようとする試みがなされることになった。

その一つが、募集される株式等の金額を有価証券届出書の提出が必要とならない水準に収めつつ、投資者ごとの投資金額に制限を設ける株式投資型クラウドファンディングである。株式投資型クラウドファンディングをめぐっては、2014年の金商法改正で募集の取扱いを行うファンディングポータル運営者に係る参入規制が緩和されることになった[8]。すなわち、発行価額の総額1億円未満、投資家1人あたりの払込額50万円以下という「少額」のクラウドファンディングだけを取

7　詳しくは、大崎貞和「米国における非上場株取引をめぐる制度の見直し」野村総合研究所ウェブサイト・コラム（2021年10月14日掲載）参照。
　　https://www.nri.com/jp/knowledge/blog/lst/2021/fis/osaki/1014
8　詳しくは、大崎貞和「リスクマネーの供給拡大を図る制度改革」神作裕之責任編集『企業法制の将来展望　資本市場制度の改革への提言2015年度版』財経詳報社（2015）76頁、黒沼悦郎『金融商品取引法』〔第2版〕有斐閣（2020）646～650頁参照。

り扱う業者については参入規制を緩和するとともに（金商法29条の4
の2、29条の4の3）、株式投資型クラウドファンディングについては、
日証協規則による非上場株式に係る投資勧誘禁止規制の適用除外とし
たのである（株式投資型クラウドファンディング業務に関する規則）。

　もう一つは、2015年5月に創設された株主コミュニティ制度であ
る[9]。これは、日証協規則（株主コミュニティに関する規則、以下「株
主コミュニティ規則」という。）に基づいて日証協の指定を受けた運
営会員証券会社が、自ら選定した非上場株式の銘柄ごとに、一般投資
者が参加する株主コミュニティを組成するものであり、ある銘柄の株
主コミュニティに参加する投資者に対しては、当該銘柄への投資勧誘
を行うことが認められる。株主コミュニティに参加する投資者の属性
については特段の規制を設けないが、投資勧誘の対象となる投資者の
範囲を限定することで、発行会社が幅広い一般投資者向けに投資判断
に必要な情報を開示するといった必要はないものとされるのである。

　株主コミュニティが組成されている銘柄は、2014年の金商法改正で
新たに設けられた取扱有価証券の適用除外規定、すなわち日証協の
「規則において流通性が制限されていると認められる有価証券として
内閣総理大臣が定めるもの」（金商法67条の18第4号）に該当するこ
とから（平成27年5月28日金融庁告示第32号）、金商法のインサイダ
ー取引規制の適用対象とされず、発行会社に適時開示義務が課される
こともない。

9　詳しくは、前掲注5・大崎（2019）参照。

3 特定投資家向け勧誘制度の整備

(1) 特定投資家への着目

　株式投資型クラウドファンディングや株主コミュニティ制度の対象銘柄が、非上場株式等への投資勧誘を禁止する日証協規則の例外と位置づけられたことには一定の意義がある。しかし、スタートアップ投資の拡大という観点からは、一般投資者向けの投資勧誘を前提とするこれらの制度だけでなく、勧誘対象となる投資者を一定の要件を満たすプロに限定する仕組みを用意することも重要であろう。

　そこで、2021年6月に公表された金融庁金融審議会市場制度ワーキング・グループの第二次報告「コロナ後を見据えた魅力ある資本市場の構築に向けて」では、スタートアップ企業等によるイノベーションや既存事業の再編・再構築等を支える資本性資金の供給を拡大する観点から、非上場会社に対する資金供給の円滑化・多様化を図ることなどが提言されることとなった[10]。この提言の具体化にあたって焦点となったのが、これまで十分に活用されてきたとは言い難い金商法上の特定投資家制度を活用する制度の整備である。

10　https://www.fsa.go.jp/singi/singi_kinyu/tosin/20210618/houkoku.pdf

(2)　従来の特定投資家制度

①　特定投資家とは

　特定投資家とは、2006年の法改正で法制化された、投資に関する専門知識や経験のあるプロ投資家の類型である。特定投資家には、適格機関投資家や国など一般投資家に移行できない特定投資家と上場会社や資本金5億円以上であると合理的に判断される株式会社など、証券会社等の金融商品取引業者に対して申し出ることで一般投資家に移行できる特定投資家とがある（金商法2条31項、金融商品取引法第二条に規定する定義に関する内閣府令23条）。

　また、①特定投資家以外の法人、②出資総額が3億円以上の組合の業務執行者である個人、③純資産が3億円以上かつ投資性金融資産が3億円以上の個人であって取引開始から1年を経過した者、の三つの類型については、金融商品取引業者への申出によって特定投資家に移行できるものとされてきた（金商法34条の3第1項、34条の4第1項、金融商品取引業等に関する内閣府令（以下「金商業府令」という。）61条、62条）。

　特定投資家向けの販売・勧誘行為については、証券会社など金融商品取引業者の一般投資家への投資勧誘に適用される金商法上の行為規制のうち書面交付義務や説明義務といった情報格差の是正を目的とする行為規制の適用が除外される[11]。このため、証券会社等は、特定投資家向けに限って販売・勧誘を行う商品やサービスについては、様々なルールの遵守に係るコストを削減することができるようになる。そ

11　前掲注8・黒沼（2020）595〜596頁。

こで、とりわけ仕組みが複雑で説明等に手間のかかる商品やサービスには、特定投資家向け専用という位置づけが与えられることも想定されるだろう。

② **活用されなかった特定投資家制度**

実際に特定投資家向け専用の商品やサービスが提供されるようになれば、類型的には特定投資家とはされない法人や個人であっても、保有資産や投資経験・知識に照らして、そうした特定投資家向け専用商品・サービスに伴うリスクを許容できると判断し、自ら投資や利用を希望する者も現れるだろう。証券会社等に対して申し出ることで特定投資家に移行できる一般投資家の類型が設けられたのは、このためである。

しかしながら、これまで特定投資家制度の活用はほとんど進んでこなかった。前述の2021年6月の金融審議会ワーキング・グループ報告によれば、大手証券会社5社への申出によって特定投資家に移行していた個人は延べ92名（2020年末時点）、法人は延べ約1,000口座（2021年5月時点）に過ぎない[12]。

この背景には、特定投資家向けとされる金融商品・サービスが、特定投資家だけが取引できるプロ向け市場（TOKYO PRO Market）を除いてはほぼ存在しなかったという事情がある。他方、特定投資家に移行できる個人の要件が画一的かつ極めて厳格であることや移行手続きが煩雑であることが証券会社等の特定投資家の増加へ向けた積極的な取り組みを妨げ、結果として特定投資家向け専用商品・サービスが育たなかったという面も否定できない。

---

[12] 前掲注10・報告書3頁注7。

⑶　特定投資家の範囲拡大

　そこで、2022年 7 月の金商業府令改正では、特定投資家への移行を申し出ることのできる個人の範囲が相当程度拡大されることになった[13]。具体的には、次のような者が特定投資家への移行を申し出ることが可能となった。

i)　①純資産 5 億円以上、②投資性金融資産 5 億円以上、③年収 1 億円以上のいずれかを満たす者（金商業府令62条 1 項 2 号）。

ii)　過去 1 年間の平均取引頻度が月 4 回以上であり、かつ①純資産 3 億円以上または②投資性金融資産 3 億円以上のいずれかを満たす者（金商業府令62条 1 項 3 号）[14]。

iii)　特定の知識経験を有する者であって、①純資産 1 億円以上、②投資性金融資産 1 億円以上、③年収 1 千万円以上のいずれかを満たす者（金商業府令62条 1 項 4 号）。ここで特定の知識経験を有する者とは、①金融商品取引業や銀行業等の金融業務に通算 1 年以上従事した者、②大学または大学院において経済学または経営学の教授・准教授等の職に通算 1 年以上あった者、③日本証券アナリスト協会認定アナリスト、一種外務員または二種外務員、一級または二級ファイナンシャル・プランナー、中

---

[13]　以下次項（ 4 ）までの記述には、大崎貞和「制度整備が進む非上場株取引市場」野村総合研究所ウェブサイト・コラム（2022年 4 月22日掲載）の内容と重なる点が多い。
https://www.nri.com/jp/knowledge/blog/lst/2022/fis/osaki/0422

[14]　この要件を満たす者として特定投資家への移行を申し出た者は、知識・経験に照らして適当であるときは、当該要件を満たさなくなった場合にも要件を満たす者として取り扱うことができる（金商業府令62条 2 項）。これは、「過去 1 年間の取引頻度が月 4 回以上」という要件を満たすために不必要な取引を行うことを防ぐ趣旨からの規定と考えられる。

小企業診断士のいずれかの資格を有する実務経験1年以上の者、④経営コンサルタントとして1年以上の実務経験を有し③の資格保有者と同等以上の知識・経験を有する者を指す（金商業府令62条3項）。

　以上、三つの類型については、いずれも取引開始から1年以上という要件を併せて満たすことが求められる。この取引開始から1年以上という要件は、これまでは申し出た者が申出を受けた証券会社等との取引を開始してから1年以上とされてきたが、今回の改正では、「最初に金融商品取引業者等との間で（中略）取引契約を締結した日から起算して1年を経過していること。」と改められることになり（金商業府令62条1項1号）、自社との取引開始以前における他の証券会社等との取引経験を特定投資家への移行を承諾するかどうかの判断にあたって勘案することが可能となった。

(4)　日証協の規則改正

　一方、日証協は、2022年4月、新たに「店頭有価証券等の特定投資家に対する投資勧誘等に関する規則」（以下「特定投資家勧誘規則」という。）を制定とするとともに、株主コミュニティ規則等を改正し、前述の内閣府令改正に合わせて同年7月から施行した。この規則改正にも特定投資家制度の一層の活用を図る狙いがある。

　特定投資家勧誘規則の内容は、日証協の協会員である証券会社が、特定投資家向けに投資勧誘を行うのにふさわしいと判断した非上場株式等について、発行者の事業内容や財務諸表等といった発行者情報を含む特定証券情報が勧誘対象者に提供されるかまたは公表されていることを前提としながら、特定投資家向けに投資勧誘を行うことを認め

るというものである。

　これは、以前から TOKYO PRO Market への上場時に行われている特定投資家向け私売出し（金商法2条4項2号ロ）の対象を同市場に上場されない株式等にも拡大するものだと言うことができる。特定投資家向け私売出しに際しては、特定証券情報を勧誘の相手方に提供しまたは公表しなければならないとされており（金商法27条の31）、この規定に基づいて制定された「特定証券情報等の提供又は公表に関する内閣府令」では、「金融庁長官が指定する情報」を特定証券情報とすることが規定されている（同府令2条1項3号）。2022年6月30日公布の金融庁告示によって、特定投資家勧誘規則に定められた情報が新たに特定証券情報とされることになった。

　特定投資家勧誘規則の制定に合わせて行われた株主コミュニティ規則改正では、株主コミュニティ制度の改善を図るための制度見直しが行われた。その内容は次の通りである。

　i)　株主コミュニティへの参加については、投資家が自発的に申し出ることが原則とされており、証券会社は、株主コミュニティへの参加勧誘を原則として行ってはならないものとされている。この参加勧誘禁止の例外として、新たに特定投資家に対する株主コミュニティへの参加勧誘を認める（株主コミュニティ規則9条2項6号）[15]。

15　従来、株主コミュニティへの参加勧誘は、対象者が①当該株主コミュニティ銘柄の保有者、②当該株主コミュニティ銘柄の発行者の役職員、③過去に①または②であった者、④②の配偶者または二親等内の親族、⑤当該株主コミュニティ銘柄の発行者の子会社または関係会社の役職員、という5類型のいずれかである場合に限られていた（株主コミュニティ規則9条2項1号〜5号）。

ii) 株主コミュニティ銘柄が、店頭取扱有価証券に該当する場合、すなわち当該銘柄の発行者が有価証券報告書を提出している会社であるか適正意見の付された監査報告書の添付された財務諸表を会社内容説明書として利用できる会社であるかのいずれかに該当する場合には、株主コミュニティへの参加勧誘が可能となる（株主コミュニティ規則9条3項）。この場合、株主コミュニティ運営会員証券会社は、当該銘柄の発行者と協議した上で、参加勧誘の対象となる顧客の属性を定めて勧誘を行う[16]。

4　特定投資家向け株式等のPTS取引[17]

(1)　セカンダリー取引円滑化の必要性

前節で取り上げた特定投資家勧誘規則の制定は、スタートアップ企業の株式発行を通じた特定投資家からの資金調達の場となるプライマリー市場の形成を図るための制度整備であった。そうした制度整備が所期の効果を発揮して、非上場株式等の特定投資家による保有が拡大すれば、特定投資家が非上場株式等を換金・売却するためのセカンダリー市場も必要となってくる。

16　例えば、当該銘柄の発行者が地域の有力企業であるといった場合に、一定地域内の投資家に限定して株主コミュニティへの参加勧誘を行うといったケースが想定されている。

17　本節の記述には、大崎貞和「非上場株のPTS取引が可能に」野村総合研究所ウェブサイト・コラム（2023年7月5日掲載）の内容と重なる点が多い。
https://www.nri.com/jp/knowledge/blog/lst/2023/fis/osaki/0705

そこで2022年6月に公表された金融庁金融審議会市場制度ワーキング・グループの「中間整理」では、スタートアップ・非上場会社への成長資金等の供給を円滑化するといった観点から私設取引システム（PTS）を通じた非上場株式のセカンダリー取引を円滑化することが提言された[18]。

　私設取引システム（PTS）とは、第一種金融商品取引業者（証券会社）が金融庁の認可を受けて運営する電子取引システムであり、金融商品取引所（証券取引所）が開設する市場と同じように多数の投資者が取引する株式等の有価証券売買注文のマッチング機能を担う。従来、PTSで取引される株式は、取引所市場に上場されている株式に限られていた。このため、日証協は、2023年7月に新規則「私設取引システムにおける非上場有価証券の取引等に関する規則」（以下「非上場PTS規則」という。）を施行したのである[19]。

　なお、非上場株式等のPTSでの取引が制度上可能となったとしても、実務面から言えば、取引対象となる非上場銘柄が証券保管振替機構の取扱対象でなければ、円滑な決済が難しく、事務フローが煩雑になることを嫌う証券会社は積極的に取引しようと考えないだろう。この点については2023年4月、証券保管振替機構が「株式等振替制度における非上場株式等の取扱いに係る要綱」を公表してパブリックコメントを募集し、同年7月にその結果を公表している[20]。これにより、非上場PTS規則に基づく取引が実際に行われる場合には、取引対象銘柄

18　https://www.fsa.go.jp/singi/singi_kinyu/tosin/20220622/houkoku.pdf　4～5頁参照。
19　https://www.jsda.or.jp/about/public/kekka/files/20230630_PCsankou_ptstorihiki.pdf
20　https://www.jasdec.com/assets/download/ds/public20230705.pdf

を証券保管振替機構における振替決済の対象とするための制度的基盤が整えられた。

(2) 非上場 PTS 規則の概要

① 規則の適用対象

　非上場 PTS 規則の適用を受けて非上場株式等を取引する PTS（以下「非上場 PTS」という。）で取り扱うことのできる有価証券としては、①ブロックチェーン技術を用いて権利の移転が行われるトークン化有価証券（いわゆるセキュリティ・トークン）のうち株式や社債等がトークン化されたもの、②特定投資家向け有価証券である非上場株式や投資信託、の二つの類型が掲げられている。

　このうちトークン化有価証券については、新規則の規制対象である株式や社債といった伝統的な有価証券がデジタル資産化されたもののほか、金商法上の「みなし有価証券」（金商法 2 条 2 項各号）である集団投資スキーム持分（いわゆるファンド）や信託受益権等がトークン化されたものも想定し得る[21]。それらについては日証協ではなく、セキュリティ・トークン取引に特化した自主規制機関（認定金融商品取引業協会）である日本 STO 協会（2019年10月設立）による規制に服するものとされており、非上場 PTS 規則施行と同日の2023年 7 月 1日から、ほぼ同趣旨の内容を規定した日本 STO 協会規則「私設取引システムにおける電子記録移転権利の取引等に関する規則」が施行されている[22]。

---

[21] 法律上は電子記録移転権利と呼ばれ、不動産の受益証券発行信託の受益権がセキュリティ・トークン化されたものなど、いくつもの発行事例がある。

[22] https://jstoa.or.jp/files/articles/3d200d20303b25eba42d6f8d42b848f8ea84f321 ecaf3b3bbded5a663892f333

②　規則が求める情報開示等

　非上場 PTS の運営者となる証券会社（以下「非上場 PTS 運営会員」という。）に対しては、非上場 PTS の運営業務に関する社内規則の制定や業務内容の公表が義務づけられるとともに、非上場 PTS における取引対象となる非上場株式等（以下「非上場 PTS 銘柄」という。）について、発行者の財務状況や適時の情報提供を適正に行うための態勢整備状況等を含む適正性審査を行うことが求められている（非上場 PTS 規則 4 条〜 6 条）。

　とりわけ重視されているのが、非上場 PTS 銘柄の発行者による適時の情報提供である。トークン化有価証券の発行者については臨時報告書の提出が必要な場合の情報開示、特定投資家向け有価証券の発行者については公表した特定証券情報や発行者情報の訂正が必要となった場合等の情報開示が求められることが規定され、非上場 PTS 運営会員は、適正な情報提供を確保するための契約を発行者との間で締結しなければならないものとされる（非上場 PTS 規則 7 条、8 条）。

　非上場 PTS 運営会員は、非上場 PTS 銘柄の約定価格、最終気配、出来高を毎営業日公表するとともに、顧客から要求があった場合には速やかに直近の約定価格等を提供できる態勢を整備しなければならないものとされる（非上場 PTS 規則 9 条）。また、過当取引や相場操縦行為等の不公正取引を防止する態勢を整備し、売買審査を行うことも求められる（非上場 PTS 規則10条、11条）。

　なお、非上場 PTS 銘柄の発行者に関する情報の公表や非上場 PTS 銘柄の約定価格等の情報の公表は、いずれも非上場 PTS 運営会員が、「自社のウェブサイトに掲載する方法その他のインターネットを利用した方法（投資者が常に容易に閲覧することができる方法に限る。）」

によって行うものとされる。

(3) 金商法施行令の改正

　非上場PTS規則の施行に際しては、金商法施行令（以下「金商令」という。）の改正が同時に行われた。この点について、補足的に説明しておきたい。

　金商法は、50名以上の多数の者を相手方として既に発行された株式等の売付けの申込みまたはその買付けの申込みの勧誘は原則として「売出し」に該当し、有価証券届出書の提出などの手続きを踏むことが必要だとしている（金商法2条4項1号、金商令1条の8）。但し、「取引所金融商品市場における有価証券の売買およびこれに準ずる取引その他の政令で定める有価証券の取引に係るもの」は、この「売出し」の定義から除かれている。これは、「売出し」の定義が株式等のあらゆる取引に一律に適用されると、例えば一般投資者が取引所の市場で上場株式の売り注文を出す行為すら「売出し」に該当してしまうという不合理な結果になりかねないからである。

　従来、PTSにおける株式の取引については、上場株式または店頭登録株式の取引、プロ向け市場上場株式の特定投資家等を当事者とした取引に限って、「売出し」の定義から除外されることとなっていた（2023年7月改正前金商令1条の7の3第3号）。つまり、非上場株式等の売り注文をPTS上に出せば、PTSの取引に参加している多数の投資者を相手に「株式の売付けの申込み」を行ったことになり、「売出し」に該当するものと解さざるを得なかったのである。

　そこで2023年7月1日に施行された金商令の改正では、特定投資家向け有価証券のPTSにおける売買が売出しの定義から明示的に除外

されることになった（金商令1条の7の3第3号ロ）。

5　制度見直しの意義と課題

　前々節および前節で紹介した制度見直しは、①特定投資家に移行できる個人の範囲拡大、②非上場株式等の特定投資家向け勧誘制度の創設、③特定投資家向けの株主コミュニティへの参加勧誘の解禁、④特定投資家向け非上場株式等のPTS取引の解禁、の四つの主要な柱からなると要約することができよう。以下では、それぞれの意義や今後の課題について、若干の私見を述べることとしたい。

(1)　特定投資家の範囲拡大

　第一の特定投資家に移行できる個人の範囲拡大は、従来の要件が厳格に過ぎたように感じられることから大いに歓迎すべきである。とりわけ、対象となる個人の要件に、これまで同様の保有資産に年収が加味されたことや投資に関する知識経験が豊富であることを類型的に示す職業経験や資格といった定性的指標が加えられたことは画期的である。

　米国でも2020年8月に採択された証券取引委員会（SEC）規則改正で、私募に関するセーフハーバー・ルールであるレギュレーションDにおいて勧誘対象として認められる適格投資家（accredited investor）となり得る個人の要件に専門資格の保有という定性的要素が加えられた。とはいえ米国の場合、現在のところ認められている資格は自主規制機関FINRAの付与する証券外務員資格等に限られており[23]、日本

の内閣府令改正は、より幅広く一定の知識経験を有する個人が特定投資家に移行することを可能にしようとしているものとして高く評価することができよう。

　また、取引開始から1年以上という要件に他の証券会社との取引履歴を加味できることとした点も重要である。自社とは取引実績がないが、既に他社で投資経験を積んでいる顧客に対して、「特定投資家への移行の申出は1年待って欲しい」と言わなければならないのは、いかにも不合理だからである。

　もっとも、この制度改正が多数の個人の特定投資家への移行に直ちにつながるのかと問われれば、それは何とも言えないと答えざるを得ない。特定投資家への移行は、一定の要件を満たす個人が、取引口座を有する証券会社に対して契約の種類ごと（例えば株式取引、債券取引など）に申出を行い、当該証券会社の承諾を得ることで初めて可能となる。従って、甲証券会社での株式取引について特定投資家としての取扱いを受けているA氏が、乙証券会社での取引では一般投資家となるといった事象も発生し得る。

　裏を返せば、証券会社が、特定投資家向けの魅力的な商品となる株式等の発行会社を発掘し、対象となり得る顧客に対して特定投資家への移行を積極的に働きかけない限り、実際に多くの顧客の移行が進むことにはならないのである。

　前述のワーキング・グループ報告でも触れられている事実だが、現行制度の下でも、特定投資家に移行可能な個人の要件の一つである投

23　大崎貞和「米国における非登録証券の市場をめぐる規制改革」神田秀樹責任編集『企業法制の将来展望　資本市場制度の改革への提言2022年度版』財経詳報社（2021）104頁参照。

資性金融資産 3 億円以上を保有する個人は、野村総合研究所の推計によれば約 2 万人に上る[24]。この数字と前述した大手証券会社 5 社で特定投資家に移行した個人が延べ92名という数字との間には大きなギャップがある。特定投資家に移行できる個人の範囲拡大は、潜在的な特定投資家の数を大幅に押し上げることとなるだろうが、そのことが直ちに証券会社による移行の働きかけの積極化につながるという必然性はないのである。

(2)　特定投資家向け勧誘制度

　第二の非上場株式等の特定投資家向け勧誘制度の創設は、今後の使われ方次第では、日本版レギュレーション D とも呼ぶべきものとなって非上場会社の有力な資金調達ツールとなっていく可能性を秘めている。

　米国では、適格投資家（accredited investor）および適格投資家以外の投資家で金融および事業に関して知識と経験を有し投資の見込みとリスクを評価する能力のある洗練された者35名に対して売り付けられる株式等の SEC への公募届出を免除するレギュレーション D の規則506（b）や適格投資家のみに売り付けられる株式等について一般向けの広告を含む幅広い勧誘を認めるレギュレーション D の規則506（c）に依拠しながら行われる株式等の発行による資金調達額が増加しており、2019年には合計 1 兆5,580億ドルに上ったとされる[25]。この金額は、同じ年に上場会社等が有価証券の公募によって調達した資金

24　前掲注10・報告書 3 頁注 7 。
25　SEC, Release Nos,.33-10763; 34-88321, Facilitating Capital Formation and Expanding Investment Opportunities by Improving Access to Capital in Private Markets（March 4, 2020), p.8.

の額を上回る。

　しかしながら、日本の特定投資家向け勧誘制度が、米国のレギュレーションＤと同じような役割を担うことになるかどうかは予断を許さない。

　米国の適格投資家には、SEC 規則に定められた要件を満たす個人や法人が一律に該当する。また、レギュレーションＤに依拠しながら行われる投資者への勧誘は、証券会社によって行われるものには限られず、例えば、スタートアップ企業の創業者が、直接適格投資家に対して出資、つまり自社株式の買付けを働きかけたとしても、登録免除の対象となる私募であるとして SEC への公募届出が不要となる。これに対して、日本の特定投資家制度は、あくまで証券会社による顧客への勧誘や説明の場面にのみ適用される制度であるため、スタートアップ企業の創業者が、特定投資家に移行できる要件を満たす個人や特定投資家である法人に対して直接自社株式の買付けを働きかければ、勧誘対象とした投資者の数が50人以上になる場合、有価証券届出書の提出を必要とする公募（募集または売出し）に該当してしまう。

　従って、特定投資家向け勧誘制度が、日本版レギュレーションＤと評価できるような存在感を発揮するかどうかは、前項で論じた特定投資家の範囲拡大と同様に、証券会社による取り組み次第と言わざるを得ないのである。

⑶　特定投資家向け株主コミュニティ参加勧誘

　第三の特定投資家向けの株主コミュニティへの参加勧誘の解禁は、上の二つの制度見直しに比べればより直接的な効果の発揮が期待できるだろう。

　これまで株主コミュニティ制度が広がりを欠いていた最大の要因は、恐らく制度そのものの認知度の低さであろうと思われる。そして制度の認知度が高まらない最大の要因は、株主コミュニティへの参加が、原則として投資者から証券会社への申出によることとされ、証券会社側からの積極的働きかけが禁じられてきたことにあるものと思われる。

　これは、本来株主コミュニティ銘柄発行会社の関係者や本社所在地近辺の在住者など、発行会社に対する親近感を抱いていたり会社情報を得やすい立場にあったりする限られた投資者だけを投資勧誘の対象とすることで、不公正取引禁止規制を課す必要があるほどには流動性が高まらないようにすることが、株主コミュニティ制度の本旨とも言うべきものだからである。とはいえ、この点についてあまりに厳格な姿勢をとるのでは、株主コミュニティが制度として維持されていく上で必要な最小限の規模にも達しない恐れがある。

　今回の制度見直しで、既に株主コミュニティ運営会員となっている証券会社が、上場会社など原則として特定投資家としての取扱いを受ける者に対して既存の株主コミュニティへの参加を働きかけたり、制度の周知活動に併せて特定投資家に移行可能な法人・個人に特定投資家への移行と株主コミュニティへの参加勧誘を連続的に試みるといったことが起きる可能性は、十分にあるのではなかろうか。

(4)　特定投資家向け非上場株の PTS 取引

　米国では、非上場のまま時価総額10億ドル以上の規模にまで成長する、いわゆるユニコーン企業が多数輩出されているが、その理由の一つとして、電子取引システムを通じた非上場株式のセカンダリー取引が幅広く行われていることが指摘される[26]。非上場 PTS 規則の施行

によって、日本においても、米国にあるような非上場株式等の取引を行う電子取引システムの開設が制度上可能となったわけである。

　米国でもユニコーン企業の株式等は、適格投資家や適格機関投資家等の間でしか売買できないという制約が課される登録免除証券だが、前述のレギュレーションDに依拠した資金調達の拡大とともに、登録免除証券の電子取引システム上での売買も拡大したという流れがある。

　日本でも適格投資家向け勧誘制度が幅広いスタートアップ企業の資金調達に利用されるようになれば、そうした企業の株式のセカンダリー取引も必然的に成長していくこととなろう。しかし、セカンダリー取引だけが資金調達の拡大よりも先に拡大するといったことはあり得ない。非上場PTSの成否は、特定投資家向け勧誘制度が一定の広がりを見せた後に初めて明らかになるものだと言わざるを得ないだろう。

　また、やや些末な点ではあるが、非上場PTSの運営業務に対する認可にあたっての審査の基準が実際上どのようなものとなるのかも非上場PTSの今後に影響を及ぼすだろう。

　現行の金融商品取引業者等向けの総合的な監督指針では、PTSの認可に係る留意事項の一つとして、システムの容量等の安全性・確実性の確保と題し、将来の取引量見込みに見合ったシステムの容量の確保や十分なテストの実施、システム障害の発生防止や発生時の対応等の態勢整備、システムの二重化などに加え、それらの事項について外部機関の評価を受けて安全性・確実性を確保すること等が求められている（Ⅳ-4-2-1②ハ）。

26　前掲注6・日本証券経済研究所編（2019）154〜155頁参照。

　これらの内容そのものは電子取引システムに求められる要件として決して不合理なものではないが、監督指針の文言は、1秒間に数百回もの売買を繰り返す HFT（高頻度取引）のトレーダーに対して、マッチング機能を搭載したコンピュータへのサーバ直結を可能にするコロケーション・サービスを提供するといった上場株式を取引する PTS（以下「上場 PTS」という。）の実態を念頭に置いたものである。

　これに対して非上場 PTS は、上場 PTS と同様に売買注文のマッチング機能を提供するとは言うものの、そこでの取引のスピードや処理すべき注文量は全く異なる次元のものであり、上場 PTS に比べれば極めて軽装備の簡易なシステムであっても、投資者保護や市場の秩序維持といった観点から何ら問題を来す恐れのないものとなることが想定される。こうした本質的な違いが十分に認識されず、非上場 PTS の認可にあたって上場 PTS 並みのシステム装備や態勢整備が求められることになれば、非上場 PTS の開設は事実上困難になるだろう。

第4章

ダイレクトリスティングと
証券訴訟

東京大学大学院法学政治学研究科 教授

飯田　秀総

1　はじめに

(1)　上場の手法

　証券取引所への上場の手法については、① IPO（Initial Public Offering：いわゆる新規株式公開）、②ダイレクトリスティング、および③ SPAC の 3 つがある。国によって状況は大きく異なる。日本では、③は認められておらず、②については実例が 1 件あるだけで、①しかないといっても過言ではない状況が長年続いている。①が主流であるのは、ほとんどの国でそうだろう。②が一定数あるのはロンドン証券取引所である[1]。③が多いのはアメリカである[2]。

　各手法の標準的なものの特徴をまとめたのが表である。

	IPO	ダイレクトリスティング	SPAC
引受人	Yes	No	No
資金調達	Yes	No	Yes（PIPEs）
アンダープライシング	Yes	No	No
ロックアップ	Yes	No が多い	Yes
値付け	ブックビルディングその後は取引所	取引所でのオープニングオークション	合併契約

　IPO は、引受人がいる、新株発行による資金調達が行われる、発行

1　Miles Zheng, *Direct Listing or IPO?* (2022), *available at* https://ssrn.com/abstract=3549025.

2　Michael Klausner et al., *A Sober Look at SPACs*, 39 Yale J. on Reg. 228 (2022).

価格よりも上場初日の終値の方が高いというアンダープライシングが起きることが多い、役員や大株主が180日間その持株を売却しない合意をするロックアップの設定が一般的である、発行価格の値付けはブックビルディングによるといった特徴がある。

　ダイレクトリスティングの特徴は、引受人はいない、上場時の新株発行による資金調達もしない、定義上アンダープライシングはない、ロックアップも設定しない（ただし例外的に設定する場合もある）、値付けは取引所でのオークションだけでスタートする[3]。ただし、ロンドン証券取引所とニューヨーク証券取引所とでも制度の立て付けに違いがある。ニューヨーク証券取引所では、2020年からは、新株発行型のダイレクトリスティングが認められるようになり、2022年改正でその新株発行型のダイレクトリスティングには引受人の設置が必要になった。

　SPAC は、ベンチャー企業との M&A であるから他の手段とは異質なものであるが、その特徴として、引受人はいないし、アンダープライシングも定義上ないし、値付けは M&A 契約で決まる。ロックアップは、SPAC のスポンサーが持分を一定期間保有し続けることが通常だという意味であるが、IPO におけるロックアップとは意味合いが大分違う。

(2)　金融審議会「市場制度ワーキング・グループ第二次中間整理」

金融審議会「市場制度ワーキング・グループ第二次中間整理（2022

3　Brent J. Horton, *Spotify's Direct Listing: Is it a Recipe for Gatekeeper Failure?*, 72 SMU L. Rev. 177, 179 n.2 (2019).

年12月21日）」7頁では、ダイレクトリスティングを促進するべきで
あるとの次のようなまとめがされている。すなわち、「スタートアッ
プ企業によるエグジットの多様化に向け、ダイレクトリスティングは
有効な選択肢であると考えられる。ダイレクトリスティングを利用し
やすい環境を整備するため、東京証券取引所は、グロース市場におい
て公募の実施を一律の上場要件としていることを見直すべきである。
また、ダイレクトリスティングを利用する発行者は上場の際に資金調
達を行わないため有価証券届出書の提出義務が課せられない。そのた
め、市場における取引開始までに有価証券報告書を提出することによ
り投資家に対する適切な情報開示を確保するなど、東京証券取引所に
おいて、投資家保護にも留意しつつ、発行者が円滑な上場を行えるよ
う制度整備を行うべきである。」と。ここで、ダイレクトリスティン
グの定義については、同文書の注20において、「発行者が、証券会社
による引受けを伴わずに直接取引所に新規上場する方式。」とされて
いる。

　市場制度ワーキング・グループの議事録をみる限り、具体的な制度
設計についてはほとんど議論されていないので、現行法の範囲内で、
東京証券取引所が工夫することが求められているものと思われる。そ
して、東京証券取引所では、有価証券上場規程217条3号の改正により、
グロース市場への新規上場申請者は、新規上場時において時価総額が
250億円以上となることが見込まれる場合には、新規上場に際して公
募の実施を行わなくてもよいものとされ、グロース市場でもダイレク
トリスティングができるようになった。

　東京証券取引所におけるダイレクトリスティングの実例としては、
1999年の杏林製薬の1件とされている。その際には、「上場前から有

価証券報告書を提出。主幹事証券会社から提出された流通参考値段（1,500円）により上場日の基準値段が設定され、初値は3,000円。株主同意に基づき初値決定時に1,700千株が売却された。」[4]とされている。

　若干気になるのが、上場前に提出された有価証券報告書は金商法における有価証券報告書といえないのではないか、有価証券報告書の任意提出は認められていないのではないかという点である。上場前では、金商法24条1項1号の「金融商品取引所に上場されている有価証券」は存在しないはずである。そして、金商法23条の3第4項の、発行登録の利用適格要件を満たすために必要なときは、有価証券報告書の提出義務が消滅した後でも、有価証券報告書の提出を認めるという規定がある。これを前提にすると、金商法23条の3第4項以外の場合は、提出義務がないのに有価証券報告書を提出することは認められないのではないかとの疑問がある。もしそうだとすると、そこに虚偽記載があった場合、損害賠償に関する金商法21条の2などの規定は類推適用で対応できるものの、刑事罰を科すことはできないのではないだろうか。さしあたりの対応としては、上場と上場後の取引開始を区別して制度を設計し、上場後、取引開始前の期間に有価証券報告書提出をするようにすることで済む。ただ、立法論としては、ダイレクトリスティングの場合は有価証券届出書の提出を要すると設計した方がいいのではないかという疑問もある。

(3)　問題意識

　さて、本稿は次の2つの問題意識に基づくものである。

4　東京証券取引所「IPO等に関する見直しの方針について（2022年8月24日）」9頁。

第1に、上場の手法ごとに規制が異なると、規制のアービトラージ
をもたらして、投資者保護に弊害が生じないかとの問題である。

　IPOと比べた場合のダイレクトリスティングの特徴として、引受審
査がないことや、有価証券届出書の提出の対象外であることを前提に
制度設計していくと、ダイレクトリスティングの方は、規制が緩いと
いうことになる。

　しかし、ダイレクトリスティングの直後に株式を取得した者からす
ると、上場手法がIPOかダイレクトリスティングかはほとんど関係
がない。にもかかわらず、虚偽記載があった場合の規律が異なり、発
行者の関係者のインセンティブに違いがあることでいいのだろうかと
いう疑問である[5]。IPOと同じ経済実質の現象については、同じよう
な規制をするべきではないかということである。

　このような問題意識は、ダイレクトリスティングに関してニューヨ
ーク証券取引所の最近の改正やSECに共通していると思われるし、
後述のSlack社のダイレクトリスティングに係る証券訴訟でも第9巡
回区連邦控訴裁判所は明らかにそういう意識で従来の判例法理からは
無理をした解釈をとって投資者保護の穴埋めをしようとしている（た
だし連邦最高裁はこの解釈を否定した）。

　この問題意識からは、ダイレクトリスティングの定義として「証券
会社による引受けを伴わず」に注目するべきでないように思われる[6]。
ニューヨーク証券取引所では、新株発行型のダイレクトリスティング

5　Brent J. Horton, *Direct Listings and the Weakening of Investor Protections,*
50 Fla. St. U. L. Rev. 279, 304-327 (2023) は、ダイレクトリスティングの危
険の第1として引受人がいないこと、危険の第2として1933年証券法11条の
責任追及について後述の追跡（tracing）の要件を満たすことが難しいし引受
人もいないことから障害があることを指摘する。

については引受人を義務化しているし、引受けを伴わない規制の緩い方法であることをダイレクトリスティングの魅力とすることに効率性向上の効果があるのかにも疑問があるように思われる。

　むしろ、ダイレクトリスティングの本質は、値付けがブックビルディングではなく、取引所のオークションによる点にあるのではないかとも思われる[7]。

　また、立法論としては、オープニングオークションでの売却を「売出し」として制度設計するなどして、有価証券届出書の提出を要求した方がいいのではないかという疑問もある。すなわち、現行法の下では、取引所金融商品市場における有価証券の売買は、有価証券の売出しに該当しないので（金商法2条4項、金商法施行令1条の7の3第1号）、ダイレクトリスティングの場合を有価証券の売出しに該当するとするためには法令の改正が必要となる。仮にそのような改正がされた場合、目論見書の交付をどのように行うのかという現実的な課題はあり得るものの、ダイレクトリスティングの銘柄に買い注文を出そうとする投資家に証券会社を通じて目論見書を交付するなどの何らか

6　Horton, *supra* note 3 は、アメリカのダイレクトリスティングにおけるフィナンシャルアドバイザーを1933年証券法との関係では引受人とみなすなどして、ゲートキーパーの役割を果たさせるべきではないかとの問題提起をしている。James J. Park, *Investor Protection in an Age of Entrepreneurship*, 12 Harv. Bus. L. Rev. 107, 151（2022）も類似の主張をする。同様の問題意識から、ダイレクトリスティングに際して引受人の参加を要件とするなどのSEC 規則または上場規則の改正を提案するものとして、Andrew F. Tuch & Joel Seligman, *The Further Erosion of Investor Protection: Expanded Exemptions, SPAC Mergers, and Direct Listings*, 108 Iowa L. Rev. 303, 373（2022）参照。

7　ただし、値付けの観点からダイレクトリスティングが IPO よりも優れていると言えるかどうかは別問題ではあることにつき、Tuch & Seligman, *supra* note 6, at 366 参照。

の工夫をした対応は不可能ではないように思われる。その場合には、証券会社は、金商法17条ただし書でいうところの「相当な注意」を用いて虚偽記載等がないかどうかを確認することになり、その結果として、IPOの場合の引受人と同じようなゲートキーパーとしての役割を証券会社が果たすことになり、規制のアービトラージを防止するという観点からも好ましいように思われる。また、目論見書の交付が実務上困難である事情がもしあるならば、この点についても特別のルールを立法することも論理的にはあり得るように思われる。

　第2は、ダイレクトリスティングを認めることで、IPOアンダープライシングの改善が期待できるか？という問題である。IPOアンダープライシングのメカニズムの1つの仮説として、IPOに応募するのは個人投資家が多い、アンダープライシングをすることで個人投資家が勝手に応募してくれるから証券会社にとっての販売費用が抑えられる、IPOの企業の規模が小さいので機関投資家は興味を示さない、あまり投資するつもりのない機関投資家の意見を聞いて仮条件を設定している、といったことが指摘されている[8]。そして、証券会社と個人投資家は繰り返しゲームをしていて、それぞれにメリットが得られる状況にあるのにそこから逸脱する戦略を採用するインセンティブには乏しい。つまり、IPOに関する関係者の行動パターンは進化的安定状態（Evolutionarily Stable State）になっていて、外在的なショックがない限り変わらない。もちろん、発行者やその関係者には不満があるかもしれないのだが、IPO以外の上場のルートがないから、IPOの慣行を受け入れるしかない。

8　金子隆「日米比較を通してみる値付けの歪み──「IPO神話」復活の兆しに問う」三田商学研究63巻5号91頁（2020）参照。

　このようなストーリーが真実かどうかは検証が必要だが、仮にそう
だとすると、ダイレクトリスティングのルートが開かれることで、こ
の状況に変化が生じることも期待できる。もちろん、売出しだけのダ
イレクトリスティングは、IPO とは直接は関係なさそうである。しか
し、IPO 企業の中に、実は資金需要がない場合があるならば、ダイレ
クトリスティングと IPO は制度として関係がある。また、新株発行の
募集も行うダイレクトリスティングなら、IPO と競争するので、直接
の影響がありそうである。ニューヨーク証券取引所の2020年の規則改
正後、IPO アンダープライシングが減少したとの分析もある[9]。もし
そうだとすると、ダイレクトリスティングは、制度を整備しておくこ
とが第1に重要であり、たとえ実際の利用例が増えなかったとしても、
IPO アンダープライシング問題にインパクトを与える可能性がある。
その意味で、市場制度ワーキング・グループの中間整理の提言は、ス
タートアップ企業によるエグジットの多様化だけでなく、IPO アンダ
ープライシング問題の改善という文脈でも有意義と評価できる。

　もっとも、引受人がいないのがダイレクトリスティングであるとい
う位置づけだとすると、次のような分析が可能である。つまり、新規
上場企業は、情報の非対称性が大きく、どんなに情報を開示しても投
資者に信じてもらえない状況にある可能性がある。その際に、引受人
が、自らの経済的なリスクをとってでも引受けをしたということによ
るシグナリングが働くことで、情報の非対称性の解決に有意義である
という議論があり得る。

　そうだとすると、真に若い企業は、情報の非対称性が大きいから、

9　Zheng, *supra* note 1.

引受人のいないダイレクトリスティングでは低すぎる値付けとなる可能性が大きいので、コストがかかっても引受人のいる IPO に行かざるを得ないと思われる。すると、IPO アンダープライシングは変わらない。

他方で、情報の非対称性が小さい企業は、引受人のいないダイレクトリスティングが選択肢になる。その結果、ダイレクトリスティングと IPO とが制度間競争する。そうだとすると、グロース市場でもいいが、スタンダード市場、プライム市場の上場要件も満たせそうな会社こそがダイレクトリスティングの真のターゲットかもしれない[10]。

なお、ダイレクトリスティングの場合、引受人はいないが、発行者側にフィナンシャルアドバイザーがつく。そして、そのフィナンシャルアドバイザーは、IPO なら引受人となる投資銀行がなることが普通である。そのため、このシグナリング・シナリオは、投資銀行の名声が傷つくだけではシグナルとしては不十分で、自ら引き受けた分の値下がりリスクを負担したり、虚偽記載の場合の損害賠償責任を負うことでシグナルとして意味があるということを前提にしている。その前提が正しいのかについては精査する必要があるものの、本稿ではこの作業には立ち入らない。

(4)　本稿の目的

本稿では、以上のような問題意識の下、上記のうちの特に第 1 の問

10　ニューヨーク証券取引所にダイレクトリスティングで上場した会社は、上場前の企業価値が15億ドル〜295億ドルだったとされている。Horton, *supra* note 5, at 296-297 参照。なお、東京証券取引所のプライム市場の上場基準は流通株式時価総額100億円以上、スタンダード市場が10億円以上、グロース市場が 5 億円以上である。

題に接近するため、ダイレクトリスティングに係るアメリカの証券訴訟の状況を検討することとする。

　以下では、2で金商法におけるダイレクトリスティングとIPOの虚偽記載に係る損害賠償責任の現行法上の違いを確認する。3でニューヨーク証券取引所におけるダイレクトリスティングの状況を概観する。なお、NASDAQ証券取引所でも同様の手続きによるダイレクトリスティングの実例[11]もあるが、本稿では省略する。4でアメリカにおけるダイレクトリスティングに係る証券訴訟について、最近のSlack社の事件を紹介する。5で以上の検討をまとめてむすびとする。

2　金商法におけるダイレクトリスティングとIPOの虚偽記載に係る損害賠償責任

(1)　虚偽記載等の関係者の損害賠償責任

　ダイレクトリスティングについて有価証券報告書が提出されるという前提で、虚偽記載があるときの金商法上の損害賠償責任についてIPOと比べると、次の表のようになる。

	ダイレクトリスティング	IPO
発行者の役員	24条の4	21条1項1号、22条、24条の4
売出人	N.A.	21条1項2号

11　2019年のWatford Holdings社、2020年のThryv Holdings社、2021年のCoinbase Global社、2021年のAmplitude社の例がある。

公認会計士・監査法人	24条の4	21条1項3号、22条、24条の4
引受人	N.A.	21条1項4号

　すなわち、ダイレクトリスティングの場合、売出人がいないし、引受人がいないので、金商法上の損害賠償責任の規律がIPOとは異なることとなる。特に引受人がいないことでいいのか、というのが本稿の問題意識の第1である。財務計算に関する書類以外の箇所に虚偽記載がある場合について、発行者の外部者で金商法上の損害賠償責任を負う者がいないこととなる。つまり、ダイレクトリスティングとIPOとで、ゲートキーパーのインセンティブに違いがある。しかし、例えばベンチャー企業の売り上げを支える重要な契約について虚偽記載があるということは、十分にあり得る。

(2)　虚偽記載等の発行者の損害賠償責任

　発行者の責任については、IPOであれば、発行市場で取得した者に対しては金商法18条、流通市場で取得した者に対しては金商法21条の2の責任がある。これに対して、ダイレクトリスティングの場合は、金商法21条の2の責任しかない。この違いに合理性があるかということも検討課題である。

　もっとも、無過失による免責（金商法21条の2）が認められる場面はかなり限定的だろうから、現実問題としては、過失責任か無過失責任かの違いは、かなり小さいといえる。

　損害についても、認定に至る考え方のルートは異なるものの、金商法18条・19条と金商法21条の2とで虚偽記載と相当因果関係のある損害が認定されるであろうこと、そして民訴法248条型の判断がされる

であろうことに差はない。そうであれば、発行者の損害賠償責任に関しては問題は小さい。

　解釈論としては、金商法19条と金商法21条の２に差が生じない方向を目指せばよい。しかし、異なる条文を同じように解釈することには解釈論としての無理をきたすおそれがあるし、解釈としても限界があるように思われる。

3　ニューヨーク証券取引所におけるダイレクトリスティング

(1)　利用例は少ないこと

　アメリカでは、ダイレクトリスティングの数は、IPO や SPAC と比べるとかなり少ない。ニューヨーク証券取引所でダイレクトリスティングが認められるようになった2018年から2023年までで15件しかない[12]。

　ニューヨーク証券取引所におけるダイレクトリスティングに関する上場規則は、NYSE Listed Company Manual の102.01B 条の脚注(E) に規定されており、ダイレクトリスティングには２種類ある[13]。

　第 1 は、Selling Shareholder Direct Floor Listing である（以下

---

12 Jay R. Ritter, *Initial Public Offerings: Direct Listings Through Sept. 12, 2023, available at* https://site.warrington.ufl.edu/ritter/files/Direct-Listings. pdf.

13 詳細につき、Tuch & Seligman, *supra* note 6, at 356-365 及び Horton, *supra* note 5 参照。

「ダイレクトリスティングの第1の類型」という。）。これは、既存の株主が売却する売出し型であり、日本でのダイレクトリスティングもこの類型を想定している。

第2は、Primary Direct Floor Listing である（以下「ダイレクトリスティングの第2の類型」という。）。これは、新株発行を行うものである。

(2) Selling Shareholder Direct Floor Listing

ダイレクトリスティングの第1の類型は、ニューヨーク証券取引所の規則の2018年改正[14]で明確化された。

まず、2008年改正で、IPO以外の上場基準として、流通株式総額1億ドル以上であることが要件であるところ、その認定方法として、①第三者機関による評価、および、②未登録株式取引システムの取引価格による証明が必要であるとされた[15]。

2018年改正で、未登録株式取引システムの取引価格がないときは、第三者機関による評価で2億5000万ドル以上の評価であれば、この上場基準の流通株式総額1億ドル以上要件を満たすこととされた。その理由は、上場を検討している会社には未登録株式取引システムを利用

---

[14] SEC, Securities Exchange Act Release No. 34-82627, File No. SR-NYSE-2017-30 (Feb. 2, 2018), 83 F.R. 5650.

[15] SEC, Securities Exchange Act Release No. 34-58550, File No. SR-NYSE-2008-68 (Sept. 15, 2008), 73 F.R. 54442. 2008年改正で脚注（E）が追加された。ニューヨーク証券取引所によると、売出しの登録届出書を提出して上場する企業は、すでに1回以上の私募で資金調達をしており、IPOと同時に上場する企業とは異なり、上場時に現金を調達することを希望していない。同取引所は、他のすべての上場基準を満たす会社が上場を禁止されるべきではないと考え、上場基準に脚注（E）を挿入する上場規則改正を提案し、2008年にSECが承認した。

していない会社もある。また、未登録株式取引システムによる取引価格は限定的すぎて、上場適格性の結論を出すための合理的な根拠を提供するものではないからである[16]。

　また、上場基準が1億ドルなのに、2.5億ドルという2.5倍も高い金額を要求する理由は、第三者機関が2.5億ドルと評価したなら、取引開始後に1億ドル要件を余裕で満たすはずだからということに求められている[17]。

　なお、この2018年改正に際して、第三者機関には独立性（ネガティブリスト規定あり）、専門性が必要であるとされた[18]。

　また、ダイレクトリスティングの初値形成のための参照価格は、未登録株式取引システムの価格、または、未登録株式取引システムの価格がないときは発行者のフィナンシャルアドバイザーと相談の上取引所が決定することとされた（ニューヨーク証券取引所の規則15条（c）項（1）号)[19]。

(3)　Primary Direct Floor Listing

　ダイレクトリスティングの第2の類型は、ニューヨーク証券取引所の規則の2020年改正[20]で導入された。

　そして、上場基準の流通株式総額1億ドル以上の満たし方の特則として次のものが認められた。すなわち、①取引所の取引の初日のオー

16　SEC, *supra* note 14, 83 F.R. at 5652.

17　SEC, *supra* note 14, 83 F.R. at 5652.

18　SEC, *supra* note 14, 83 F.R. at 5652.

19　SEC, *supra* note 14, 83 F.R. at 5652.

20　SEC, Securities Exchange Act Release No. 34-90768, File No. SR-NYSE-2019-67 (Dec. 22, 2020), 85 F.R. 85807.

プニングオークションにおいて発行者が時価総額1億ドル以上の株式を売却すること、または②発行者が初日のオープニングオークションにおいて売却する株式の総額と、上場直前の流通株式の総額の合計が2.5億ドル以上であることである。ここでいう時価総額の計算方法は、発行者による登録届出書において設定する価格レンジの最低価格によって計算するというものである[21]。なお、この点については、後述の2022年改正がある。

　また、この類型については、発行者の売り注文の特則として、IDO Order（Issuer Direct Offering Order）という制度が創られた（ニューヨーク証券取引所の規則7.31条（c）項（1）号（D））。IDO Orderとは、この場面だけで使われる指値注文のことをいう。

　①発行者は、1つの注文を、1つのブローカーからのみ出すことが許される。

　②指値は、発行者が登録書において設定する価格レンジの最低価格とする。なお、この点については、後述の2022年改正がある。

　③売り出す株式数は、目論見書で開示した数とする。

　④IDO Orderは、取消し不可、修正不可である。

　⑤IDO Orderは、Direct Listing Auctionにおいてすべて執行されなければならない。オークション価格の決定は、指定マーケットメーカー（Designated Market Maker）が責任を負う。指定マーケットメーカーは、次の場合には、Direct Listing Auctionを行わず、その後の取引は始まらないし、ダイレクトリスティング自体が中止になり、それまでに何らかの注文が出されていたとしても全注文取消しとなる。

---

[21]　SEC, *supra* note 20, 85 F.R. at 85809.

すなわち、第1に、オークション価格が、発行者が登録届出書におい
て設定する価格レンジの範囲外の場合である。つまり、高すぎてもだ
めであるし、低すぎてもだめということである。なお、この点につい
ては、後述の2022年改正がある。第2に、買い注文が少なくて、IDO
Order およびそれよりも有利な売り注文のすべてを満足させられない
場合である（ニューヨーク証券取引所の規則7.35A条（g）項（2）
号）[22]。

2022年改正[23]では次のようになった。すなわち、指定マーケットメ
ーカーは、次の場合には、Direct Listing Auction を行わない。

第1に、オークション価格が、発行者が登録届出書において設定す
る価格レンジの最低値を20％下回るとき、または、最高値を80％上回
るとき（この幅を Primary Direct Floor Listing Auction Price Range
という。）である。例えば、登録届出書で28ドル〜30ドルと記載して
いた場合、オークション価格が22ドル〜54ドルなら実施することとな
る。この計算は、価格レンジの最高値30ドルを基準に、20％の6ドル
を28ドルから控除した22ドルが最低価格となり、30ドルの80％の24ド
ルを30ドルに足し算した54ドルが最高価格となる[24]。

この改正の理由は、投資者の関心が十分にあるときでも、価格レン
ジの制限のせいでオークションが中止になってしまうのでは、発行者
にとってダイレクトリスティングが魅力的でないことにある。仕切り
直しは発行者にリスク負担させることになる。

20％という数字の根拠は、証券法の規則430A条とそのスタッフ・

---

22 SEC, *supra* note 20, 85 F.R. at 85809-85810.
23 SEC, Securities Exchange Act Release No. 34-96514, File No. SR-NYSE-
2022-14（Dec. 15, 2022), 87 F.R. 78141.
24 SEC, *supra* note 23, 87 F.R. at 78142 n.19.

ガイダンス（登録届出書に記載した価格の範囲から20%はみ出すことが許容されるという解釈）の類推にある[25]。

　80%という数字は、発行者が投資家に対して開示する価格レンジの有用性に関する懸念を緩和するためのものである。発行者および引受人が、発行価格帯を適切な値に設定し、ダイレクトリスティングが失敗に終わるのを避けるように動機づけるとともに、アナリストや潜在的な投資家からの価格に関するフィードバックに応じて登録届出書の効力発生前に価格帯を発行者が調整するように動機づけることが期待されている[26]。

　第2に、発行者は上限値（最高値80%未満）を設定し、それを上回るときはオークションを中止することができる。つまり、先ほどの例であれば、登録届出書で28ドル〜30ドルならば、Primary Direct Floor Listing Auction Price Rangeが22ドル〜54ドルであるところ、発行者が上限値50ドルと設定することもできるということである。

　2022年改正では、この類型についてのみ、引受人の設置の義務化もされることとなった。その理由は、第1に、登録届出書で開示された価格レンジの範囲外でのオークションを認める代わりに、投資者保護を強化するとの発想に基づく義務化である。引受人が法定の責任を負担することを前提に、投資者は価格に関する意思決定をできるようになる。第2に、引受人はロックアップを設定するだろうから、後述の証券法11条の追跡（tracing）の論点に係る懸念を緩和できることにある[27]。ただし、ロックアップを設定するかどうかの判断は引受人が決

25　SEC, *supra* note 23, 87 F.R. at 78143.
26　SEC, *supra* note 23, 87 F.R. at 78143.
27　SEC, *supra* note 23, 87 F.R. at 78143.

める。そのため、SEC は、追跡の論点の解消となるかについて懸念を示したものの、追跡の論点は裁判所の解釈次第であることもあり、この懸念は、ニューヨーク証券取引所の規則改正が1934年証券取引所法と矛盾するほどの重大なものではないとされた[28]。

　あわせて、2022年改正では、次の点も改正された。第1に、流通株式総額1億ドル以上の要件の満たし方の特則に関する時価総額の計算方法について、発行者による登録届出書において設定する価格レンジの最低価格から、最高価格の20%を控除した価格とされた。第2に、IDO Order の指値について、指値は、Primary Direct Floor Listing Auction Price Range（20%、80%のこと）の最低価格とすることととされた[29]。

4　ダイレクトリスティングと証券訴訟

(1)　ダイレクトリスティングと登録

　アメリカ法においてダイレクトリスティングに関して1933年証券法と1934年証券取引所法の適用に関して、Horton（2019）の説明を紹介する。

　①証券法の登録届出書（Form S-1）は、会社が IPO を行う場合に用いられる。

　②証券法の登録届出書（Form S-1）は、ある者が私募で取得した

28　SEC, *supra* note 23, 87 F.R. at 78149.
29　SEC, *supra* note 23, 87 F.R. at 78144.

株式を売却する場合にも用いられる。

　③証券取引所法の登録届出書（Form 10）は、証券取引所法12条
（b）項に従って証券取引所に株式を上場する場合に用いられる。売出
し（distribution）とみなされないようにするためには、これらの株式
は規則144条の定める期間は保有されていなければならない。

　④短縮された証券取引所法の登録届出書（Form 8 -A）は、証券法
の登録届出書（Form S-1）をすでに提出した会社の場合に用いるこ
とができる。

　この条文構造からすれば、純粋なダイレクトリスティングの場合、
Form 10を提出するだけでよいように思われる。しかし、2018年にニ
ューヨーク証券取引所が行ったダイレクトリスティングの規定の整備
のための上場規則改正の際、SEC は、既存株主の株式の売却のために
証券法上の登録届出書（Form S-1）の提出を求めるように規則を定
めるように要求したので、Form 10のみを提出して済ませる純粋なダ
イレクトリスティングは認められておらず、ダイレクトリスティング
の際に、発行会社は、Form S-1と Form 10の両方を提出することが
必要となる[30]。

⑵　1933年証券法11条の責任

　アメリカの証券法の場合、有価証券の登録が必要である。日本は
1971年改正でアメリカ型から変更して、募集・売出しの登録に変更し
た。有価証券の登録という制度だと、売出しの対象となる有価証券の
中に、届出の効力が生じているものと、生じていないものとが混在し

30　以上の記述は、Horton, *supra* note 3, at 190-194 に基づく。

ている場合には、両者を識別しなければならないが、これは実務的には極めて煩瑣であるとされていたところである。アメリカは、制度を変えていないから、これが問題になる。

　1933年証券法11条は、日本の金商法の18条の母法でもあるが、日本法は改正を重ねたことにより大分景色が違う。アメリカの証券法11条は、登録株式を取得した者に原告適格を認めるものであり、それは発行市場で取得すれば当然に原告適格が認められるものの、流通市場でその株式を取得した者にも原告適格が認められる。ただし、流通市場で取得した者は、その株式が登録株式であることを立証しなければならない。つまり、その株式が発行市場から流通市場に流れていった経緯を追跡（tracing）しなければならない。このような解釈をしたものとして、1967年の第2巡回区の連邦控訴裁判所の判決[31]がリーディングケースとされている。

　ダイレクトリスティングの場合、登録されている株式と登録されていない株式の両方が上場初日から売られる。すると、初日に株式を取得した者は、それが登録株式であることを追跡しない限りは原告適格が認められないこととなる。そして、それは現実的に立証不可能である。

　論理的には、登録株式と未登録株式の割合を計算して、実際に投資者が市場で取得した株式は、その割合に応じて登録株式と未登録株式を取得したとして原告適格を認めることも考えられる。このような考え方を統計的追跡（statistical tracing）という。しかし、これはほとんど認められてこなかった。例えば、市場で取引されているうちの

31　Barnes v. Osofsky, 373 F.2d 269 (2d Cir. 1967).

90％が登録株式、10％が未登録株式の場合、ある投資者が市場で100株取得したとき、90株分については登録株式を取得したとして原告適格を認めるべきかという問題である。これは、判例では、否定例が圧倒的である[32]。

(3) Slack 社のダイレクトリスティング

① 事案の概要

　この論点が問題となったのが、Slack 社のダイレクトリスティングに係る証券訴訟である。

　Slack 社は、ダイレクトリスティングに際して、登録を行い、2019年6月7日、SEC が登録（1933年法）の効力発生を宣言した。同年6月20日、Slack 社の株式がニューヨーク証券取引所での取引が開始された。

　通常の IPO の場合ならば、新株発行する株式について登録するとともに、ロックアップで、既存株主が未登録株式を売却することを禁止するので、ロックアップ期間中に株式を取得した者がいる場合、その株式は登録株式であるといえる。

　他方、2018年の NYSE の上場規則改正によるダイレクトリスティングの場合、新株発行しないし、既存株主がその株式を売却できるようにするために登録するところ、例外（規則144条）要件を満たせば

---

[32] たとえば、Krim v. PCOrder.com, Inc., 402 F.3d 489 (5th Cir. 2005) 参照。ただし、第9巡回区の連邦地方裁判所で2件肯定例がある。Sudunagunta v. NantKwest, Inc., 2018 U.S. Dist. LEXIS 137084, 2018 WL 3917865 (C.D. Cal. 2018) (98% of shares were issued pursuant to IPO); In re Snap Inc. Sec. Litig., 334 F.R.D. 209 (C.D. Cal. 2019) (99.95% of shares were issued pursuant to IPO).

未登録株式を売却できるし、ロックアップ期間がない。Slack 社の事例では、上場初日から、登録株式（1.18億株）と未登録株式（1.65億株）の両方が市場に出回った。

　本件で虚偽記載として主張されているのは、Slack 社のサービスの契約の中に、障害発生時に補償する規定があったが、それが開示されていなかったことである。

②　第9巡回区連邦控訴裁判所の判決

　第9巡回区連邦控訴裁判所は、本件において、原告適格（請求権者）について従来の判例法理と比べると広く認める結論をとった。その理由は概ね次のとおりである。

　すなわち、証券法11条の原告適格を定める当該株式を取得した者でいうところの「当該株式」との文言は、原告に対して、当該募集に関する株式であることを追跡することだけを求めており、登録届出書の対象となった株式であることまでの追跡は求めていないとした[33]。また、ダイレクトリスティングで売却された登録されていない株式は、その販売は登録届出書の効力発生がなければ生じなかったのだから、これは証券法11条の「当該株式」にあたるとした[34]。

　さらに、政策論的な理由づけとして次の点も指摘された。すなわち、「ダイレクトリスティングでは、登録株と未登録株が一度に公開される。購入者が登録株か未登録株かを知ることができるロックアップ期間はない。従って、ダイレクトリスティングの文脈において証券法11条を登録株式にのみ適用すると解釈すると、登録株と無登録株の両方についてのダイレクトリスティングに際しての登録届出書で行われた虚偽

33　Pirani v. Slack Techs., Inc., 13 F.4th 940, 946 (9th Cir. 2021).
34　Pirani v. Slack Techs., Inc., 13 F.4th 940, 947 (9th Cir. 2021).

記載等に対する証券法11条の責任が実質的に排除されることになる。投資銀行によるIPO関連サービスなど、従来のIPOを選択するビジネス上の理由もあろうが、責任の観点からは、ダイレクトリスティングを選択することで11条の責任リスクを回避できるのなら、善意の企業であっても従来のIPOを通じて上場する理由は不明確である。さらに、企業は、虚偽記載等といわれるような開示をしても、証券法11条に基づく株主責任を問われないことを知りながら、株価を上げるためにダイレクトリスティングに伴う過大に楽観的な登録書を提出するインセンティブを持つであろう。このような解釈は、証券法11条の創設以来理解されてきた11条の目的を損なうほどの大きな抜け穴を作ることになる。」[35]

③　連邦最高裁判所の判決

　これに対して、連邦最高裁判所は、連邦控訴裁判所の判決を破棄した[36]。その理由の主たるポイントは、第1に、11条（a）項の文言であり、「当該有価証券（such security）」を取得した者とは、虚偽記載または誤解を生じさせる記載のある登録書類のもとで登録された有価証券を取得した者を指すと解することができることである。これは、要するに、第2巡回区連邦控訴裁判所のBarnes判決の判断を連邦最高裁も支持するというわけである。第2に、1933年法は範囲が限定されている点にある。つまり、1933年法の主たる責任規定は、登録書類における虚偽記載等をした発行者に厳格責任を課す。他方で、1934年法は、公開市場で取引される会社に継続開示を要求し、その責任規定は、有価証券の売買に関連してのものであれば原告適格を認めつつ、サイ

35　Pirani v. Slack Techs., Inc., 13 F.4th 940, 948 (9th Cir. 2021).
36　Slack Techs., LLC v. Pirani, 598 U.S. _ (U.S. 2023).

エンターの立証を要求する。この構造を所与とすると、議会は、1933年法については、狭い範囲の請求権については立証責任を軽減し、より幅広い範囲の請求権についてはより高い立証責任を要求するというバランスのとれた責任規定を定めようとしたと解することができる。

(4)　小括

　連邦最高裁の判決は、従来の連邦控訴裁判所で支配的な解釈だった追跡要件の解釈を支持するものであり、特に新しい判断をしたものではない。もっとも、その結果として、ダイレクトリスティングの場合に証券法11条の責任追及をすることがかなり難しいという予想どおりの状況になったといえる。

　追跡の要件は、1933年から1960年代のように、株券の発行された株式の売買が株券の物理的な引渡しによって決済されていた時代であれば、特段の問題を引き起こすものではなかった。なぜならば、いつ発行された株式であるのかは、株券番号で特定できたからである。しかし、1960年代のいわゆるペーパーワーク・クライシス以後は、株券の物理的な引渡しによる決済がされなくなり、追跡が困難となった。もっとも、ロックアップを伴う IPO の場合は、登録届出書で登録された株式だけが公募されるので、追跡要件の問題は生じない。しかし、ダイレクトリスティングの場合、上述のとおり、登録株式とそれ以外の株式が同時に売却されるので、原告株主は、購入した株式が登録株式であることを立証するすべがない[37]。

---

[37]　Horton, *supra* note 5, at 312-313.

5　むすび

　本稿では、日本でもダイレクトリスティングを利用しやすい環境を
整備しようとの検討がなされている状況において、アメリカのダイレ
クトリスティングに係る動きを概観するとともに、虚偽記載等の場合
の損害賠償責任に関するアメリカの問題状況を検討した。冒頭でも述
べたように、IPO の場合とダイレクトリスティングの場合とで、投資
者保護に差が生じてしまうことの合理性は疑わしい。そのため、その
ような差が生じないように制度設計するべきである。例えば、ダイレ
クトリスティングを有価証券の売出しとして取り扱えば、IPO の場合
との投資者保護の差は生じない。このような論点を意識しながら、法
令および取引所規則の整備を検討するべきである。

第5章

欧州における株式上場制度の見直しに向けた近時の取組み

東北大学大学院法学研究科 准教授

石川 真衣

1　はじめに

　企業がその発行する株式を上場する背景にはいくつかの異なる要因
がある。上場には、市場を通じた株主の退出（エグジット）の機会の
付与、資金調達・M&A の容易化、企業の知名度の向上等の様々なメ
リットがあり、企業はそれぞれの発展段階や将来計画に照らし合わせ
た上場・非上場の選択を行う。もっとも、歴史を振り返ると、欧州は
いかなる企業を市場に受け入れ、または排除するべきかという市場の
管理者である取引所の観点から上場基準・上場廃止基準の検討を行っ
てきた経緯を有する[1]。しかし、近時はいかに企業を市場に誘引する
かという観点からの検討の比重がより大きくなっている傾向がある。
このような傾向は、2022年12月に公表された欧州の上場に関する各種
規定の見直しを図る一連の改正案（いわゆる Listing Act Package）に
おいて顕著な形で確認される。

　わが国における上場制度に関する動向としては、2022年に東京証券
取引所の市場区分の見直しがなされたことが記憶に新しい。プライ

---

[1]　フランスについて、拙稿「フランスにおける株式上場制度の形成―パリ公認
　仲買人組合における上場判断要素の変遷を中心に」上村達男先生古稀記念
　『公開会社法と資本市場の法理』641頁（商事法務、2019）、同「フランスにお
　ける株式上場廃止制度の形成と展開」神田秀樹責任編集＝公益財団法人資本
　市場研究会編『企業法制の将来展望―資本市場制度の改革への提言〈2023年
　版〉』237頁（財経詳報社、2022）。もっとも、近時は会社の側から上場廃止を
　求める例も増加している。ドイツにおけるこのような動きについて、小松卓
　也「上場廃止と会社法規整」神院34巻 4 号1255頁（2005）、高橋英治「ドイツ
　における上場廃止規制の近時の発展―日本法への示唆」法雑62巻 3 ・ 4 号
　443頁（2016）。

ム・スタンダード・グロースの各区分に市場を再編した結果、わが国の上場会社はプライム志向が強いことが示され[2]、プライム市場を中心とした議論が多くなされた[3]。前述の改正案の提示に至るまでの過程において、欧州でも同様に市場区分の見直しを含む上場に関する議論が進んできたなか、その比重はスタンダード市場・グロース市場をいかに発展させるかという部分が議論における比重の面では大きいように思われる。とくに欧州において意識されているのは、リスティング・ギャップと呼ばれる、潜在的に上場可能な企業の数と実際の上場会社数の差である[4]。わが国と欧州における違いは、前者においては前述の市場区分の見直しにおいても浮き彫りになったように、上場会社の適切な市場への振り分け・上場適合性が問題となったのに対し、後者においては上場のハードルの高さが長年問題とされ、いかに市場を通じた資金調達を促進させるかという問題の解決が論じられたことにあると考えられる。抱える問題の性質には異なる点があるものの、市場の基盤となるスタンダード市場、そして将来的に成長が見込まれ

2　新市場区分への移行の結果、プライム市場が1,839社、スタンダード市場が1,466社、グロース市場が466社という構成になった（株式会社東京証券取引所「東京証券取引所における最近の取組み（市場区分の見直し等）」（2022年9月30日）https://www.jpx.co.jp/corporate/research-study/research-group/cg27su0000001e8s-att/20220930_2.pdf〔2023年9月27日最終閲覧。以下すべてにつき同じ〕）。

3　グロース市場をいかに発展させるかも「市場区分の見直しに関するフォローアップ会議」（後述脚注5参照）において論点の一つとなってはいる。東京証券取引所においてはグロース市場上場会社の経営者向けにグロース市場の課題等についての意見募集が2023年になされた。

4　その数は大規模企業で8,000社程度（最高で17,000社）とも推定される（European Commission, Directorate-General for Financial Stability, Financial Services and Capital Markets Union, *Primary and secondary equity markets in the EU – Final report*, Publications Office, 2020, p.114（https://data.europa.eu/doi/10.2874/496492））。

るグロース市場をいかなる形で設計するかは、長期的にはプライム市場の構成にも深く関わる問題といえる。

　欧州における一連の取組みにおいては、上場会社数が減少するなか、活力ある株式市場の構築のためにいかなる法整備が必要となるかが様々な角度から検討されている。このような検討は、2015年に公表されたEUの経済成長と雇用促進を図る資本市場同盟（Capital Markets Union（CMU））の計画とまずは結びつけられ、検討方法としては出発点を取引所規則・上場規程の改訂ではなく法改正に置く点が特徴的であり、そこで論じられている内容には、市場間の競争、企業の資金調達方法、投資者保護のあり方といった伝統的な論点も含まれている。本稿は、上場制度の見直しが進む欧州の例を検討することで議論の焦点を浮き彫りにし、市場区分の見直し以降の変化を踏まえた検討[5]が続くわが国において参考となりうるところを明らかにしようとするものである。

2　欧州の問題意識と上場制度の見直しに関する動き

　2020年代以降の欧州における議論においては、中小規模の企業の資金調達において金融市場が果たす役割を拡大する点をとくに重視する傾向が見られる。その背景には、中小規模の企業（欧州ではSMEs

---

[5]　東京証券取引所においては、市場区分見直しの実効性向上に向けて、施策の進捗状況や投資家の評価などを継続的にフォローアップするための「市場区分の見直しに関するフォローアップ会議」が設置され、2023年1月には「市場区分の見直しに関するフォローアップ会議の論点整理」が公表された。

(small and medium-sized enterprises) と呼ばれるが、わが国でいうところの「中小企業」とは異なるため、以下では「SMEs」という)の資金調達の困難及び投資者からの投資資金の受け皿の多様化の要請がある。SMEs に関する問題意識は必ずしも新しいものではない。

　資本市場同盟 (Capital Markets Union (CMU)、2015) においては経済ショックに備えるための SMEs の体制強化・レジリエンス強化のために安定した資金調達の基盤を提供することの重要性が指摘されており、すでに、欧州第二次金融商品市場指令 (MiFID Ⅱ) において、SMEs[6] の成長のための市場 (SME growth markets (SGM)) に関するセクションが2018年に設けられている。SME growth markets (以下、「SGM」という) は、多角的取引システム (multilateral trading facility (MTF)) の一種として位置づけられ、指令の見直しの趣旨は、取引施設における取引を認められた証券を発行する主体に対して一定の範囲で規制の軽減 (主に開示規制の軽減) を認めた点にある。直後に続いた2019年の SME Listing Act (Regulation (EU) 2019/2115) は、SGM の利用促進のために、投資者保護を損なうことなく、SGM に上場する会社に適用される規制の緩和を図るものであった。

　もっとも、このような対応のみでは十分でないことも早くから認識され、「人々とビジネスのための資本市場同盟に関する新しい行動計画 (CMU 2020 action plan)」において、SMEs にとって現行制度の下での上場は「煩わしくかつコストが高い (too cumbersome and costly)」とされ、ルールの簡素化が必要であるとする指摘 (Action 2) がなされていた[7]。実際、このような問題意識は、後述する欧州の

6　SMEs とは、直近3暦年において暦年末の平均時価総額が2億ユーロ未満の企業と定義されている (MiFID Ⅱ第4条)。

Listing Act Package につながることになる。

(1) Oxera 報告書（2020年）

　欧州委員会の委託調査として、Oxera Consulting 社から「EU にお
ける株式発行及び流通市場（Primary and secondary equity markets
in the EU)」と題された報告書（以下、「Oxera 報告書」という）が
2020年に提出された[8]。調査を委託した欧州委員会金融安定・金融サ
ービス・資本市場同盟総局（DG FISMA）の意図は、欧州における発
行市場及び流通市場の状況を確認し、新規上場・上場廃止の判断要素
及び市場流動性の要因を分析することにあり、Oxera 報告書もこれに
合わせて各市場についての改革を提案している。同報告書は、発行市
場に関する第一部、流通市場に関する第二部、EU における株式市場
の将来展望に関する第三部の三部構成となっているが、本稿では、第
一部における上場制度の見直しに関連する点にとくに注目する。

　Oxera 報告書は、最初に米国市場を意識し、EU 域内の新規上場件
数の減少を危惧し、英国を含む EU28か国において GDP が24％増加し
ているなか上場件数が 8 年で12％下落していること、EU 域内の主要
市場となるフランクフルト、パリ、ロンドンのいずれの市場において
も上場件数の減少が確認されることを指摘する[9]。これに企業の上場

7　「人々とビジネスのための資本市場同盟に関する新しい行動計画（CMU
　　2020 action plan)」は、「小規模で革新的な企業の資金調達へのアクセスを促
　　進させかつ多様化させるために、欧州委員会は市場の上場規則を簡略化する
　　ことに努める」とする（アクション②）。

8　EC-DG FISMA, *op.cit.* (note 4).

9　EC-DG FISMA, *op.cit.* (note 4), p.12. もっとも、米国においても、過去に比
　　べて上場会社数は減少している（Craig DOIDGE, G. Andrew KAROLYI & René
　　M. STULZ, « The U.S. listing gap », *Journal of Financial Economics*, 2017,
　　vol. 123, issue 3, pp.464-487)。

廃止が加わると、市場の活力にも影響が出るが、同報告書は、近年の上場廃止の多くは M&A を原因とするものであるが、それ以外にも継続開示に伴う負担、手数料をはじめとするコスト、機密情報の開示要請があることも要因となっていることを指摘する[10]。このような状況は、一般投資家の投資先が先細る可能性、及び将来性のある企業への投資の道が閉ざされる可能性があるとして、発行市場に関する改革として、①開示制度の見直し（開示負担の軽減措置）、②複数議決権株式の利用範囲の拡大、③新規上場への機関投資家の関与の促進、④エージェンシー・コスト低減のためのガバナンス基準の見直し、⑤個人投資家の増加政策を提案している。全体的に、Oxera 報告書は上場規則の内容が企業による上場判断の主たる要因となるわけではないとする立場を採るが、上場に伴うルールの見直しによる状況の改善が期待されることを否定するわけではなく、SMEs の上場促進のためにコンプライアンス・コストの抑制、とくに開示規制に伴う負担の軽減、及び SMEs 上場のためのファストトラックの導入が有効な対応として挙げられている[11]。

(2)　TESG 報告書（2021年）

Oxera 報告書の公表からほどなくして、SMEs の問題に特化した内容の Empowering EU capital markets for SMEs - Making listing cool again. Final report of the Technical Expert Stakeholder Group (TESG) on SMEs と題された報告書（以下、「TESG 報告書」という）

10　EC-DG FISMA, *op.cit.* (note 4), pp.52 et s. 上場に伴うコスト負担は、特に小規模の発行者について確認される（p.37）。
11　EC-DG FISMA, *op.cit.* (note 4), pp.79 et s.

が2021年に公表された。報告書の作成背景には、SME Listing Act[12]
により改正された MiFID II 第33条に基づき、SGM の機能等を監視す
る専門家集団（TESG）を設置することが欧州委員会に義務づけられ、
この集団により作成される報告書が2021年7月1日までに提出される
こととなっていた。2020年10月に設けられた TESG が提出した報告書
は、Oxera 報告書とほぼ同様に、EU 内での上場件数の減少に危機感
を示したうえで、SMEs の銀行借入れへの依存が成長を妨げること及
び個人投資家が少ないこと[13]を指摘した。TESG 報告書の内容は、
TESG の設置経緯からも SMEs に関する事項に限定されているが、こ
こでも SMEs の上場促進のための方策の検討のなかで、上場制度の見
直しに関する提言がなされている。

　TESG 報告書において提案されたのは、① SMEs の定義の明確化、
②目論見書規制の簡略化、③市場阻害行為（market abuse）規制の見
直し、及び④複数議決権株式の活用である。提案の背景には、大規模
上場企業と中小規模の上場企業との規制面での区別が明確な形で設
けられていない状況があり、これに対応するために、市場の種別に
関わらず時価総額10億ユーロ以下の上場企業を small and medium
capitalisation companies（SMCs）と位置づけたうえで、これらにつき
上場に伴うコスト・手続の負担を軽減するための上場基準の緩和、目

12　Regulation（EU）2019/2115 of the European Parliament and of the Council
　　of 27 November 2019 amending Directive 2014/65/EU and Regulations
　　（EU）No 596/2014 and（EU）2017/1129 as regards the promotion of the
　　use of SME growth markets.

13　TESG on SMEs, *Empowering EU capital markets for SMEs - Making listing
　　cool again. Final report of the Technical Expert Stakeholder Group (TESG)
　　on SMEs*, May 2021（https://finance.ec.europa.eu/system/files/2021-05/210
　　525-report-tesg-cmu-smes_en.pdf）. ユーロ域内の成人の9％のみが上場会社
　　の株式を所有しているにすぎないが、この割合は米国では52％である（p.8）。

論見書の簡略化及び市場阻害行為規制の緩和が提案されている。上場のハードルを下げる取組みの一環として、IPO 前の SMEs へのサポートの充実を図るために、規制市場または SGM 市場への上場に関する準備期間の創設、SGM に上場する SMEs が規制市場への移行または SMEs が規制市場への直接上場を希望する場合の移行期間の創設に関する提言もなされている。

　なお、Oxera 報告書と同様に、TESG 報告書は支配権の喪失を懸念する企業向けに複数議決権株の活用も検討されるべきとの見解を示すが、Oxera 報告書と異なり、サンセット条項の義務づけは不要とする立場を採っている[14]。ここで挙げられている複数議決権株式の活用は、後述する英国・フランスの国内の議論においても確認される。

(3)　欧州内の動向―英仏の例

　欧州委員会を起点とする上場制度の見直しに関する動きがあるなか、欧州加盟国内でも同様に上場制度をいかなる形で発展させるべきかに関する議論が活発となっていた。ここでは、2021年から2022年にかけて公表された二つの報告書―英国の UK Listing Review 及びフランスの複数議決権に関するパリ金融市場高等法制委員会（HCJP）報告書―を取り上げる。

①　UK Listing Review（2021年）

　UK Listing Review は、法改正と取引所規則の改訂の両方を含むロンドン市場の改革を提言する報告書である。この報告書は、ロンドン証券取引所のプレミアム及びスタンダード区分の上場基準及び目論見

14　TESG on SMEs, *op.cit.* (note 13), p.85. サンセット条項を設けるかは期間の設定も含め、各企業の判断に委ねるべきであるとする。

書制度についての見直しに関する提案が財務大臣からジョナサン・ヒル貴族院議員に求められたことを受け、作成されたものである。英国市場は、EU 離脱の影響を少なからず受けており、報告書作成の背景にはロンドンでの上場件数の減少がある。実際、上場会社数は2008年と比べて40%減少し、英国の EU 離脱とともにアムステルダム市場に多くの企業が移動した[15]。さらに、ロンドン市場に上場する代表的な企業は、「古い経済（old economy）」を代表するものであり、先端技術・ライフサイエンス分野における企業の上場が少ないとされる[16]。このような状況において、プレミアム区分への上場基準が過度に厳格であることがロンドン市場の競争力の低下の一因となっていることが挙げられ[17]、上場制度の改革案として、14個の勧告（recommendation）が示された。

UK Listing Review において示された勧告は多岐にわたるものであり、必ずしも具体的な市場制度改革に射程は限定されていない。例えば、財務省が議会にロンドン市場の状況及び競争力の向上のためになされた取組みをまとめた年次報告書を2022年以降毎年提出することとし、市場環境の変化を示すことの勧告（勧告①）、及びロンドン市場の競争力の強化に向けた迅速な対応を可能とするための英国金融行為規制機構（FCA）の権限事項の再検討を促す勧告[18]（勧告②）は、狭

---

15 HM Treasury, *UK Listing Review*, 3 March 2021, p.1 (https://assets.pub lishing.service.gov.uk/government/uploads/system/uploads/attachment_ data/file/966133/UK_Listing_Review_3_March.pdf).
16 HM Treasury, *op.cit.* (note 15), p.2.
17 HM Treasury, *op.cit.* (note 15), p.2.
18 具体的には、Future Regulatory Framework Review の一環として、FCA の目的事項について「成長（growth）」または「競争力（competitiveness）」を挿入することが提案されている。

義の市場制度改革というよりは、行政側の市場への関与のあり方・体制の改善を図る目的を有するものである。

　具体的な市場制度改革として、UK Listing Review においては、まず市場区分及び上場に関するルールの見直しが提案されている。最初に挙げられているのは、複数議決権株式の活用であり、テクノロジー及びライフサイエンス分野の成長企業が早期の段階で上場する場面を念頭に置いて、プレミアム市場における議決権種類株式（dual class shares）の導入、浮動株比率に関する基準の緩和及び市場のスタンダード区分の利用促進を目的とした見直しが提案されている（勧告③④⑤）[19]。

　開示制度については、目論見書制度の抜本的な見直しが提案され（勧告⑦）、規制市場への上場と公募（offer to the public）の区別、すでに上場されている企業による発行の場合の目論見書規制の適用範囲の見直し（適用除外・規制の軽減）、目論見書以外の書面の活用等が検討対象として挙げられている[20]。さらに、成長企業の上場ルートを確保するために、プレミアム区分への上場に必要となる3年分の実績に関する要件を緩和すること、また、買収を行った企業の上場を迅速化させるために同様に過年度分の実績要件を緩和することが提案されている（勧告⑩⑪）。

　このほか、投資者保護に関して、投資家に提供される情報（とりわけ上場時及びその後に提供される将来見通しに関する情報（forward-

---

19　さらに、現行制度の下では買収可能性が浮上した時点でSPAC株式の取引が停止されることが可能となっているため、英国内でのSPACの活用の歯止めとなっていることから、SPACの上場をより容易にし、かつ投資者保護にも配慮した形の見直しが提案されている。

20　また、関連して、第三国において発行された目論見書を英国内でも承認された扱いにすることの提案もなされた（勧告⑧）。

looking information）) の充実 [21]（勧告⑨）及び投資者層の裾野の広が
りを受けたリテール投資家のさらなる「エンパワーメント」（勧告⑫
⑬) [22] が提案され、また、最後に IPO 手続の短縮に関する勧告もなさ
れた（勧告⑭) [23]。

UK Listing Review において注目すべきと思われる点は、まず
Oxera 報告書及び TESG 報告書と同様に、複数議決権株式の上場を重
点的に取り上げていることである（勧告③）。議決権種類株式をプレ
ミアム区分に上場することの要件として、最長 5 年のサンセット条項
を設けること、議決権加重の上限を20対 1 とすること、Class B の株
式の保有を会社の取締役（director）に限ること、議決権行使の対象
を取締役の地位の保持・支配権維持（買収防衛）に限ること、Class B
の株式の譲渡を制限することが挙げられている [24]。さらに、上場のハ

---

21 ここでも念頭に置かれているのは、テクノロジー・ライフサイエンス分野の
　　成長企業である。
22 具体的にはリテール投資家の世代交代が進み、ESG（環境、社会、ガバナン
　　ス）への関心が高く、株式保有を通じた積極的な意見表明を行う層が増えて
　　きたことを踏まえ、テクノロジーを活用すること、リテール投資家からのよ
　　り迅速な資金調達を可能とすることが提案された。具体的には、新型コロナ
　　ウイルスパンデミックの影響を受けた英国内の企業の急な資金調達需要を受
　　け、迅速性を確保するために開示規制を軽減する形で機関投資家及び一部の
　　リテール投資家に対象を限定した資金調達がなされたが、その際、リテール
　　投資家には短時間での決定や参加条件を満たすことを求められたことへの反
　　省がある。
23 IPO に関与するリサーチアナリストによる調査結果の公表を 7 日間控える新
　　しいルールが2018年に導入されたが、コスト・時間のいずれの面でも特段の
　　メリットがないことが理由として挙げられている。
24 このような条件を設けることで、創業者が経営を主導する企業において短期
　　主義的志向が経営に与える影響が限定され、より多くの成長企業が上場を検
　　討することが促されると考えられている。複数議決権株式は一時的に設けら
　　れるものであることから、移行期間後はプレミアム区分を維持し他の企業と
　　同様のルールに服するか、議決権種類株式を維持して他の市場区分に移行す
　　るかの判断を行うことになる（HM Treasury, *op.cit.* (note 15), p.21)。

ードルを下げるためになされた浮動株比率に関する基準の緩和の提案
も注目される。英国内ではプレミアム・スタンダードのいずれの区分
にも係るこの基準（原則として25％）が上場を妨げる原因の一つとさ
れているとし、より緩い基準を設けている他国の例を踏まえて、①
FCA Listing Rules 6.14の定める流通株式（shares in public hands）
の定義を見直し、対象を拡大すること、②浮動株比率に関する基準を
25％から15％に引き下げること、上場後には流動性があることを示す
ために浮動株比率に関する15％基準以外の基準（株主数、流通株式数、
流通株式の市場価値（market value of publicly held shares）等）を
採用できるようにすることが提案されている[25]。

　UK Listing Review の提案の一部はすでに実現しており、2021年に
行った意見聴取[26]後、FCA は浮動株比率の引き下げ、議決権種類株
式を発行する会社のプレミアム区分への上場の許可[27]等を実施し[28]、
上場規程は2021年12月3日に改訂された[29]。2022年以降も FCA は上
場制度の改革に向けた検討を継続し[30]、プレミアム区分とスタンダー

25　HM Treasury, *op.cit.* (note 15), pp.25 et s.

26　FCA Consultation Paper (CP21/21) ― Primary Markets Effectiveness
　　Review, July 2021 (https://www.fca.org.uk/publication/consultation/cp21-
　　21.pdf).

27　Listing Rules LR, 9.2.22 A 以下。

28　FCA Policy Statement (PS 21/22) ― Primary Market Effectiveness Review:
　　Feedback and final changes to the Listing Rules, Dec. 2021 (https://www.
　　fca.org.uk/publication/policy/ps21-22.pdf).

29　PwC あらた有限責任監査法人「令和3年度 産業経済研究委託調査事業 諸外
　　国におけるスタートアップへの新たなリスクマネー供給手法の在り方に関す
　　る実態調査報告書（SPAC に関する調査報告書）」（2022年3月）53頁以下。

30　FCA Discussion Paper (DP22/2) ― Primary Markets Effectiveness Review:
　　Feedback to the discussion of the purpose of the listing regime and further
　　discussion, May 2022 (https://www.fca.org.uk/publication/discussion/dp22-
　　2.pdf).

ド区分を統合し、単一の区分とする方向性を探っている[31]。

② 複数議決権に関する HCJP 報告書（2022年）

UK Listing Review からほどなくして、フランスにおいても上場制度に関連する報告書が公表された。パリ金融市場高等法制委員会（Haut Comité Juridique de la Place Financière de Paris、HCJP）は、2022年9月15日に公表された報告書（以下、「HCJP 報告書」という）において、上場会社における複数議決権株式の導入の是非に関するワーキンググループの見解を示した[32]。このような議論は、英国と同じ問題意識の下、フランスにおいても進められているパリ市場の競争力の向上のための取組みの一環として位置づけられるものである。

HCJP 報告書において上場会社における複数議決権株式の導入が検討された理由は、フランス会社法の下では、2014年にフロランジュ法により上場会社株式の記名式での2年以上の保有がなされた場合に2倍の議決権が付与される制度（商法典 L.225-123条。定款に定めを置くことによりオプトアウトをすることは可能。以下、「2倍議決権制度」という）を除けば、法制度上、上場会社における複数議決権株式を設けることができない状況にあるからである。2019年に成立したPACTE 法は、複数議決権付優先株式を認めたが、その対象を非上場会社に限定していた（L.228-11条）。

---

31 具体的には、ルールを単純化し、プレミアム区分への上場基準の一部を廃止する代わりに開示規制を強化（disclosure-based）することで投資者保護を図ることが提案されている（FCA Consultation Paper（CP23/10）— Primary Markets Effectiveness Review: Feedback to DP22/2 and proposed equity listing rule reforms, May 2023（https://www.fca.org.uk/publication/consultation/cp23-10.pdf）。

32 HCJP, Rapport sur les droits de vote multiples, 15 sept. 2022（https://www.banque-france.fr/sites/default/files/rapport_50_f.pdf）.

　フランスにおける検討の背景には、他国において、複数議決権株式を発行する会社の上場が認められることが稀ではない状況がある。HCJP 報告書において比較対象国として、米国、カナダ、英国、オランダ、スイス及びドイツが取り上げられているが、態様は異なるものの、ドイツを除く国において複数議決権株式を発行する会社の上場が認められているとされている。

　HCJP 報告書は、複数議決権株式を設けることを明確に禁ずる法律規定がないことを挙げたうえで、発行者と投資者のニーズに応じた対応が必要であるとし、四つのポイントを示した。第一が、当事者の自由な判断に基本的に従うべきであるとするものである。HCJP 報告書によれば、複数議決権株式を設ける判断は創業者や会社指揮者（dirigeants）によるものであっても、そのような株式を発行する会社への投資判断は投資者に委ねられているため、制度濫用の可能性があるとしてもその全面的禁止は望ましくないとされる。第二は、市場間競争の存在である。世界の主要な市場において、複数議決権株式を発行する会社の上場は禁じられていないことに加え、一株一議決権（one share one vote）にこだわってきた英国市場も制度改革に踏み切ったことから、上場会社に複数議決権株式を設けた状態での上場を禁ずる主要国が独仏になったことが理由として挙げられる。第三に、成長が見込まれる企業をフランス市場に誘引する必要性である。フランスのユニコーン企業の一部が上場を検討する段階に差しかかっていることがこの指摘の背景にある。第四に、欧州域内における企業の移動可能性（モビリティ）である。フランスで設立された企業が EU 域内の他国にその本店を移すことは容易であり、このことは2019年11月27日の欧州指令2017/1132[33]の国内法化以降さらに容易になるとされて

いる[34]。ここで懸念されているのは、EU 域内で合併がなされた場合に本店所在地としてフランスが選ばれない可能性があることである。

　HCJP 報告書は、業種の限定を行わずに、IPO の際に複数議決権株式の発行を認める制度を導入するために、商法典 L.228-11条１項の改正を提案するものである[35]。導入すべき制度設計としては、優先株式（actions de préférence）制度を見直し、優先株式の一種として複数議決権株式を位置づける形で上場会社における複数議決権株式の発行を認め、法律に一定の制限を設けつつ、原則として優先株式に伴う各種権利等についての定めを各会社がその必要に応じて定款に置くことを認めることが提案されている。法律により設ける制限としては、複数議決権の消滅時の優先株式の保有者に対するあらゆる形での利益付与の禁止、優先株式の保有者に対する会社資本の一定割合（20％）の保有の義務づけ、複数議決権数の制限（議決権加重の上限を10対１とすること）、サンセット条項におけるサンセット期間の制限・早期消滅条件の法定、複数議決権の行使対象とならない決議事項の法定（例えば、報酬、利益相反、会計監査役の選任など）が挙げられている。このなかで検討課題とされているのが新株優先引受権の付与を伴う資本増加の際に複数議決権株式の保有者に与えられるのが普通株式であるのか、それとも優先株式であるのかという点であり、法律による何

33　同指令について、松田和久「EU 会社法統合指令における公示規制」洋法62巻３号219頁（2019）。

34　HCJP, *op.cit.* (note 32), p.25.　この点は学界からも指摘されている（Hervé SYNVET et Caroline COUPET, « Présentation du rapport du HCJP sur les droits de vote multiples », *Bull. Joly Bourse* nov. 2022, p.50)。

35　あくまで IPO 時の発行を前提とした提案であり、すでに上場されている企業に複数議決権株式の発行を認めるものではないことに注意する必要がある（SYNVET et COUPET, *op.cit.* (note 34), p.50)。

らかの形での対応が必要となるとされている。

　HCJP 報告書による提案は、後述する EU の Listing Act Package と同じ方向性を有するものであり、概ね学界からも支持を得ていると見られるが、支配権を有する株主以外の者の保護を公開買付規制（退出のための公開買付（offres publiques de retrait）及び強制退出（retrait obligatoire））に照らして確認すべきとする指摘[36]もなされている。

3　EU Listing Act Package の内容

　2 に挙げた EU 加盟国内の動きも見られるなか、2021年から欧州レベルで Listing Act の見直しに向けた取組みが開始している。この取組みのなかでとくに重視されているのが開示規制の軽減である。2021年11月19日から2022年 2 月25日にかけて実施された諮問（Targeted Consultation on the Listing Act）[37]も、開示規制の負担に重点を置いたものであり、とくに目論見書規則（Prospectus Regulation）の遵守に伴うコストの推計や負担感に関する事項が含まれている点が注目される[38]。意識されているのは、EU 域内において上場に関する規制が複数の規制パッケージにまたがり、目論見書規則、市場阻害行為規則

36　Alain PIETRANCOSTA, « Propositions françaises et européennes pour ouvrir le vote multiple aux sociétés entrant en bourse », *Bull. Joly Sociétés* janv. 2023, p.76.

37　European Commission, Consultation document - Targeted consultation on the listing act: making public capital markets more attractive for EU companies and facilitating access to capital for SMEs (https://finance. ec.europa.eu/system/files/2022-02/2021-listing-act-targeted-consultation-document_en.pdf).

（Market Abuse Regulation）、第二次金融商品市場指令・規則（MiFID II/MiFIR）、透明性指令（Transparency Directive）、上場指令（Listing Directive）といった目的の異なる規制が併存する複雑な状況が生じていること、企業が上場を検討する際の関心事項の一つとして支配権維持の可否があることである。

　諮問結果を受けて、欧州委員会は、① EU 目論見書規則等の改正案[39]、② MiFID Ⅱ の改正案[40]、③ SGM への上場を検討する企業についての複数議決権株式の導入に関する指令案[41]についての三つの法案（proposal）を2022年12月 7 日に公表した（Listing Act Package と呼ばれる）。欧州委員会の主眼は、域内の SMEs の上場を促し、その資金調達方法の多様化を図ることにある。この取組みは企業の資金調達の容易化を図る資本市場同盟（CMU）計画の一環として位置づけられるものであるが[42]、その内容を見ると、資金調達を必要とする企業の事務負担を軽減し、かつ議決権の付与に関する柔軟性を高めること

---

38 質問に対して、回答者が 1 〜 5 の段階から最も適切と思うものまたは意見・該当なしのいずれかを選択する形で回答し、その理由を指定された字数以内で記述する形式となっており、79件の回答が得られた。

39 Proposal for a regulation amending Regulations（EU）2017/1129,（EU）No 596/2014 and（EU）No 600/2014 to make public capital markets in the Union more attractive for companies and to facilitate access to capital for small and medium-sized enterprises（COM/2022/762 final）.

40 Proposal for a directive amending Directive 2014/65/EU to make public capital markets in the Union more attractive for companies and to facilitate access to capital for small and medium-sized enterprises and repealing Directive 2001/34/EC（COM/2022/760 final）.

41 Proposal for a directive on multiple-vote share structures in companies that seek the admission to trading of their shares on an SME growth market（COM/2022/761 final）.

42 European Parliament, Briefing EU Legislation in Progress. Listing Act, p.1（https://www.europarl.europa.eu/RegData/etudes/BRIE/2023/747111/EPRS_BRI（2023）747111_EN.pdf）.

の二つの目的が浮き彫りになる[43]。前者は、主として開示規制、とりわけ目論見書制度（現目論見書規則）の見直しを中心とし[44]、後者は、主として複数議決権株式の活用を念頭に置くものである。

　①の改正案においては、目論見書作成義務の適用除外対象の拡大（一定の条件の下での追加発行（secondary issuance）の場合及び小規模募集（small offer of securities）の場合）、新規発行（primary issuance）の場合の目論見書の形式の標準化（開示項目の順序の法定、作成言語を英語のみとすることの許容、電子フォーマットのみとすることの選択等）、追加発行の場合に用いられる簡易目論見書（simplified prospectus）に代わる新制度としての EU Follow-on Prospectus の創設[45]、成長市場（グロース市場）向けの新たな発行書類の導入（現行の EU Growth Prospectus に代わるもの）、第三国において発行された目論見書の同等性評価制度（equivalence regime）の見直しが挙げられている。EU における目論見書規制自体は、目論見書指令（Prospectus Directive）から資本市場同盟の一環として位置づけられた目論見書規則（Prospectus Regulation）を基礎としたものに2019年に移行しており[46]、この際、目論見書の要約（prospectus summary）の分量の制限、追加発行に関する SMEs の開示負担の軽減などの措置が採られている。

43　Thierry BONNEAU, « The "Listing Act package" », 20 Apr. 2023（https://www.gide.com/en/news/the-listing-act-package）.

44　このほか、市場阻害行為規則（Market Abuse Regulation）関係の見直しも含まれている。

45　時限措置として新型コロナウイルス感染拡大に伴い導入された、簡略化された目論見書制度である EU Recovery Prospectus の代わりとして位置づけられる。EU Recovery Prospectus は継続して直近18か月以上規制市場（regulated market）または SGM において株式が取引されている発行者が新型コロナウイルス感染拡大の影響等を抑えるために株式の追加発行を行うことを念頭に置いて設けられた。

今回の目論見書制度の改正案は、全体的には目論見書作成に関する発行者側の負担軽減や書面のフォーマット化等により上場の動機づけ及び加盟国間の制度の調和を図ることにある。

　上場規則に関係する事項として、②の改正案は、とくに浮動株比率基準の見直しを内容とするものであり、現行の25％から10％への引き下げを提案する点が注目される。これにより、持株割合の高い支配株主がいる発行者により柔軟な条件の下で上場を認めることが可能になり、この点は、UK Listing Review と同じ方向性を有するものといえる。

　また、③の指令案においては、SMEs の SGM 利用を促すために、SGM への上場に際して複数議決権株式を設けることを認めることが提案されている。この点は、市場の種別を限定せずに複数議決権株式の利用を検討する考え方と比較するとかなり対象を限定した慎重な対応であるといえよう。ここには、SMEs の上場を促すという目的と同時に、歴史の浅い SGM の利用を促すという別の目的も窺える。SGM の利用促進は、ESMA の関心事項でもあり、2021年に公表された第二次金融商品市場指令に関する報告書[47]において、EU 域内ですでに20ある SGM（多角的取引システム（MTF）の一種に分類）のさらなる活用を促す措置の提案がなされている。このなかには、SGM

---

46 EU における目論見書関連規制の見直しについて、堀内勇世「EU の目論見書ルールの見直し―資本市場同盟（CMU）構築に向けたアクション・プランの一翼」神作裕之責任編集＝公益財団法人資本市場研究会編『企業法制の将来展望―資本市場制度の改革への提言〈2017年度版〉』190頁（財経詳報社、2016）。

47 ESMA, *MiFID II Review Report. MiFID II review report on the functioning of the regime for SME Growth Markets*, 25 March 2021 (https://www. esma.europa.eu/sites/default/files/library/final_report_on_sme_gms_-_mifid_ii.pdf).

として登録されるための要件の明確化、SGM における上場基準の調和（harmonization）、上場前の状況に関する情報開示・継続開示に関するルールの標準化などが含まれる。

　③の指令案は、複数議決権株式の採用に関する規定（第 4 条）、株主の公正かつ非差別的（non-discriminatory）な扱いに関する規定（第 5 条）、及び複数議決権株式を発行する会社についての透明性の確保に関する規定（第 6 条）を核とする。ここでも確認されるのは、英仏の UK Listing Review や HCJP 報告書と同様に、複数議決権株式の活用及びこれらの株式に付随する議決権行使の範囲を限定する意図であり、複数議決権株式の発行を株主総会の特別決議の要件の下で認めることに加え、①複数議決権株式に関する議決権加重の上限設定及び複数議決権株式数の上限（流通資本に対して複数議決権株式が占める割合の上限）、または②株主総会の決議事項で特別決議の要件を満たすことが必要となる事項に関する複数議決権株式に付随する優先議決権の行使に対する制限のいずれかを採用することが加盟国に求められる（第 5 条）。

　現在、①②③の提案については、いずれも通常の立法手続（Ordinary legislative procedure（COD））に従い[48]、欧州連合理事会（Council of the European Union）において検討が進められている。

---

48 European Parliament, Ordinary Legislative Procedure Overview（https://www.europarl.europa.eu/olp/en/ordinary-legislative-procedure/overview）.

4　むすびに代えて―今後の検討の方向性

　欧州において進められている検討は、対象企業の範囲を限定する形で上場に伴う規制・コストを軽減し、上場企業数を増加させ、市場の活性化を図ることを目的とするものと理解できる。SMEs 及び SGM を中心とした制度の充実は、欧州において上記の目的を達成するための一つの有力な手段と捉えられている。上場を行う SMEs の経営権への影響は、複数議決権株式の活用を通じて創業者等に支配権を維持させる形で一時的に克服されると考えられているようであるが、欧州委員会による提案を見ても厳格な条件の下でのみ利用が認められるものとなっており、今回の改革が上場への起爆剤となるかは改正後の状況を見て判断することになろう。とくに、複数議決権株式は、本稿で紹介した欧州委員会の提案において示されているような創業者等による経営権の維持を念頭に置いた一時的なものと、株式の長期保有者への一種のリワードとして与えられるもの（フランスの 2 倍議決権制度はこのような趣旨のものである）に大きく分けることができ、利用目的の違いを分けて分析する必要がある [49]。前者は、とくに上場制度の見直しの文脈においては市場の活力向上・投資先の多様化のために言及されてきたのに対し、後者は、短期主義的行動（ショート・ターミズ

---

[49]　欧州においては後者についての議論が多くなされてきた。長期保有者への優遇策としての複数議決権株式について、福本葵「長期保有株主に対する優遇策」証券経済研究94号77頁（2016）、横沢恭平「複数議決権制度に関する一考察―フランスにおける 2 倍議決権制度を参考に」法学研究論集49号141頁（2018）。

ム）に対する抑制を念頭に置いて議論されてきた[50]。もっとも、制度が許容するのであれば、両者を組み合わせて上場後の恒常的な会社への支配権維持ひいては買収防衛を実現することは可能となりそうである。このことは、無限責任社員に経営に対する支配権を与える株式合資会社形態が選択肢として存在していても、その利用については近時コーポレートガバナンスの面から疑問も呈されている状況において、上場を欲する企業にとって有力な選択肢となりうるかもしれない[51]。しかし、少数株主保護のあり方は克服すべき大きな課題となり、このような観点から、成長市場においてまずは複数議決権株式を一般化する形の法制化を行う慎重な姿勢を採るに至ったものと考えられる。

　また、本稿で取り上げた欧州における取組みにおいては、たびたびテクノロジー企業等への言及がなされている。欧州をスタートアップ企業の育成の場として確立させる意図が垣間見えるが、米国を一つのモデルと捉えているように思われるところ[52]、企業文化・スタートアップ育成の土壌に相違点があるなかで、いかにその違いを法制面で克服するかについての明確な答えはまだ出されていないように思われる。スタートアップ企業の育成においては、欧州委員会による SMEs を対象とした資金提供のための取組みの充実も図られているなか[53]、上場

50　欧州の状況について、松井智予「複数議決権株式を用いた株主構造のコントロール」金融商品取引法研究会編『金融商品取引法制の近時の展開（上）』183頁以下（公益財団法人日本証券経済研究所、2023）。

51　フランスにおける株式合資会社制度について、拙稿「株式合資会社制度の今日的意義—近時のフランスの事例から—」MARR329号29頁（2022）。

52　わが国において、経済産業政策局「グロース市場に関するフォローアップ会議にあたっての意見」（2023年 2 月15日）のなかでも、テクノロジー系企業を念頭に置きつつ、複数議決権株式の活用可能性への言及がなされている（https://www.jpx.co.jp/equities/improvements/follow-up/nlsgeu000006gevo-att/cg27su00000012ap.pdf）。

制度の見直しは、イノベーションのための環境整備の一つの施策として位置づけられる。企業の成長に資する上場の促進がわが国でも注目されている状況において[54]、欧州の例は、目論見書を中心とした開示規制の軽減と一株一議決権（one share, one vote）ルールの緩和を組み合わせた上場に係る法的ルールの見直しを通じて、取引所規則に関する議論に限定されない、会社法・資本市場法と一体となった改革の一つの方向性を示していると思われる。

【本稿は、公益財団法人日本証券奨学財団（Japan Securities Scholarship Foundation）の助成を受けたものである。】

---

53 詳細について、European Commission, Funding opportunities for small businesses（https://commission.europa.eu/funding-tenders/how-apply/eligibility-who-can-get-funding/funding-opportunities-small-businesses_en）.

54 金融庁「事務局説明資料（成長・事業再生資金の円滑な供給）」（2022年2月17日）（https://www.fsa.go.jp/singi/singi_kinyu/market-system/siryou/20220217/01.pdf）。

第6章

インサイダー取引規制の構造・機能の再検討

―暗号資産に関するインサイダー取引規制の要否を題材にして

東京大学大学院法学政治学研究科 教授

加藤　貴仁

1 問題意識

　金商法（以下、「金商法」という。）のインサイダー取引規制は、重要な未公開情報（material nonpublic information）を保有するに至った経緯等に着目して、その保有者による有価証券の取引の一部を制限するものである。すなわち、重要な未公開情報の保有者の取引の全てがインサイダー取引規制の対象とされているわけではないし、妥当であるとも考えられてはいない[1]。本稿では、重要な未公開情報の保有者の取引の中でインサイダー取引規制の対象とされている取引のことをインサイダー取引と呼ぶ。また、金商法のインサイダー取引規制の

---

[1]　神崎克郎＝志谷匡史＝川口恭弘『金融商品取引法』（青林書院、2012年）1212-1213頁、黒沼悦郎『金融商品取引法〔第2版〕』（有斐閣、2020年）428頁。なお、金商法の上場株式等に関するインサイダー取引規制について、「現行法の規制範囲の基本的な考え方は、何らかの特別な地位にあることによって未公開情報を知った者あるいはそのような者から情報を受領した者の行為を規制しようというものであろう。現行法上内部者とされる者の範囲には、偶然未公開情報に接した者（たとえばたまたま重役同士の会話を漏れ聞いたタクシーの運転手など）はもとより、企業に不正侵入したり、盗聴やハッキングによって情報を得た者も含まれていない。」と整理されている。藤田友敬「未公開情報を利用した株式取引と法」竹内昭夫先生追悼論文集『商事法の展望—新しい企業法を求めて』（商事法務研究会、1998年）607-608頁。ただし、重要な未公開情報の保有者による取引の全部をインサイダー取引規制の対象とすべきではないことは、現行法において規制されている取引の範囲に見直しの余地がないことを意味するわけではない。なお、インサイダー取引規制の対象とするべき行為については、重要な未公開情報の保有者がそれを利用した場合のみ規制するべきではないかも問題となる。飯田秀総「インサイダー取引規制における内部情報の保有と利用の違い」江頭憲治郎先生古稀記念論文集『企業法の進路』（有斐閣、2017）923頁以下。この点も重要であるが、本稿は検討の焦点を絞るため、インサイダー取引規制を重要な未公開情報の保有者の取引の一部を規制するものと位置付けることにした。

主たる根拠条文は166条と167条であるが、その対象は上場株式等に限られており、全ての有価証券が対象とされているわけではない[2]。しかし、重要な未公開情報の保有者による取引は上場株式等以外の有価証券についても存在するし、有価証券以外の取引、たとえば、暗号資産の取引についても観念できる。

　令和元年（2019年）の金商法改正により暗号資産を対象とした不公正取引規制（金商法185条の22～185条の24）が導入されたが、インサイダー取引規制は導入されなかった。しかし、アメリカでは暗号資産に関するインサイダー取引に対する法執行活動が行われた例があり、2023年3月にその導入が正式決定されたEUの *Regulation on Markets in Crypto-Assets*（MiCA）には暗号資産に関するインサイダー取引規制を定めた規定が存在する[3]。暗号資産の取引には国境が存在しないことを踏まえると、日本も暗号資産に関するインサイダー取引規制の導入を迫られる可能性がある[4]。したがって、暗号資産に関するインサイダー取引規制を導入する際の課題を抽出することに一定の意義があるし、以下に述べる通り、それは必然的に金商法の有価証券に関す

2　黒沼・前掲注（1）432-433頁。

3　EY ストラテジー・アンド・コンサルティング株式会社＝ベーカー＆マッケンジー法律事務所（外国法共同事業）「デジタル資産を用いた不公正取引等に関する国際的な規制動向、法規制当局による執行事例、及びマーケットにおける課題の分析調査に関する報告書」（2023年3月）（以下、「デジタル資産を用いた不公正取引等報告書」という。）84頁・180頁。

4　不公正取引の類型の間には密接な関係があるため、ある類型の不公正取引を減らすために他の類型の不公正取引を規制することが望ましい場合がある。*See* Andrew Verstein, *Crypto Assets and Insider Trading Law's Domain*, 105 Iowa L. Rev. 1, 49-51（2019）. たとえば、実効的なインサイダー取引規制が存在しない場合、相場操縦の意図でなされた取引を他者が重要な未公開情報に基づく取引であると誤解し、相場操縦が成功する可能性が高まるように思われる。

るインサイダー取引規制の基本構造の課題の再確認を伴うものになる。

　金商法の有価証券に関する不公正取引規制（金商法157条〜171条の
2）と暗号資産に関する不公正取引規制は、別の制度として位置付け
られている。暗号資産に関する不公正取引規制は課徴金制度（金商法
173条〜174条の3）の対象外であり、かつ、証券取引等監視委員会の
管轄外でもある[5]。しかし、アメリカや EU の暗号資産に関するイン
サイダー取引規制の内容は上場株式等に関するインサイダー取引規制
の内容と密接な関係があるように思われる[6]。そして、令和元年（2019
年）の金商法改正に際し暗号資産を対象とするインサイダー取引規制
の導入が見送られた理由の1つとして、日本の金商法のインサイダー
取引規制の構造が存在した。

　令和元年（2019年）の金商法改正に至る過程で金融庁に設置された
「仮想通貨交換業等に関する研究会」の報告書（2018年12月21日）（以
下、「報告書」という。）は、「インサイダー取引規制については、以下
の理由から、現時点で、法令上、禁止すべき行為を明確に定めること
は困難と考えられる。」との立場をとり、その理由として「多くの仮
想通貨には発行者が存在せず、存在する場合であっても、世界各国に
点在している可能性もあり、該当者の特定に困難な面があり得るこ
と」と「仮想通貨の価格の変動要因についての確立した見解がない中
で、インサイダー取引規制を課す際に必要となる『顧客の取引判断に
著しい影響を及ぼす未公表の重要事実』を予め特定することには困難
な面があること」を挙げている[7]。このような立場は「金融商品取引

<hr />

5　加藤貴仁「ICO の残照―『有価証券』と『暗号資産』の境界線の再設定に向
　　けて」証券経済研究119号（2022年）174頁。
6　デジタル資産を用いた不公正取引等報告書・前掲注（3）90頁・191頁。
7　報告書12-13頁。

法においては、上場会社等に関する未公表の重要事実を知った会社関係者が、当該重要事実の公表前に、当該上場会社等の有価証券（株式、社債等）の売買等を行うことが禁止されており、『会社関係者』や『重要事実』の範囲が、法令上明確に定められている。」ことを前提としたものである[8]。ただし、報告書は「インサイダー取引のような取引に関しては、少なくとも仮想通貨交換業者が把握可能な不公正な取引の抑止や仮想通貨交換業者自身による不公正な行為の防止を図る観点から、仮想通貨交換業者に対し、前述の取引審査の実施に加え、自己が取り扱う仮想通貨に関して有する未公表情報を適切に管理し、当該未公表情報に基づき自己又は他人の利益を図る目的で取引を行わないことを求めることが適当と考えられる。」との提言も行っている[9]。したがって、令和元年（2019年）の金商法改正に際しても、暗号資産についても重要な未公開情報の保有者による取引を規制する必要性自体は認識されていたと思われる。

　暗号資産に関するインサイダー取引規制の導入が見送られた経緯は、日本においても上場株式等に関するインサイダー取引規制と暗号資産に関するインサイダー取引規制の間に密接な関係があることを示している。しかし、このことは仮に暗号資産に関するインサイダー取引規制の導入が政策的に必要であるとしても、既存のインサイダー取引規制の枠組みでは上記の政策目的を達成できない可能性も示しているように思われる。そのため、暗号資産に関するインサイダー取引規制の導入が真に必要であるならば、既存のインサイダー取引規制の枠組みとは異なる新しい枠組みに基づき制度設計を行うことも選択肢として

8　報告書12-13頁（注25）。
9　報告書13頁。

排除されるべきではないと考える。そして、暗号資産に関するインサイダー取引規制を新たな枠組みに基づき導入する場合、類似の枠組みを上場株式等に関するインサイダー取引規制においても採用するべきか否か検討する価値が生じるように思われる。

　上場株式等に関するインサイダー取引規制についても、市場の発展等に伴い、新たな課題の存在が指摘されている[10]。すなわち、上場株式等について、インサイダー取引規制の趣旨からすれば対象とすることが考えられる取引が規制されていない可能性が存在するということである[11]。したがって、暗号資産に関するインサイダー取引規制の導入の検討を通じて、金商法のインサイダー取引規制の基本構造の見直しに繋がり得る示唆を得る試みに一定の意義があると考える。

　また、アメリカやEUにおける暗号資産に関するインサイダー取引規制の存在は、暗号資産を含む金商法のインサイダー取引規制の対象

10　そのような課題の例として、ETFとインサイダー取引規制の関係やShadow-Trading（会社経営者が自社に関する重要な未公開情報に基づき他社株式の取引を行うこと）の存在が挙げられる。*See* Eglīte, Elza and Štaermans, Dans and Patel, Vinay and Putniņš, Talis J., Using ETFs to Conceal Insider Trading (July 15, 2023). Available at SSRN: https://ssrn.com/abstract= 4343579 or http://dx.doi.org/10.2139/ssrn.4343579; Lee, Yoon-Ho Alex and Liu, Lawrence and Romano, Alessandro, Shadow Trading and Corporate Investments (December 24, 2022). Journal of Law, Finance, and Accounting (Forthcoming), Bocconi Legal Studies Research Paper No. 4307455, Northwestern Public Law Research Paper No. 23-15, Available at SSRN: https://ssrn.com/abstract=4307455.

11　また、必ずしも市場の発展等と関係するわけではないが、ハッキングなどの違法な手段で重要な未公開情報を収集した者による取引をインサイダー取引規制の対象とするべきであるかも論じられている。梅本剛正「違法取得情報とインサイダー取引規制」川濱昇先生・前田雅弘先生・洲崎博史先生・北村雅史先生還暦記念『企業と法をめぐる現代的課題』（商事法務、2021年）517頁以下。*See* Joshua Mitts & Eric L. Talley, *Informed Trading and Cybersecurity Breaches*, 9 HARV. BUS. L. REV. 1 (2019).

となっていない投資対象及び市場の中にインサイダー取引規制を必要とするものが存在する可能性を示している。このような観点からは、日本の商品先物取引法には金商法166条等に相当する規定は存在しないが、アメリカでは、Dodd-Frank 法（Dodd-Frank Wall Street Reform and Consumer Protection Act）により商品先物市場における詐欺を一般的に禁止する規定が商品取引所法（Commodity Exchange Act, CEA）に設けられたことを受けて、商品先物取引に関するインサイダー取引の摘発に監督機関（Commodity Futures Trade Commission, CFTC）が積極的な態度をとりつつある点が注目に値する[12]。暗号資産に関するインサイダー取引規制の要否の検討は、金商法のインサイダー取引規制にとどまらず、市場とインサイダー取引規制の関係（市場インフラとしてインサイダー取引規制が必要とされる範囲）を再確認するという点でも意義を有すると考える。

　そこで、本稿では暗号資産に関するインサイダー取引規制の要否を主たる検討対象とするが、それを通じて金商法のインサイダー取引規制の基本構造の見直しに関する示唆を得ることも試みる。2では、暗号資産に関するインサイダー取引規制の導入の要否を検討するための視点を明らかにするために、日本法における重要な未公開情報の保有者による暗号資産の取引に関する規制の現状と暗号資産に関するインサイダー取引規制の対象となり得る行為を確認する。その結果、暗号資産に関するインサイダー取引規制の導入には2つの課題が存在することが示される。第1の課題は金商法166条のインサイダー取引規制の基本構造に倣って暗号資産に関するインサイダー取引規制を構築する場合の問題の解決であり、第2の課題は上場株式等に関するインサイダー取引規制の機能に関する議論を踏まえた暗号資産に関するイン

サイダー取引規制の必要性の分析である。**3**と**4**では、それぞれの課題を取り上げる。**5**では本稿で明らかにすることができたことを整理し、今後の課題を提示する[13]。

---

12 日本の商品先物市場を規律する商品先物取引法には、インサイダー取引規制を定めた明文の規定は存在しない。アメリカの商品先物市場を規律するCEAにも、Dodd-Frank法753条によりCEA 6条（c）が改正され商品先物市場における詐欺を一般的に禁止する規定が設けられる以前は、商品先物市場の監督機関であるCFTCの関係者やCFTCが監督する取引所と自主規制団体の関係者によるインサイダー取引を規制対象とする規定しかなく、CFTCも商品先物取引に関するインサイダー取引規制の強化を目的とする連邦議会の動きに強く抵抗していた。*See* Andrew Verstein, *Insider Trading in Commodities Markets*, 102 VA. L. REV. 447, 461-463 (2016). Dodd-Frank法による改正後のCEA 6条（c）（1）では1934年証券取引所法（Securities Exchange Act of 1934）10条（b）と同様の文言が用いられており、かつ、CFTCはCEA 6条（c）に基づき規則180.1を策定する際にSEC規則10b-5と同規則に関する判例法に依拠している。*See* James M. Blakemore, *New Things under the Sun: How the CFTC Is Using Virtual Currencies to Expand Its Jurisdiction*, 73 ARK. L. REV. 205, 246-247(2020). そして、CFTCは、証券に関するインサイダー取引規制の解釈（いわゆる不正流用理論）に基づき商品先物市場におけるインサイダー取引を積極的に摘発する姿勢を示している。松尾健一「米国商品先物取引におけるインサイダー取引規制の展開」川濱昇先生・前田雅弘先生・洲崎博史先生・北村雅史先生還暦記念『企業と法をめぐる現代的課題』（商事法務、2021年）560-561頁。See Douglas K. Yatter, Sohom Datta and Cameron J. Sinsheimer, *Insider Trading in Commodities Markets: An Evolving Enforcement Priority*, LATHAM & WATKINS CLIENT ALERT, https://www.lw.com/admin/upload/SiteAttachments/Alert%202827.v5.pdf (last visited at March 11, 2021). なお、CFTCは、CEA 6条（c）（1）の規制対象となる詐欺は、商品先物などの商品デリバティブ取引にとどまらず商品の現物取引に関するものも含まれると解しており、そのような解釈を支持する連邦巡回区控訴裁判所の裁判例も存在する。*See* Blakemore, *id.*, at 253-254.

13 なお、2023年7月4日に開催された「資本市場を考える会」（日本証券経済研究所）において、本稿と同じテーマについて講演する機会を得た。その内容は証券レビュー63巻8号（2023年）40頁以下に掲載されている。本稿は、資本市場法制研究会における報告を経て、上記の講演の内容を発展させたものである。

2　暗号資産に関するインサイダー取引規制の要否を検討するための視点

(1)　日本法の現状

　暗号資産は金商法のインサイダー取引規制の対象ではない。しかし、令和元年（2019年）の資金決済に関する法律（以下、「資金決済法」という。）の改正によって、暗号資産交換業者を対象とした暗号資産に関する重要な未公開情報の取扱いに関する規制が導入された。このような制度整備は、前述した報告書の提言に基づくものと思われる[14]。

　上記の規制の対象となる情報は「その取り扱う若しくは取り扱おうとする暗号資産又は当該暗号資産交換業者に関する重要な情報であって、利用者の暗号資産の売買又は他の暗号資産との交換に係る判断に影響を及ぼすと認められるもの（当該暗号資産交換業者の行う暗号資産交換業の全ての利用者が容易に知り得る状態に置かれている場合を

[14]　報告書12頁。なお、令和元年（2019年）の改正によって新設された金商法185条の22第1項1号によって、暗号資産に関するインサイダー取引が規制される可能性を指摘する見解もある。岸田雅雄監修『注釈金融商品取引法【改訂版】〔第4巻〕不公正取引規制』（きんざい、2020年）634-635頁［久保田安彦］。これに対して、金商法166条・167条に相当する規定が昭和63年の証券取引法の改正によって導入された理由は当時から存在した金商法157条に相当する規定では上場株式に関するインサイダー取引を規制できなかった点にあるから、金商法157条と同趣旨の規定である同法185条の22によって暗号資産に関するインサイダー取引を規制することの実現可能性に疑問が呈されている。首藤優「暗号資産のインサイダー取引」への金融商品取引法の対応に関する一考察」丸山秀平先生古稀記念論文集『商事立法における近時の発展と展望』（中央経済社、2021年）250頁。

除く。)」である（暗号資産交換業者に関する内閣府令（以下、「暗号資産交換業府令」という。）20条11号・23条１項６号）。その内容は資金決済法に基づく自主規制機関である日本暗号資産取引業協会（JVCEA）が定める「暗号資産交換業に係る暗号資産関係情報の管理体制の整備に関する規則」（以下、「暗号資産関係情報規則」という。）２条１項の定める「暗号資産関係情報」と実質的に等しい[15]。金融庁の事務ガイドライン（第三分冊：金融会社関係 16 暗号資産交換業者関係）（以下、「交換業ガイドライン」という。）でも、資金決済法に基づく規制に言及する際に、暗号資産関係情報という用語が用いられている（交換業ガイドラインⅡ-2-2-1-2（5））。そこで、以下では、暗号資産に関する重要な未公開情報の取扱いに関する規制を「暗号資産関係情報の取扱いに関する規制」と呼ぶ。

　暗号資産関係情報の取扱いに関する規制は、金商法の法人関係情報の取扱いに関する規制に相当するように思われる[16]。たとえば、資金決済法は暗号資産交換業者が自己又は第三者の利益を図ることを目的として暗号資産関係情報を第三者へ伝達すること又は利用することを

---

15 「暗号資産関係情報」とは「会員が取り扱う又は取り扱おうとする暗号資産又は当該会員に関する未公表（当該会員の行う取引の利用者（以下『利用者』という。）の全てが容易に知りうる状態に置かれていないことをいう。）の重要な情報であって、利用者の暗号資産の売買又は他の暗号資産との交換に係る判断に影響を及ぼすと認められるもの」である。

16 「法人関係情報」とは「法第163条第１項に規定する上場会社等の運営、業務又は財産に関する公表されていない重要な情報であって顧客の投資判断に影響を及ぼすと認められるもの並びに法第27条の２第１項に規定する公開買付け（同項本文の規定の適用を受ける場合に限る。）、これに準ずる株券等（同項に規定する株券等をいう。）の買集め及び法第27条の22の２第１項に規定する公開買付け（同項本文の規定の適用を受ける場合に限る。）の実施又は中止の決定（法第167条第２項ただし書に規定する基準に該当するものを除く。）に係る公表されていない情報」（金商業等府令１条４項14号）と定義されている。

禁止すると共に（資金決済法63条の9の3第4号、暗号資産交換業府令20条11号）、暗号資産関係情報を適切に管理するために必要な措置を講じることを義務付ける（資金決済法63条の10第1項、暗号資産交換業府令23条1項6号）[17]。暗号資産関係情報規則は、暗号資産交換業者の役職員は、利用者に対して暗号資産関係情報を提供又は利用して、暗号資産関連取引の勧誘をしてはならない旨を定める（暗号資産関係情報規則12条）。類似の規律は法人関係情報の取扱いに関する規制にも存在する（金商法38条9号・40条2号、金融商品取引業等に関する内閣府令（以下、「金商業等府令」という。）117条1項14号15号・123条1項5号、日本証券業協会・協会員における法人関係情報の管理態勢の整備に関する規則、同・法人関係情報管理規程（社内規程モデル））。

　法人関係情報の取扱いに関する規制は、金商法166条と167条のインサイダー取引規制と同じく、重要な未公開情報の保有者による取引を制限する効果を持つ[18]。したがって、暗号資産についても、暗号資産関係情報の取扱いに関する規則により、重要な未公開情報の保有者による取引が一定の範囲で規制されていることになる。しかし、暗号資

17　資金決済法及び暗号資産交換業府令に明文の定めがあるわけではないが、暗号資産交換業者が講じなければならない「暗号資産の交換等に係る不公正な行為の防止を図るために必要な措置」（金商業等府令23条2項4号）の対象には、「自己又は第三者の利益を図ることを目的として、当該暗号資産交換業者の取り扱う若しくは取り扱おうとする暗号資産又は当該暗号資産交換業者に関する暗号資産関係情報を利用した行為」が含まれると解されている（交換業ガイドラインⅡ-2-2-1-2（10）（注））。類似の規律はJVCEAの自主規制にも存在する（暗号資産交換業に係る不公正取引等の防止に関する規則8条）。

18　法人関係情報の取扱いに関する規制の趣旨には、金商法166条・167条の対象となるインサイダー取引の未然防止に加えて、情報の非対称性を利用した不公正な取引の防止が含まれ、後者の対象となる取引は前者よりも広いと解されている。大越有人＝岩井宏樹「法人関係情報に係る規制（上）」金法2214号（2023年）83-84頁。

産関係情報の取扱いに関する規則は暗号資産交換業者及びその役職員を規制対象とするものであるから、たとえば、暗号資産交換業者から暗号資産関係情報を受領した者はその対象に含まれない。暗号資産に関するインサイダー取引規制の要否を検討する場合には、規制によって達成しようとする目的を明らかにした上で、それが暗号資産関係情報の取扱いに関する規則では達成できないものであるかを論じる必要があると思われる。

(2) 暗号資産に関するインサイダー取引規制の対象となり得る行為

　暗号資産に関するインサイダー取引規制の要否を検討する際には、まず、暗号資産に関する取引や市場の特徴を理解する必要がある。諸外国で実際にインサイダー取引規制の対象とされている行為を分析することは、そのような理解の助けになると思われる[19]。

　たとえば、金融庁に設置された「デジタル・分散型金融への対応のあり方等に関する研究会」において、以下のように、アメリカで実際に暗号資産に関するインサイダー取引規制に違反する行為が摘発された事件（以下、「Coinbase 事件」という。）が紹介されている[20]。

　「2021年6月頃～2022年4月頃、Coinbase の社員であった Ishan は、Coinbase による暗号資産の上場発表の内容やタイミングに関する非公開情報を、Nikhil と Sameer に繰り返し伝達。Nikhil と Sameer

---

19　ただし、実際に諸外国で暗号資産に関するインサイダー取引規制の対象とされている行為のみを規制すれば規制の目的が達成できるとは限らない点に注意を要する。

20　「デジタル・分散型金融への対応のあり方等に関する研究会」（第9回・2023年4月21日開催）資料1事務局説明資料25-26頁。

はこの情報を利用して、複数の暗号資産を上場発表に先立って取引し、少なくとも110万米ドルの利益を得た。」

そして、Ishan らは、証券取引委員会（Securities and Exchange Commission, SEC）と司法省（Department of Justice, DOJ）により、連邦証券法の詐欺防止禁止規制違反と通信詐欺・通信詐欺の共謀を根拠に訴追された。訴追の内容はアメリカ法におけるインサイダー取引規制違反に相当する[21]。

Coinbase 事件において問題となった重要な未公開情報は、「暗号資産の上場」に関する情報であった。Coinbase は日本法の暗号資産交換

21　アメリカでは、資金決済法の暗号資産に相当するデジタル資産が連邦証券法の証券（securities）に該当するか否かという問題について SEC の解釈の是非を巡り様々な見解が主張されている。柳明昌「暗号資産の有価証券該当性――SEC の所説を中心として――」慶應義塾大学法学研究93巻6号（2020年）1頁、久保田安彦「米国におけるデジタル資産・暗号資産と証券規制」慶應法学48号（2022年）87頁以下。しかし、上記の問題はインサイダー取引規制の適用範囲との関係では重要性は大きくはないように思われる。確かに、連邦証券法のインサイダー取引規制は証券（securities）に関する取引のみを対象とするが、通信詐欺は証券以外の資産に関するインサイダー取引も規制対象とする。*See* Verstein, *supra* note 4, at 17.　また、CFTC はデジタル資産の中で virtual currency には CEA が適用されるとの立場をとり、実際にビットコインに関して様々な法執行活動を行っている。*See* Blakemore, *supra* note 12, at 205 note 1 ＆ 209-210.　CFTC の法執行活動の対象はビットコインと異なり先物取引が行われていない virtual currency に関する取引も含まれており、かつ、前述したように CFTC は現物取引に関する詐欺の摘発も権限の範囲内であると解している。*Id.,* at 240.　そのため、CFTC は virtual currency に関するインサイダー取引を摘発できる立場にあるとの指摘がなされている。*Id.,* at 255-256.　ただし、仮に Coinbase がその役職員に対して暗号資産に関する重要な未公開情報を私的に利用することを同意していた場合、Ishan らの行為はアメリカのインサイダー取引規制に抵触しない可能性がある。*See* John P. Anderson, Insider Trading and Cryptoassets: The Waters Just Got Muddier, 104 IOWA L. REV. ONLINE 120, 127-128 (2020). 本稿でアメリカのインサイダー取引規制の詳細を紹介することはできないが、情報源である Coinbase の同意がある場合には、その役職員による情報の利用は詐欺的な行為と評価されなくなる可能性がある。

業者に相当する事業者であり、暗号資産取引所（暗号資産取引プラットフォーム）を運営している。「暗号資産の上場」とは、暗号資産交換業者が運営する暗号資産取引所で暗号資産の取引が可能となることをいう。「暗号資産の上場」に関する情報は、日本法においても、暗号資産関係情報の取扱いに関する規制の対象になると思われる[22]。暗号資産の特徴は、証券会社や証券取引所のような中央集権的な管理者を介することなく、取引を行うことを可能にする点にある[23]。しかし、そのためには暗号資産の発行や取引に用いられる分散台帳やブロックチェーンのネットワークに直接参加し、かつ、暗号資産を取引するために必要な秘密鍵を自ら管理しなければならない。自ら秘密鍵を管理する者の間で暗号資産の取引を仲介する仕組みとして、分散型取引所（Decentralized Exchange, DEX）が存在する[24]。しかし、秘密鍵の管理や DEX の利用には技術に関する知見や経験が必要であるため、暗号資産の取引の参加者の範囲が限られる。これに対して暗号資産交換業者は、利用者が自ら秘密鍵を管理することなく暗号資産の取引等を行うことを可能にするサービスを提供している[25]。そして、Coinbaseのように著名な暗号資産取引所における取引が可能になると、潜在的な取引参加者の規模が拡大するため、暗号資産の価値に正の影響が生じるのである。

22　交換業ガイドラインⅡ-2-2-1-2（5）①（注）。
23　加藤貴仁「暗号資産の管理の委託と電子記録移転有価証券表示権利等の預託 ―トークンの管理を巡る顧客と業者の関係に関する試論」神田秀樹責任編集 ＝資本市場研究会編『企業法制の将来展望―資本市場制度の改革への提言 〔2022年度版〕』（2021年）134-135頁。
24　株式会社クニエ「分散型金融システムのトラストチェーンにおける技術リス クに関する研究―研究結果報告書」（2022年6月）7頁。
25　加藤・前掲注（23）139頁。

Ishan らが訴追された事件の他にも、Coinbase 事件と同じく、Coinbase による「暗号資産の上場」に関する未公開情報の保有者による取引が広く行われている可能性を指摘する研究が存在する。特に、そのような情報を何らかの手段で取得した者がその公開前に、DEX を利用して関連する暗号資産の取引を行う事例が多いとの分析がなされている[26]。

(3)　暗号資産に関するインサイダー取引規制の要否を検討するための視点

暗号資産に関するインサイダー取引規制を導入する際には、規制対象となる重要な未公開情報に基づく取引の一部をどのような方法で切り出すかが課題となる。同様の課題は上場株式等に関するインサイダー取引規制においても存在し、研究が蓄積されている[27]。上場株式等に関するインサイダー取引規制を対象とした先行研究は暗号資産に関するインサイダー取引規制の要否を検討する際にも有益な示唆を与えてくれることが期待されるが、上場株式等と暗号資産との間に存在する取引や市場の構造の差異にも注意を払う必要がある[28]。また、暗号

---

[26] Félez-Viñas, Ester and Johnson, Luke and Putnins, Talis J., Insider Trading in Cryptocurrency Markets (August 8, 2022). Available at SSRN: https://ssrn.com/abstract=4184367 or http://dx.doi.org/10.2139/ssrn.4184367.

[27] 最近では、重要な未公開情報に基づく取引が price accuracy と liquidity に与える影響を比較することで、そのような取引が社会にとって望ましいか否かを分析する枠組みが有力である。*See* Merritt B. Fox, Lawrence R. Glosten & Gabriel V. Rauterberg, Informed Trading and Its Regulation, 65 J. CORP. L. 817, 833 (2015).

[28] たとえば、証券市場におけるインサイダー取引規制の枠組みを用いて商品市場におけるインサイダー取引規制の要否を分析することの注意点を挙げる見解として、Verstein, *supra* note 12, at 492-493がある。

資産に関するインサイダー取引規制の対象とすべきか否かの判断に係る実質的な基準を明らかにすることができたとしても、日本の金商法のインサイダー取引規制の基本構造が、そのような基準に基づき具体的な規制対象を切り出すことの妨げとなり得る可能性がある。

　金商法166条のインサイダー取引規制の基本構造は、「重要事実」（金商法166条2項）と「会社関係者」（金商法166条1項）の組み合わせという手法により対象を確定するというものである。金商法167条のインサイダー取引規制の基本構造も同様である[29]。そして、このような基本構造が令和元年（2019年）の金商法改正に際して暗号資産に関するインサイダー取引規制を導入することの妨げになった可能性がある[30]。しかし、前述したように、暗号資産に関するインサイダー取引規制の導入が政策的に必要とされるのであれば、金商法のインサイダー取引規制とは異なる構造を採用して規制を導入することが選択肢から排除されるべきではないし、金商法のインサイダー取引規制の基本構造も見直すことも考えられる。

　そこで3では、金商法166条のインサイダー取引規制の基本構造に倣って暗号資産に関するインサイダー取引規制を構築する場合の課題を分析する。このような分析を通じて、暗号資産に関するインサイダー取引規制を導入するためには金商法166条のインサイダー取引規制の基本構造をどのように修正するべきかについて示唆を得ることが期待できる。また、上場株式等と比較した場合の暗号資産に関する取引や市場の特徴も明らかになるように思われる。そして、4では、上場

29　金商法167条のインサイダー取引規制は「公開買付け等の実施に関する事実又は公開買付け等の中止に関する事実」（金商法167条2項）と「公開買付者等関係者」（金商法167条1項）の組み合わせという手法により対象を確定する。
30　注（7）（8）とそれらの本文。

株式等に関するインサイダー取引規制の機能に関する議論を踏まえて、暗号資産に関するインサイダー取引規制の必要性を論じるための分析枠組みを提示することを試みる。

3　課題その1―金商法166条のインサイダー取引規制の基本構造の再検討

(1)　暗号資産に関する重要な未公開情報と「重要事実」

「暗号資産の上場」に関する情報は暗号資産の取引に関する投資判断に影響を与える情報であるが、暗号資産に関する重要な未公開情報はその他にも存在する。たとえば、①暗号資産の発行者に関する情報[31]、②報道機関による報道と一般事業者による暗号資産の取扱いに関する情報[32]、③規制及び法執行活動に関する情報[33]、④暗号資産取引所による決定に関する情報[34]、⑤暗号資産の取引に関する情報[35]、

---

[31] 暗号資産の発行者に関する情報として位置付けられているわけではないが、暗号資産の発行や取引に用いられているシステムの開発者が未公表の技術上の問題に基づき暗号資産の取引を行うこともインサイダー取引に該当すると評価されている。See Verstein, *supra* note 4, at 32-33.

[32] 後者の具体例として、SUBWAY や Microsoft のような著名な企業がビットコインによる支払いを受け入れるとの報道が挙げられている。

[33] 具体例として、2018年8月7日に SEC はビットコインの現物 ETF（Winklevoss ETF）の証券取引所への上場申請を認めないとの決定をしたが、同月4日にビットコインの価格のみ急落したことが挙げられている。

[34] 具体例として、Coinbase が Ethereum Classic を取扱う旨を公表した時にその価格は20%上昇したこと及び、Coinbase が Bitcoin Cash を取扱う旨を公表する前にその価格が大きく上昇したことが挙げられている。また、暗号資産の取引だけではなく暗号資産を原資産とするデリバティブ取引に関する決定も同様であるとの指摘がなされている。

に類型化する先行研究がある[36]。

　このように暗号資産に関する重要な未公開情報は様々であるが、投資判断に重要な影響を与える情報の多様性は上場株式等の有価証券についても存在するように思われる。暗号資産に関する重要な未公開情報に固有の特徴としては、以下の2点が挙げられるように思われる。

　第1に、暗号資産には様々な種類が存在するため、ある情報が重要な未公開情報に該当するか否かを類型的に判断することが困難になる。たとえば、暗号資産には有価証券の発行者に相当する主体が存在しない場合があるし、暗号資産の発行や取引とそれに用いられる分散台帳との関係も多様である[37]。

　第2に、暗号資産に関する開示規制が未成熟であるがゆえに、重要な未公開情報の範囲が広がっている可能性がある。たとえば、先行研究では、暗号資産の発行者に関する重要な未公開情報として、発行者と保有者との間で締結される lock up agreement の存否と内容が挙げられている[38]。一方、暗号資産に関する開示規制が整備されることにより、lock up agreement に関する情報が重要な未公開情報となる範囲が限定される可能性があるように思われる。

　暗号資産に関する重要な未公開情報の類型化の困難さは、それらを

35　具体例として、暗号資産についても大口取引の計画は市場価格に影響を与えることを挙げた上で、暗号資産に関するブロックチェーン上の記録の更新作業に関与する者（miner）や暗号資産取引所は大口取引の計画が公開される前にその存在を知ることができる地位にあるとの指摘がなされている。*See* Verstein, *supra* note 4, at 34-35.

36　Verstein, *supra* note 4, at 21-31.

37　分散台帳の種類に加えて、暗号資産の発行者が自ら分散台帳を開発又は管理するか、複数の分散台帳で取引可能となっているかも暗号資産の取引に異なる影響を与える可能性があるように思われる。

38　Verstein, *supra* note 4, at 22-24.

「重要事実」（金商法166条2項）のような形で法文上定めることが不可能であることを意味する。しかし、金商法のインサイダー取引規制における「重要事実」の定め方には批判的な見解が有力であることが想起されるべきである。「重要事実」の定め方は刑罰法規としてのインサイダー取引規制の構造上の制約と密接な関係がある[39]。これに対して、学説では「重要事実」の定め方に批判的な見解も有力であり、包括条項（金商法166条2項4号等）によって統一的に重要事実を定義するべきとの主張がなされている[40]。また、刑罰法規としてのインサイダー取引規制の構造上の制約を克服できないのであれば、刑事罰の対象とすべき取引類型と刑事罰の対象とする必要のない取引類型を区分することが試みられるべきであるように思われる[41]。

　金商法のインサイダー取引規制における「重要事実」の定め方に対する批判は、「重要事実」以外にも上場株式等に関する重要な未公開情報が存在することを前提としているように思われる。たとえば、前

39　横畠裕介『逐条解説　インサイダー取引規制と罰則』（商事法務研究会、1989年）17頁。金商法166条・167条に相当する規定を導入した昭和63年の証券取引法改正の立法作業の当初は、インサイダー取引規制の対象となる情報を個別列挙することは想定されていなかったようである。河本一郎「インサイダー取引規制をめぐる最近の諸問題」インベストメント48巻4号（1995年）3－4頁。

40　黒沼・前掲注（1）447-448頁。

41　前田雅弘「インサイダー取引規制のあり方」商事法務1907号（2010年）25頁。現在の金商法166条の基本構造に倣って刑罰法規として暗号資産に関するインサイダー取引規制を導入するためには、その対象となる情報を包括条項に加えて可能な限り個別列挙する必要があり、それを可能とするためには時間がかかるとの指摘がある。首藤・前掲注（14）251頁。ただし、暗号資産に関するインサイダー取引規制の対象となる情報を個別列挙するためには暗号資産に関する重要な未公開情報の類型化が必要であるが、それを困難としている理由の中には暗号資産の種類の多様性など経験の蓄積により困難さが解消するとはいえないものも含まれているように思われる。

述した法人関係情報の取扱いに関する規制やフェア・ディスクロージャー・ルール（金商法27条の36）等、金商法には同法166条・167条のインサイダー取引規制と密接な関係を有する他の制度が存在するが、その対象となる情報の範囲は「重要事実」よりも広い[42]。ただし、金商法166条・167条のインサイダー取引規制を重要な未公開情報の取扱いに関する規制を構成する要素の１つとして位置付けた場合、前者の重要性は他の諸制度との役割分担によって変化し得るように思われる。また、有価証券報告書等の継続開示は重要な未公開情報の開示を含むのであるから、開示規制一般と金商法166条・167条のインサイダー取引規制にも一定の関係があることは否定できない。刑罰法規としてのインサイダー取引規制の対象が「重要事実」によって限定されていることの是非は、重要な未公開情報の取扱いに関する規制の全体構造を踏まえて評価されるべきであるように思われる[43]。

　このような視点は暗号資産に関するインサイダー取引規制の要否を検討する際にも有用であると考える。すなわち、暗号資産に関する重要な未公開情報の取扱いに関する規制の全体構造を踏まえた上でインサイダー取引規制の対象とする必要のある情報の範囲を検討すること

---

[42] 神崎ほか・前掲注（１）1284頁、黒沼・前掲注（１）183頁・588頁、松尾直彦『金融商品取引法〔第７版〕』（商事法務、2023年）181頁・515頁。なお、法人関係情報の範囲が「重要事実」よりも広いと解するべき根拠として「著しい影響」（金商法166条２項４号14号）が要件とされていない等の文言の差異を挙げることが一般的であるが、注（18）で言及したように法人関係情報の取扱いに関する規制の趣旨は金商法166条・167条のインサイダー取引の未然防止に限らない点を根拠とするべきとの見解もある。大越＝岩井・前掲注（18）84頁。

[43] たとえば、重要な未公開情報の取扱いに関する規制に何らかの問題が見つかった場合に、その解決の手法として、金商法166条・167条のインサイダー取引規制以外の諸制度の見直しによる対応の方が合理的な場合もあり得る。

が望ましいということである。たとえば、暗号資産については開示規制が未整備であるからこそ、あるいは、多種多様な暗号資産を対象とする開示規制の構築は困難であるからこそ、インサイダー取引規制の役割が高まるという評価も成り立ち得るように思われる。

(2)　暗号資産の発行者の関係者と「会社関係者」

　「会社関係者」（金商法166条 1 項）は金商法166条のインサイダー取引規制の名宛人である。より正確にいえば、「会社関係者」が「重要事実」を金商法166条 1 項各号の定める方法により知った場合のみ、同項のインサイダー取引規制が適用される。また、「会社関係者」が規制の名宛人とされていることは、同項のインサイダー取引規制における「重要事実」の範囲にも影響を与えているように思われる。なぜなら、金商法166条のインサイダー取引規制の対象である「重要事実」の大半は会社内部の情報であるため、その管理者である「会社関係者」が名宛人とされているという評価もあり得るように思われる。金商法167条の存在は上場会社の株式に関する重要な未公開情報は「重要事実」に限らないことを示しているし、「会社関係者」や「公開買付者等関係者」（金商法167条 1 項）を名宛人とするインサイダー取引規制では対処が難しい重要な未公開情報が他にも存在するように思われる[44]。

　このような金商法166条のインサイダー取引規制における「会社関係者」と「重要事実」の関係は、同様の枠組みに従って暗号資産に関

44　黒沼・前掲注（ 1 ）472-473頁。そのような情報の具体例として、政策金利の変更や機関投資家による特定銘柄の売買の決定のように市場の需給関係に影響を与える情報（マーケットインフォメーション）が挙げられる。

するインサイダー取引規制を構築する際にも影響を及ぼす可能性がある。誰を暗号資産に関するインサイダー取引規制の名宛人とするべきかを考えることは、規制の対象とするべき重要な未公開情報の類型によって異なる可能性があるように思われる。このことは、仮に暗号資産に発行者が存在する場合であっても、「会社関係者」に相当する「暗号資産の発行者の関係者」を名宛人として暗号資産に関するインサイダー取引規制を構築することが難しい場合が存在し得ることを示している。

　暗号資産については、株式における上場会社のような発行者が明確な形で存在することもあれば存在しないこともある[45]。そして、形式的に暗号資産の発行者が存在するとしても、その存在が暗号資産の価値に与える影響は様々である点に注意が必要である。なぜなら、暗号資産については、有価証券の発行者が担っている機能の一部がスマートコントラクトによって代替されているからである。スマートコントラクトとは分散台帳又はブロックチェーン上で動作するプログラムであり、予め定めた一定の条件を満たす場合に自動的に台帳に記載されていた情報の更新が行われる[46]。また、資金調達を目的として暗号資

---

[45] 暗号資産の中には、ビットコイン（Bitcoin）のようにマイニングによって生成されるため発行者が存在しないことが明らかなものもあれば、リップル（XBR）のように明確な発行者が存在するものも存在する。一方、イーサ（Ether）については、ビットコイン（Bitcoin）と同じく明確な発行者は存在しないが、イーサリアム財団というイーサ（Ether）の仕様に一定の影響力を与える主体の存在をその特徴として挙げることができる。加藤・前掲注（5）168頁注（29）。

[46] 加藤貴仁「トークンとトークン化された権利の距離—金融商品取引法の『有価証券』のトークン化（STO）の現在地」神田秀樹責任編集＝資本市場研究会編『企業法制の将来展望—資本市場制度の改革への提言〔2023年度版〕』（2022年）360頁、野口香織編著『Web 3 への法務 Q&A』（きんざい、2022年）30頁。

産が発行される場合には暗号資産の発行者が存在すると思われるが、その後、暗号資産の発行者が担ってきた機能がスマートコントラクトに基づく DAO（Decentralized Autonomous Organization）等によって担われることもあり得る[47]。

　暗号資産の発行者と暗号資産の価値の関係の多様性は、暗号資産に関する重要な未公開情報の中で発行者及びその関係者が管理する情報が占める割合も多様であることを示している[48]。そのため暗号資産に関するインサイダー取引規制の要否を検討する際には、「暗号資産の発行者の関係者」以外を名宛人とする選択肢も排除されるべきではな

47　たとえば、Maker Foundation は暗号資産型ステーブルコインである DAI の開発に深く関与していたが、現在では解散し、MakerDAO による管理に移行している。株式会社クニエ・前掲注（24）51頁。

48　たとえば、注（32）で挙げたように、「SUBWAY や Microsoft のような著名な企業がビットコインによる支払いを受け入れるとの報道」はビットコインの市場価格に正の影響を与える可能性があり、重要な未公開情報に該当すると思われる。この事例は、暗号資産の用途の拡大に関する情報は重要な未公開情報に該当する可能性があると一般化できる。そして、暗号資産については、その用途（利用価値）の拡大が発行者の関与しない形で行われる可能性を特徴として挙げることができるように思われる。ビットコインは発行者の存在しない暗号資産であるが、暗号資産の移転が発行者の関与なく行われる場合には、財やサービスの提供者が、暗号資産の発行者の同意を得ることなく、対価として暗号資産を取り扱うことを決定できるからである。なお、暗号資産を対価として取り扱う事業者が提供する財やサービスの価値の上昇に伴い暗号資産の価値が上昇するという事例（たとえば、暗号資産を利用可能なプラットフォームにおいて新しいゲームが追加等されたことにより暗号資産の市場価格が上昇する事例）も考えられる。ただし、類似の事例は暗号資産に限らないように思われる。たとえば、上場会社 2 社（A 社と B 社）の間に取引関係がある場合、B 社の経営方針の変更は、それが A 社の関与なく行われた場合でも、A 社の企業価値に影響を与える可能性がある。この場合、B 社の経営方針の変更は B 社株式について重要な未公開情報に該当するが、A 社株式に関するインサイダー取引規制における取扱いが問題となり得る。たとえば、B 社の経営方針の変更が公開される前に B 社の役職員が A 社株式の取引を行うことは、注（10）で紹介した Shadow Trading に該当するように思われる。

い。たとえば、2 (2)で紹介した Coinbase 事件を踏まえると、「暗号資産交換業者の関係者」を対象とインサイダー取引規制の構築が考えられる。この場合、資金決済法に基づく暗号資産関係情報の取扱いに関する規制の強化という目的を達成する手段として暗号資産に関するインサイダー取引規制を導入するという位置付けになるが、このような理由付けが従来の金商法のインサイダー取引規制の趣旨と整合的に説明できるかが問題となり得る。

　一方、暗号資産に関する重要な未公開情報の中には、暗号資産に関するインサイダー取引規制の名宛人を想定することが困難な類型も存在する。たとえば、暗号資産の発行や取引に用いられるスマートコントラクトは分散台帳又はブロックチェーンに記録されたプログラムであるから、暗号資産の価値は分散台帳又はブロックチェーンの仕様（プロトコル）の変更等の技術に関する情報の影響を受ける[49]。このような仕様の変更が中央集権的ではなく分権的に行われる場合、このような情報の管理者を特定することが難しくなるように思われる[50]。

(3)　小括―金商法のインサイダー取引規制の基本構造の合理性

　1 で述べたように、令和元年（2019年）の金商法改正により暗号資産に関するインサイダー取引規制の導入が見送られた背景には、金商

---

[49]　Verstein, *supra* note 4, at 34-35.
[50]　「分権的に」とは、分散台帳又はブロックチェーンの開発・管理に参加する技術者のコミュニティの間で仕様の変更が議論される形及びパブリック型分散台帳又はブロックチェーンのマイナー（暗号資産の移転の認証プロセスに参加することで新たな暗号資産を報酬として得る者）が上記のコミュニティによって提案された仕様の変更を受け入れるか否かを個別的に判断していく過程を想定している。

法のインサイダー取引規制の基本構造が存在した可能性がある。しか
し、金商法166条のインサイダー取引規制については、「重要事実」の
定め方や「会社関係者」以外の者を主たる規制の名宛人とすることが
望ましい場合の存在等、様々な課題が指摘されていた。そして、3の
検討により、課題として既に指摘されていた問題が暗号資産に関する
インサイダー取引規制の妨げとなっていることが明らかになったと考
える。

　金商法166条のインサイダー取引規制については、適用範囲の必要
十分性（規制されるべき取引が過不足なくカバーされていること）よ
りも、規制の予測可能性（投資者側にとってある取引の規制の対象か
どうかが明確に判断できること）と規制の運用可能性（規制を行う側
にとって規制が運用可能であること）が重視されているとの指摘があ
る[51]。同条が刑罰法規である以上、この点はやむを得ないのかもしれ
ない。しかし、その結果として、重要な未公開情報の取扱いに関する
規制における同条の役割は限定されることになる。ただし、金商法
166条のインサイダー取引規制の役割の拡大の要否を考える際には、
重要な未公開情報の取扱いに関する規制を構成するその他の規制との
役割分担を考える必要がある点に注意が必要である。

　暗号資産について重要な未公開情報の保有者による取引の一部を規
制する必要性が認められる場合、金商法166条のインサイダー取引規
制の基本構造の継受を前提とすれば、令和元年（2019年）の金商法改

51　前田・前掲注（41）25-26頁。一方、「世界のインサイダー取引規制の大勢は、
　法令では構成要件を抽象的に規定するにとどめ、行政措置や裁判を通じてそ
　の解釈を明らかにする立法形式と法運用が行われている。」との指摘がある。
　松尾・前掲注（42）667頁。すなわち、日本以外の多くの国では本文で挙げた
　適用範囲の必要十分性が重視されているということになる。

正と同じく、立法技術上の理由で制度の導入が見送られる可能性がある。しかし、金商法166条のインサイダー取引規制の基本構造自体に見直しの余地があるのだから、そのような前提がとられるべきではない。また、暗号資産についても、上場株式等と同じく、重要な未公開情報の取扱いに関する規制の全体像を意識した上でインサイダー取引規制の要否が検討されるべきである。別の言い方をすれば、インサイダー取引規制の機能とその限界を意識した上で、他の規制との組み合わせも考えつつ暗号資産に関するインサイダー取引規制の要否を検討することが望ましいということである。

4　課題その2─暗号資産に関するインサイダー取引規制の要否及び対象を判断するための基準

(1)　インサイダー取引規制の機能に着目することの重要性

　暗号資産に関するインサイダー取引規制は、暗号資産に関する重要な未公開情報の保有者による取引を一定の範囲で制限することを内容とする。暗号資産に関するインサイダー取引規制を導入するべきか、また、どのような取引をその対象とするべきかを検討する際に、そのような取引の制限によって生じることが期待される社会的な便益を明らかにする作業が必要となる。本稿では、このような作業を金商法のインサイダー取引規制の機能の確認を通して行うことを試みる。重要な未公開情報の保有者による取引を一定の範囲で制限するという点で、

金商法のインサイダー取引規制と暗号資産に関するインサイダー取引規制はその内容が共通するからである。

　ところで、判例（最判平成11年 6 月10日刑集53巻 5 号415頁）は金商法166条のインサイダー取引規制は「証券市場の公正性、健全性に対する一般投資家の信頼を確保する」ことを目的とするものと解している。すなわち、「証券市場の公正性、健全性に対する一般投資家の信頼を確保する」ことが金商法のインサイダー取引規制の機能として期待されているということである。しかし、このような抽象的な説明では、上場株式等に関するインサイダー取引規制についてすら、その必要性や現行法の合理性を基礎付ける理由としては不十分であるように思われる。また、金商法166条のインサイダー取引規制は上場株式等に関する重要な未公開情報の取扱いに関する規制の一要素であることを踏まえると、同条だけではなく法人関係情報の取扱いに関する規制や短期売買利益の返還義務（金商法164条）等の関連する規制を含めて、重要な未公開情報の保有者による取引を一定の範囲で制限することの意義を検討対象とすることが望ましいと思われる。

　このような観点からは、上場株式等に関するインサイダー取引規制の機能を理論的に分析した先行研究から有益な示唆を得ることが期待できる。ただし、本稿の目的は、上場株式等に関するインサイダー取引規制の機能を論じることではない。そこで本稿では、上場株式等に関するインサイダー取引規制の機能に関する様々な見解をメタ的に分析した藤田友敬教授の研究に依拠することにする[52]。そして、そこで提示された視点を用いて暗号資産に関するインサイダー取引規制の要

52　藤田・前掲注（ 1 ）の文献。

否を分析することを試みる。

(2) 上場株式に関するインサイダー取引規制の機能を分析するための視点

① 2つの視点

　藤田教授の研究では、まず、竹内昭夫教授の研究を引用し、インサイダー取引には2つの側面があることが説明されている[53]。

　「第一は、そのような行為が、一般投資家に対する詐欺的な行為であるという点である。発行会社の役員は、少なくとも実質的には、全株主に対し受任者（fiduciary）の地位にあり、もっぱらその利益の実現を図る立場に立つ。それが職務上知り得た情報を利用して私利を図るということは、委任者たる株主に対する裏切りである。会社、実質的にいえば株主全体から、合理的な報酬を得ながら、他方において株主をだますことによって『役得』を得ようとするのは、経営者としての最も基本的な倫理に反する。したがって、これを取締役の忠実義務違反として法的にも規制する必要がある。第二は、もしこのような行為が野放しにされるとすれば、証券取引の公正に対する大衆投資家の信頼は、一挙に崩壊することになる。内部情報という決定的に有利な武器を自由に使える者と、それを持たない一般投資家が証券市場において勝負しようなどということは、まさに、インチキとわかっている賭博をすることであって、ナンセンスの一語に尽きる。その意味で、証券市場における取引の公正さを確保し、一般投資家のそれに対する信頼をつなぎとめるという政策的

53　藤田・前掲注（1）577頁。

目的のためにも、内部者取引の規制は、不可欠なものというべきである。」[54]

　そして、竹内教授によって示されたインサイダー取引には 2 つの側面があるという考え方を精緻化し、インサイダー取引及びインサイダー取引規制の機能を分析するための 2 つの視点が提示される。それは市場的アプローチ（「内部者取引を市場の秩序あるいは投資家の保護等といった市場のあり方との関係で理解する見方」）と契約的アプローチ（「私的情報へのアクセスを許された者とその者にアクセスを許した者との関係に着目するもの」）である[55]。藤田教授は、「2 つのアプローチは、次元の異なる側面を問題としているのであるから、互いに相容れない性格のものではないし、『あれかこれか』という二者択一の関係にあるものではない」ことを強調する[56]。別の言い方をすれば、インサイダー取引には 2 つの側面があることを踏まえると、規制の機能にも 2 つの側面があるということではないかと考える。

　市場的アプローチと契約的アプローチは、インサイダー取引規制の機能を分析するための視点であるが、その有用性は金商法のインサイダー取引規制の分析においても示されている。たとえば、「現行の証券取引法に含まれている規定の中にすら市場的アプローチからは説明しにくく、むしろ明らかに契約的アプローチになじむものがあると思われるが（たとえば証取164条、165条。…）、内部者取引をめぐるそれ以外の法的ルール（たとえば民事賠償）について考える場合には、こちらの観点からの論理も十分つめておくことが必要である。」との指

54　竹内昭夫「内部者取引」『会社法の理論 I 』（有斐閣、1984年）（初出、証券研究41巻（1975年））311頁。
55　藤田・前掲注（ 1 ）578-580頁。
56　藤田・前掲注（ 1 ）580頁。

摘や[57]、現行法のインサイダー取引規制の対象の切り出し方（特に重要な未公開情報を「何らかの特別な地位にあることによって得た」か否かに着目して「会社関係者」と「公開買付関係者」を定めること）は契約的アプローチと整合的な部分もあるが契約的アプローチでは情報受領者の規制の説明が難しいとの指摘は[58]、証券取引法を受け継いだ金商法のインサイダー取引規制にも市場的アプローチと契約的アプローチの双方の要素が含まれていることを示しているように思われる。以下では、まず、市場的アプローチと契約的アプローチにより上場株式等のインサイダー取引規制の機能がどのように分析されるのか、その概略を順に紹介する。

② **市場的アプローチによる分析**[59]

　市場的アプローチによる分析は、「市場の特質の違い、問題となりうる情報の性格の違い、未公開情報を利用した取引の与える影響の違いなどの要素を取り込む余地のある、より機能的な説明が試みられる必要がある」との問題意識に基づき、インサイダー取引が市場の情報効率性と流動性に与える影響に着目する。

　第1に市場の情報効率性の観点からの分析について、まず、インサイダー取引は重要な未公開情報を市場価格に反映させることを根拠にインサイダー取引を正当化する主張があるが、この主張が成り立つ範囲は狭いことが明らかにされている。その理由として、ある取引が重要な未公開情報の保有者によるものであるかを市場参加者が分からない場合にはインサイダー取引によって重要な未公開情報が素早く市場

57　藤田・前掲注（1）580-581頁。
58　藤田・前掲注（1）607-608頁。
59　藤田・前掲注（1）583-591頁。

価格に反映されるとは限らないこと、自己に有利な時期を見計らってインサイダー取引が行われため情報開示が遅れる可能性があること、等が挙げられている。また、インサイダー取引が自由に行われることは証券アナリスト等が上場株式等の価値の分析等から得ることができる期待収益を引き下げるため、情報生産活動のインセンティブが抑止される。証券アナリスト等による情報生産活動が停滞すれば、上場株式等の本源的価値と市場価格の乖離が放置される場合が多くなり、結果として、市場の情報効率性が損なわれること説明される。

　第2に市場の流動性の観点からの分析について、重要な未公開情報の保有者が取引相手となる可能性が存在する場合、重要な未公開情報を保有しない者は売りの指し値を上げ、買いの付け値を下げるため両者のスプレッドが広がり、取引量が減少する可能性が示される。重要な未公開情報の保有者との取引は自分よりも情報優位な者との取引であるから、重要な未公開情報を保有しない者にとって不利益な取引となる。取引相手が重要な未公開情報の保有者であるかは分からないことが通常であるから、重要な未公開情報を保有しない者は、そのような不利益な取引によって被る損失を限定するために、一般的に売りの指し値を上げ、買いの付け値を下げるという行動をとる。その結果、市場で成立する取引の量が抑えられることになる。

　このようにインサイダー取引は市場の情報効率性と流動性の双方に悪影響を与えるために、インサイダー取引規制には合理性が認められる。しかし、市場の情報効率性と流動性への悪影響は、重要な未公開情報の保有者による取引一般に共通するため、そのような取引の中からインサイダー取引規制の対象を切り出すための具体的な基準となりにくい側面がある[60]。

③　契約的アプローチによる分析[61]

　「私的情報へのアクセスを許された者とその者にアクセスを許した者との関係」は、証券発行会社の内部情報に関する関係と発行会社の内部情報以外の情報に関する関係に分けられる。前者の関係の具体例として、発行会社とその役員・従業員、公認会計士、弁護士等との関係が挙げられている。後者の関係の具体例として、公開買付けに関連する情報について公開買付け等を行おうとする会社とその役員・従業員、公認会計士、弁護士等との関係が、公的機関による検査によって得られた情報等について規制当局（あるいは国）と検査担当者との関係が挙げられている。

　契約的アプローチによる分析は、インサイダー取引が「私的情報へのアクセス…を許した者」に与える影響に着目する。「私的情報へのアクセス…を許した者」とは、「問題の情報の利用・処分について本来権利を有する者」である。そして、多くの場合、インサイダー取引は「私的情報へのアクセス…を許した者」に何らの利益をもたらさないものであることが明らかにされる。証券発行会社の内部情報については、インサイダー取引を情報の伝達手段や報酬として正当化する著名な主張がある。これに対して、会社及び株主利益の観点からは、通常、そのような目的を達成するための手段としてインサイダー取引よりも他の手段の方が望ましいことが示される[62]。また、インサイダー

60　ただし、市場的アプローチによる分析からもインサイダー取引規制の対象とすべき取引について幾つかの重要な示唆が得られる。たとえば、インサイダー取引が証券アナリスト等による情報生産活動のインセンティブの負の影響を与えることを妨げるためには、「より確実性の高い情報を容易に取得できる立場にある者の取引」を規制対象とするべきであるとの示唆が得られる。藤田・前掲注（1）586-587頁。

61　藤田・前掲注（1）591-605頁。

取引を認めることによって、役員・従業員に会社及び株主にとって望ましくはない行動をとるインセンティブが発生する可能性が指摘されている[63]。

「私的情報へのアクセスを許された者とその者にアクセスを許した者との関係」は私的な関係であるから、私的情報の取扱いは両者の合意によって定められるべき事項であることが出発点となる。インサイダー取引規制は、このような私的な関係に対して実効的なエンフォースメントの手段を提供するという点に意義が認められる可能性がある。インサイダー取引は「私的情報へのアクセス…を許した者」に利益をもたらさず、かつ、私的な手段によるエンフォースメントが実効性を欠く場合には、公的なエンフォースメントによる補完が合理性を有するということである[64]。

ただし、実際のインサイダー取引規制は、「私的情報へのアクセスを許された者とその者にアクセスを許した者との関係」との合意内容を公的なエンフォースメントの対象としているわけではない。インサイダー取引規制は「私的情報へのアクセス…を許した者」が公的なエ

62　インサイダー取引は、情報漏洩の危険（重要な未公開情報の取扱いについて役員・従業員と会社との間に利益相反が存在）と報酬の透明性の問題（株主は役員・従業員による努力の成果と報酬が見合っているかを確認困難）があり、会社及び株主の利益を害する可能性がある。

63　たとえば、インサイダー取引を報酬として認めた場合、役員は空売りにより「報酬」を得ることも可能になる。

64　私的なエンフォースメントに対する公的なエンフォースメントの優位性について、インサイダー取引規制の公的なエンフォースメントでは「専門的な知識を有する者が市場でおかしな値動きをしている銘柄がないかを絶えずチェックし発見・特定するという手法」が用いられるが、多くの場合、このような手法を「私的情報へのアクセス…を許した者」が各自に行うことは費用に見合った便益が期待できないし、かつ、各自が個別的に行うことは無用の重複となるとの説明がなされている。藤田・前掲注（1）600頁。

ンフォースメントを望んでいるか否かに拘わらず適用される。すなわ
ち、契約的アプローチによる分析からは「私的情報へのアクセスを許
された者とその者にアクセスを許した者との関係」の合意によってイ
ンサイダー取引規制の適用を排除できないことの説明が難しい場合が
あり得るということである[65]。

(3) 暗号資産の市場においてインサイダー取引規制に期待される機能

① 分析の視点

　上場株式等に関するインサイダー取引規制と比べると暗号資産に関
するインサイダー取引規制の要否の分析は活発とはいえないが、本稿
と同じく、前者の研究成果を踏まえて後者の規制の要否を判断するた
めの2つの基準を提示する先行研究が存在する[66]。2つの基準とは、
①重要な未公開情報の保有者による取引に制約がないことによって市
場の流動性に悪影響が生じるか、②重要な未公開情報の保有者による
取引によって損失を被った者に対する救済が私法上の救済手段のみで
不十分であり公的なエンフォースメントによる補完が合理的といえる
か、に整理できる。上記の先行研究では、暗号資産の市場は②の基準
を充足できることを示唆しつつ、①の基準の充足は重要な未公開情報
の保有者と取引する可能性のある当事者の行動次第であると評価され

---

[65] なお、証券発行会社の内部者（役員や従業員）が行う取引について、定款の
定めに基づきインサイダー取引を解禁することは、会社法の強行法規性につ
いて取締役の忠実義務も定款自治に委ねるという立場をとらない限り、許さ
れないと解されている。一方、その他の主体が行う取引について、「私的情
報へのアクセス…を許した者」がインサイダー取引を容認する場面は想定し
にくいとの説明がなされている。藤田・前掲注（1）600頁。

[66] Verstein, *supra* note 4, at 51-58.

ている[67]。

　市場的アプローチと契約的アプローチにより上場株式等のインサイ
ダー取引規制の機能を分析することからも、上記の先行研究と類似の
示唆を得ることができるように思われる。基準①は市場的アプローチ
による規制の必要性の分析に類似している[68]。基準②は、インサイ
ダー取引規制の機能を公的なエンフォースメントに求めるという点で、
契約的アプローチによる分析と重なる部分がある[69]。

　しかし、市場的アプローチと契約的アプローチは上場株式等に関す
るインサイダー取引規制の機能を理解するための分析枠組みであり、
それを用いて暗号資産に関するインサイダー取引規制の要否を分析す
るためには、上場株式等と異なる暗号資産の取引や市場の特徴を踏ま
える必要がある。以下では、市場的アプローチと契約的アプローチに
よる上場株式等に関するインサイダー取引規制の機能の分析から得ら
れた知見を用いて、暗号資産に関するインサイダー取引規制の要否を

67　*Id.,* at 55, 57-58.
68　基準①として最初に市場の流動性の影響の有無と程度によってインサイダー
　　取引規制の要否が判断され、その後、市場の流動性に悪影響が生じる場合で
　　もその費用を上回る便益（重要な未公開情報の保有者による取引が市場の情
　　報効率性に与える正の影響）が生じる取引類型をインサイダー取引規制の対
　　象から外すといった調整がなされることが想定されている。その理由として、
　　インサイダー取引が市場の情報効率性に与える影響は取引の類型ごとに異な
　　るのに対して、重要な未公開情報の保有者と取引する者にとって相手方がど
　　のような経路で情報を入手したかは重要ではないから市場の流動性への影響
　　は取引の類型を問わず一般的に生じる点が挙げられている。*Id.,* at 53-54,
　　55.
69　基準②の充足の有無を判断する際の具体的な要素として、救済を得るために
　　専門的な知識が必要であるか、1つの資産クラスとして評価した場合の規模
　　は大きいが各人が保有する資産の規模が小さいため個別的なエンフォースメ
　　ントを期待できないか、が挙げられている。*Id.,* at 56. なお、私法上の救済
　　の実体法上の根拠として契約法に言及があるが、その詳細は分析されていな
　　い。

検討することを試みる。

② 市場的アプローチから得られた知見を用いた分析

　株式のような本源的価値を観念しにくい暗号資産については市場の流動性が暗号資産の価値に与える影響が大きいと思われる[70]。したがって、インサイダー取引規制により市場の流動性に正の影響が生じることは、暗号資産の市場の活性化に繋がる可能性がある。しかし、このような可能性が現実のものとなるかは、暗号資産の市場の参加者が重要な未公開情報の保有者、すなわち、情報優位にある者との取引により不利益を被る可能性をどの程度深刻なものと認識しているかによって決まる。それほど深刻であるとの認識が存在しないのであれば、インサイダー取引規制の存在により重要な未公開情報の保有者以外の参加者の行動が変化し、市場の流動性に正の影響が生じることは期待できないように思われる。これに対して、暗号資産の市場の参加者の裾野を拡大することが政策目的とされる場合には、インサイダー取引規制はその目的を達成する手段として正当化できる可能性がある[71]。

　暗号資産の市場の参加者の裾野を拡大する手段としてインサイダー取引規制を位置付けることは市場的アプローチによる分析と整合的ではあるが、具体的な制度設計を考える際には、暗号資産とその市場の特殊性が幾つかの課題を生じさせるように思われる。

70　もちろん、暗号資産と引き換えに発行者又は第三者から財やサービスの提供を受けることができる仕組みが存在する場合、そのような暗号資産の市場価格には暗号資産の利用価値が反映されているという意味で一定の裏付けが存在するとの評価もあり得る。しかし、暗号資産の利用価値を金銭的に評価する手法が確立していない状況では、そのような価値が暗号資産の市場価格の形成に与える影響は限定されるのではなかろうか。その結果、暗号資産の市場価格の形成において、市場参加者の規模や取引の成立可能性等の市場の流動性に関する要素が占める割合が大きくなるように思われる。

　第1に、暗号資産には多種多様なものが含まれるが、その全てについて市場参加者の裾野を拡大することの合理性が問題となる。一方、金商法のインサイダー取引規制の対象となる有価証券は上場株式等に限定されている。暗号資産に関するインサイダー取引規制においても「上場された暗号資産」に対象を限定することが考えられるが、次に述べるように、株式の上場と「暗号資産の上場」の意味は大きく異なる点に注意が必要である。

　第2に、暗号資産の市場は各暗号資産交換業者が運営する暗号資産取引所（市場）から構成されているため、中央集権化の程度は高くはない[72]。そのため、「暗号資産の上場」、すなわち、ある暗号資産交換業者が暗号資産を取り扱っていることの意味が証券取引所への株式の上場と大きく異なる。また、暗号資産には DEX も存在するため、参加者の裾野の拡大が社会にとって便益をもたらす「市場」を確定することが難しいように思われる[73]。

③　契約的アプローチから得られた知見を用いた分析

　契約的アプローチから得られた知見に基づき暗号資産に関するインサイダー取引規制の要否の分析を試みる場合にも、暗号資産とその市

---

[71]　ある市場への一般人の参加が望ましいと評価される場合、そのことによってインサイダー取引規制の必要性が基礎付けられる可能性がある。逆に一般人の参加を政策的に促す必要性が低い市場ではインサイダー取引規制は不要であると評価される可能性がある。この点に関連して、たとえば、外国為替市場にインサイダー取引規制が存在しない理由として一般投資家の参加を前提としない点が挙げられている。黒沼・前掲注（1）429頁。また、商品市場には証券市場のようなインサイダー取引規制は不要であるとする主張の根拠として商品市場の参加者の大半をプロが占めることが挙げられてきたが、一般投資家の参加は増えているし、投資信託などの間接投資を含めればその割合は更に増加することが指摘されている。*See* Verstein, *supra* note 12, at 482-483.

場の特殊性から生じる課題に直面する。

　たとえば、契約的アプローチでは、「私的情報へのアクセスを許された者とその者にアクセスを許した者との関係」において、公的なエンフォースメントによって後者の利益を保護する点にインサイダー取引規制の意義が求められているように思われる。しかし、公的なエンフォースメントには費用がかかるから、暗号資産に関する「私的情報へのアクセスを許された者とその者にアクセスを許した者との関係」の全てを対象とすることは難しい。したがって、「私的情報へのアク

72　「暗号資産取引所」とは実務上の用語であり法令上の用語ではない。資金決済法の暗号資産交換業の定義の中で、「暗号資産取引所」として提供されているサービスは「前号に掲げる行為［暗号資産の売買又は他の暗号資産との交換］の媒介、取次ぎ又は代理」（資金決済法2条15項2号）に含まれると思われる。そして、「暗号資産交換業者が、その行う暗号資産の交換等について暗号資産交換業の利用者に複数の取引の方法を提供する場合には」、「利用者の暗号資産の交換等に係る注文について、暗号資産の種類ごとに、最良の取引の条件で執行するための方針及び方法を定めて公表し、かつ、実施する措置」を講じなければならない（暗号資産交換業府令23条2項2号イ）。「暗号資産の交換等について暗号資産交換業の利用者に複数の取引の方法を提供する場合」の中には「利用者から暗号資産の売買又は他の暗号資産との交換の取次ぎに係る委託を受けて行う取引を提供する場合において、複数の取次先が存在するとき」が含まれる（交換業ガイドラインⅡ-2-2-1-2（8）（注））。しかし、著名な暗号資産交換業者は、そもそも利用者からの注文を別の暗号資産交換業者に回送するというサービスの提供を行っていないように思われる。たとえば、GMOコインの「最良執行方針」では「当社では、他の暗号資産交換業者へのご注文の取次等を行っておりません。」と明記されている（https://coin.z.com/jp/corp/policy/bestexecution/）（2023年9月27日最終確認）。

73　4(2)②で述べたように市場的アプローチとは「市場の特質の違い、問題となりうる情報の性格の違い、未公開情報を利用した取引の与える影響の違いなどの要素を取り込む余地のある、より機能的な説明」の試みである。上場株式の市場と暗号資産の市場に構造上の差異があることは明らかであるが、そのような差異がインサイダー取引規制の要否及びその機能に与える具体的な影響を明らかにするためには暗号資産の市場の深い理解が必要となる。この点に関する詳細な研究は今後の課題としたい。

セスを許された者とその者にアクセスを許した者との関係」の中で、公的なエンフォースメントの対象とすることでその費用を上回る便益の発生が期待できる関係を特定することが必要である[74]。

　同様の問題は上場株式等に関するインサイダー取引規制についても存在する。しかし、上場株式等については発行会社が管理する重要な未公開情報が市場価格や市場参加者に与える影響は明らかであるから、少なくとも発行会社の内部情報に関する関係をインサイダー取引規制の対象とするべきことの当否が争われることはないと思われる。一方、暗号資産については、3(1)で検討したように、暗号資産の発行者の内部情報以外の情報の方が市場価格や市場参加者に与える影響が大きい場合も十分に想定できる。そのため暗号資産の発行者の内部情報に関する関係をインサイダー取引規制の対象とすることにより費用を上回る便益の発生が期待できるとは限らないように思われる。

　これに対して2(2)で紹介したCoinbase事件や4(3)②で言及した暗号資産の市場における暗号資産交換業者の重要性を考えると、暗号資産交換業者が管理する重要な未公開情報に関する関係については、取り扱う暗号資産の種類を問わず、公的なエンフォースメントの費用に

---

[74]　令和元年（2019年）の金商法改正により導入された暗号資産に関する不公正取引規制が証券取引等監視委員会の管轄外とされた理由について、報告書には「仮想通貨の現物取引については、有価証券の取引とは経済活動上の意義や重要性が異なることや、有価証券の取引と同様の不公正取引規制を課した場合に費やされる行政コストを勘案すれば、現時点で、有価証券の取引と同様の規制を課し、同等の監督・監視体制を構築する必要性までは認められない。一方で、利用者保護や不当な利得の抑制の観点から、不公正な現物取引を抑止していくための一定の対応は必要と考えられる。」（報告書11-12頁）との指摘があることから、公的なエンフォースメントの費用に見合う便益が期待できない点が存在したように思われる。なお、この場合の便益の中には暗号資産の市場の流動性の向上など市場的アプローチで想定されている便益も含まれる。

見合う便益の発生が期待できるとの評価が成り立ち得るように思われる。しかし、このような評価は、暗号資産交換業者が、暗号資産取引所の運営に加えて、暗号資産のカストディや自己勘定取引、発行者から委託を受けた暗号資産の販売行為など暗号資産の市場にとって重要な様々なサービスを複合的に提供しているという現状を前提とする。株式市場における類似のサービスは別々の事業者によって分業されていることを踏まえると、そのような状況を前提としてインサイダー取引規制を導入することの是非が問われるように思われる[75]。

5 総括と今後の課題

1で述べたように、本稿は、暗号資産に関するインサイダー取引規制の導入は金商法166条のインサイダー取引規制の基本構造の見直し

---

[75] 暗号資産交換業者の関係者がインサイダー取引規制の対象となり得ることを指摘する見解として、首藤・前掲注（14）250頁がある。なお、暗号資産交換業者とその役職員等との関係をインサイダー取引規制の対象とする「私的情報へのアクセスを許された者とその者にアクセスを許した者との関係」と位置付けることにより、仮に暗号資産交換業者の同意があっても、暗号資産交換業者が管理する重要な未公開情報を利用して役職員等が暗号資産の取引を行うことは許されないことになる。この点は、2(1)で紹介した暗号資産関係情報の取扱いに関する規制と整合的である。しかし、このような規制が存在しない場合には、注（65）とその本文で述べたように、「私的情報へのアクセスを…許した者」の同意によってインサイダー取引規制の適用を排除できないことも基礎付ける必要がある。別の言い方をすれば、インサイダー取引規制の対象とすることにより「私的情報へのアクセスを許された者とその者にアクセスを許した者との関係」に私的アレンジメントを制約する公的な要素が加味されるということである。このような意味での私的アレンジメントの制約は、インサイダー取引規制が市場の情報効率性や流動性に与える影響によって基礎付けることができるように思われる。

を伴うことになるのではないか、との問題意識を出発点とする。前者を導入するために後者の基本構造を見直すことは、本末転倒であるとの印象を持たれるかもしれない。しかし、本稿の分析により、従来から金商法166条のインサイダー取引規制の基本構造の課題として指摘されていたことが、暗号資産に関するインサイダー取引規制の導入の妨げとなっていることが明らかになったと考える。金商法166条が定める上場株式等に関するインサイダー取引規制の重要性に争いはないと思われるが、その趣旨や目的に照らして現行法に改善の余地がないかは継続的に検証されるべきである。暗号資産に関するインサイダー取引規制の要否の検討は、そのような検証の機会の提供という点でも意義がある[76]。

　令和元年（2019年）の金商法改正に際して暗号資産に関するインサイダー取引規制の導入が見送られた主たる理由は金商法のインサイダ

---

[76]　黒沼悦郎「内部者取引規制の立法論的課題」竹内先生追悼論文集『商事法の展望—新しい企業法を求めて』（商事法務研究会、1998年）319-320頁では「内部者取引規制の施行後10年を経過しようとしている現在、わが国でも、内部者の範囲を拡大するかどうか、第二次情報受領者を規制の対象に取り込むかどうか、外部情報による内部者取引を規制すべきどうかについて、再検討する時期に来ているように思われる。」と指摘されていたが、再検討すべき問題が数多く残されている状況に変わりはないように思われる。なお、金商法166条のインサイダー取引規制が抱える問題は本稿が取り上げたものに限らない。たとえば、金商法166条のインサイダー取引規制の適用が解除される「公表」（金商法166条4項）にも問題がある（黒沼・前掲注（1）451-452頁）。暗号資産と上場株式等とでは情報の開示や流通の構造が異なるだけではなく、上場株式等についても市場や実務慣行の発展に応じて「公表」の内容が見直されるべきであると考える。なお、法人関係情報（注（16））は「公表されていない情報」と定義されているのに対して、暗号資産関係情報（注（15）とその本文）は「当該暗号資産交換業者の行う暗号資産交換業の全ての利用者が容易に知り得る状態に置かれている場合を除く。」と定義されていることを指摘し、この点に関する法人関係情報の定義に見直しの余地があることを示唆する見解もある。大越有人＝岩井宏樹「法人関係情報に係る規制（下）」金法2218号（2023年）53頁注（90）。

ー取引規制の基本構造にあり、導入の必要性は深く検討されなかった
ように思われる。確かに暗号資産の市場においても重要な未公開情報
の保有者による取引は存在するのであるから、インサイダー取引規制
を導入し、その一部を規制することは当然であるとの考え方もあり得
る。しかし、そもそも金商法のインサイダー取引規制の対象は上場株
式等に限られているし、日本の商品先物市場のように金商法類似のイ
ンサイダー取引規制が存在しない市場も存在する。このことは、上場
株式等の市場においてインサイダー取引規制は市場インフラとして重
要な役割を果たしているとしても、他の市場において同様の役割が必
要とされるとは限らないことを示している。

　本稿は上場株式等に関するインサイダー取引規制の機能を明らかに
した上で、同様の機能を暗号資産に関するインサイダー取引規制が果
たすことができるかについて分析を試みた。この点に関する分析は初
歩的なものにとどまっていることは否めない。しかし、上場株式等と
暗号資産との間に存在する様々な差異がインサイダー取引規制の機能
に影響を与える可能性の存在を示すことはできたように思われる。暗
号資産に関するインサイダー取引規制の具体的な制度設計のあり方を
検討するためには、暗号資産とその市場に関するより深い理解と他の
関連する諸制度（暗号資産に関する情報開示規制や暗号資産交換業者
の規制）との役割分担を意識する必要があると考える。

第 7 章

ビットコイン現物 ETF の
承認を巡る米国の議論

〜グレイスケール・ビットコイン・トラストのケースを中心に〜

野村資本市場研究所 常務

関　　雄太

1 背景と問題意識

　米国において、仮想通貨・暗号資産の規制を巡る議論が活発化している。議論の多くは、証券取引委員会（SEC）が、暗号資産やトークンの有価証券性をどのように判断するか、その上で SEC が既存の暗号資産交換業者などに対して登録や厳しい制裁措置を求めるかなど、もっぱら SEC 対暗号資産業界の構図で展開されている。市場の急速な大規模化と価格の乱高下を後追いする形で、SEC がエンフォースメント、すなわち既に相当の事業規模となっている暗号資産交換所の運営を無登録の取引所として違法行為の差し止めや民事制裁金支払いを求める訴訟を提起しはじめたため、規制当局の判断や行動が暗号資産の取引価格に与える影響も大きくなっており、SEC の一挙手一投足が注目される状況となっている。

　一方で、ビットコインについては、2015年9月に米国商品先物取引委員会（CFTC）が仮想通貨交換業者コインフリップを業務停止処分とする際、「ビットコインがコモディティである以上、商品取引法に則った取引をする必要がある」と主張したことにより CFTC が「ビットコインはコモディティ（商品）である」と判断した、と理解されている（図表1）[1]。ちなみに、本稿執筆時点（2023年8月）では、SEC のゲーリー・ゲンスラー委員長は「ビットコインだけがコモディティだ」と繰り返し公言しており、ビットコインの規制が CFTC の管轄に

1　岡田功太・木下生悟「米国のビットコイン先物及び ETF 市場の整備を巡る課題と展望」『野村資本市場クォータリー』2018年冬号。

なることを認めている。

　CFTC はさらに、2017年12月には、シカゴ・オプション取引所（CBOE）とシカゴ・マーカンタイル取引所（CME）によるビットコイン先物の上場申請を承認した。2021年10月にはビットコイン先物価格に連動する上場投資信託（ETF）であるプロシェアーズ・ビットコイン・ストラテジー ETF（ティッカーシンボル：BITO）が NYSE アーカ取引所に上場した。

　後述するように、コモディティや通貨など、有価証券でない資産を原資産とする ETF（Exchange Traded Fund、上場投資信託）が取引所に上場され、個人・機関投資家に幅広く取引されるようになるというのは、2000年以降の米国市場では一般的とも言える現象だが、BITO の場合にはビットコインの現物価格に連動する ETF が米国市場に存在しない中で、先物市場に連動する ETF が上場するという、希な事例となった。しかも、BITO の上場取引開始より前となる2021年2月には、トロント証券取引所に世界初のビットコイン現物 ETF が上場しており、世界の金融イノベーションをリードしてきたはずの米国 ETF 市場が外国に先を越されるという事態にもなっている。

　このように、暗号資産を巡って SEC、CFTC、取引所などの動きが複雑に絡み合う中、2021年10月19日に NYSE アーカ取引所への上場申請を行ったグレイスケール・ビットコイン・トラスト（GBTC）の動向も、投資家や市場関係者から大きな注目を集めている。というのは、GBTC がビットコイン現物を保有する信託の受益権証券の形態を採っており、しかも OTC 市場で一定のセカンダリー取引が行われてきたため、ビットコイン現物 ETF への転換もかなり自然なことではないかと見られたからである。こうした期待に反して、2022年6月29

図表1　ビットコイン先物、ビットコイン先物 ETF、ビットコイン現物 ETF を巡る主な経緯

2015年9月	CFTC がビットコインをコモディティと定義（コインフリップに対し、ビットコインのデリバティブ取引を行う者は商品取引所法に服する必要があるとして同社を業務停止処分とした）
2016年6月	Bats BZX 取引所がウィンクルボス・ビットコイン・トラスト（WBT）の上場を SEC に申請（2017年3月に不承認となった後、再申請）
2017年12月	CFTC がビットコイン先物の上場を承認　→　CBOE、CME で上場取引開始
2018年3月	SEC が WBT 上場申請の不承認を正式に決定
2021年2月	トロント証券取引所に世界初のビットコイン現物 ETF（Purpose Bitcoin ETF）が上場
2021年10月	NYSE アーカが、グレイスケール・ビットコイン・トラスト（GBTC）をビットコイン現物 ETF に転換し上場する旨の申請
2021年10月	プロシェアーズ・ビットコイン・ストラテジー ETF（BITO、ビットコイン先物価格に連動する ETF）が NYSE アーカに上場
2022年6月29日	SEC が GBTC の上場申請を不承認に　→　グレイスケールは訴訟を提起
2023年6月15日	ナスダックが、ブラックロックが運用するアイシェアーズ・ビットコイン・トラストの上場を SEC に申請
2023年8月29日	連邦控訴裁が SEC に対して GBTC の上場不承認を無効とするよう命じる

（注）2023年8月末時点の情報に基づく
（出所）各種資料より野村資本市場研究所作成

日に SEC が GBTC の上場申請を不承認とすると、グレイスケール・インベストメント LLC 社は、法廷においてビットコイン現物 ETF 上場に関する論争に決着をつけるべくすかさず SEC 提訴に踏み切った（2023年8月29日にグレイスケールが勝訴。詳細は後述）。さらに、同年6月15日には、ナスダックが、ビットコイン現物 ETF（iShares

Bitcoin Trust）の上場申請を行った。同 ETF のスポンサー（運用会社）が、世界最大手の資産運用会社ブラックロックであることから、SEC 側の審査姿勢にも変化があるのではないか、などの憶測が生じている。

　本稿では、GBTC 及び類似のビットコイン現物 ETF の上場承認を巡る議論を通じて、米国におけるビットコインと証券市場の結びつきに係る潮流を概観するとともに、暗号資産及び ETF に対する米国の規制当局の考え方・課題について整理してみたい。

2　証券市場から見たビットコイン

　近年、ビットコインが普及するにつれ、米国証券・資産運用業界は、ビットコインが新しい「アセットクラス」として確立されるのか否かに強い関心を寄せてきた（図表 2）。2015年に CFTC がビットコインをコモディティとして定義づけると、先物市場の整備とビットコインの価格に連動する ETF の組成に向けた動きが活発化した。

　これらの動きの意義を考えてみると、まず、デリバティブ取引は投資家にヘッジ手段を提供する。また原資産の市場流動性に影響を与え、ビッド・アスク・スプレッドの縮小を通じて投資家の取引コストを減少させる。価格変動が激しいビットコインに先物市場が形成されれば、投資家層が拡大することが期待される。

　また ETF は、原資産を株式と同様に取引所で取引することを可能にするストラクチャーであり、原資産と米国内外のヘッジファンド、機関投資家、個人投資家をつなぐものと見なされてきた[2]。すなわち、

図表 2　ビットコイン時価総額（米ドル）の推移

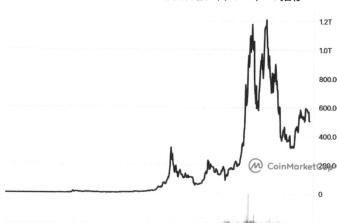

（注）時価総額は流通しているコインの数に価格を掛けたビットコ
　　　インの総価値を示す
（出所）CoinMarketCap（2023年 9 月 1 日アクセス）

　ビットコインが ETF の原資産となれば、証券市場の投資家は、ビッ
トコインを（暗号通貨交換所を通じて）直接保有しなくても、証券口
座の中で売買・管理することができるようになるため、ETF を活用
してビットコインをポートフォリオの中に組み込む需要が増えると考
えられる。

　2015年 9 月、CFTC は、ビットコインのプット・オプション及びコ

2　主要株価指数に連動するファンドが主流だった米国 ETF 市場では、2000年
　以降、多様なアセット・アセットクラスの価格に連動する ETF（コモディ
　ティ ETF、通貨 ETF など）が開発された。商品の多様化と投資家の拡大が
　好循環を生む形で、ETF 市場の一貫した拡大が起きている。関雄太「個人投
　資家の資産運用への活用がすすむ米国 ETF」『野村資本市場クォータリー』
　2005年夏号、関雄太「コモディティ ETF の開発と米国 ETF 市場の多様化」
　『野村資本市場クォータリー』2005年秋号、関雄太「海外 ETF 市場の発展と
　規制上の課題」（金融審議会市場ワーキング・グループ2016年 9 月21日会合
　資料）など参照。

ール・オプション取引プラットフォームを運営していたコインフリップ（Coinflip）に対して「ビットコインのデリバティブ取引を行う者は、コモディティ・デリバティブ市場の参加者と同様に、商品取引所法に服する必要がある」として業務停止命令を発した[3]。一見、規制強化にも見える CFTC の決定だが、命令文の中で「ビットコインとその他の仮想通貨は商品取引所法上の『コモディティ』の定義に包含される」としたことが大きな注目を集めた。実際、これを機に、米国証券市場では既存の金融資産と同様に取引できる可能性を検討する動きが本格化した[4]。ビットコイン先物の上場に対する期待が高まる中、2017年に J・クリストファー・ジャンカルロ CFTC 委員長は、ビットコイン・デリバティブ市場には新たな規制は不要だという見解を示した[5]。さらに、CFTC は2017年12月 1 日にシカゴ・オプション取引所（CBOE）及びシカゴ・マーカンタイル取引所（CME）に対してビットコイン先物の上場を承認し、CBOE は同年12月10日に CBOE XBT Bitcoin Futures（XBT）を、CME は同年12月17日に CME Bitcoin Futures（BTC）を上場させた。

　その後、2019年 3 月に CBOE がビットコイン先物の取引終了を決定し、取引所におけるビットコイン先物取引は事実上 CME に集中する形となっている（図表 3 ）。2021年から2022年にかけてビットコイン現

3　2015年 9 月17日 CFTC プレスリリース（http://www.cftc.gov/PressRoom/PressReleases/pr7231-15）参照。

4　CFTC によるビットコイン先物上場の承認の経緯については、J・クリストファー・ジャンカルロ著（飯山俊康監訳、野村資本市場研究所訳）「暗号通貨の未来と国家：『クリプト父さん』による闘いの記録」金融財政事情研究会（2023年 2 月）に詳しい。

5　"Giancarlo: crypto-currency futures do not need new rules", Risk.net, November 6th, 2017.

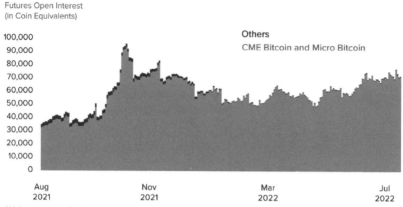

Futures Open Interest
(in Coin Equivalents)

Others
CME Bitcoin and Micro Bitcoin

100,000
90,000
80,000
70,000
60,000
50,000
40,000
30,000
20,000
10,000
0

Aug 2021　Nov 2021　Mar 2022　Jul 2022

（注）CFTC 集計。その他（Others）には ICE Bakkt Bitcoin USD, Bitnomial
Bitcoin USD, ErisX Bounded Bitcoin, Coinbase/FairX Nano Bitcoin,
LedgerX/FTX Bitcoin が含まれる
（出所）FSOC Report on Digital Asset Financial Stability Risks and Regulation
2022

物価格が激しく乱高下する中で、建玉（Open Interest）は安定的に推
移しており、投資家やブローカーに活用されている様子が把握できる。

3　ウィンクルボス・ビットコイン・トラストを上場不承認とした SEC[6]

⑴　現物設定・交換方式で運営されるビットコイン現物 ETF の構想

双子の兄弟であるキャメロン・ウィンクルボス氏とタイラー・ウィ

ンクルボス氏は、2015年頃には世界最大級のビットコイン保有者と見られていた。彼らは現物設定・交換方式によってビットコインの現物価格に連動する ETF「ウィンクルボス・ビットコイン・トラスト（Winklevoss Bitcoin Trust、以下 WBT）」を考案した。

　米国における ETF の大部分は、1940年投資会社法に準拠するオープン・エンド・ファンドとして登録されているが、分散投資要件等を満たす必要があり、ビットコインのみに投資する ETF には適さない。そこで、WBT は1933年証券法に準拠するグランター・トラスト（Grantor Trust）方式の ETF として計画された。グランター・トラストは、信託契約の一種で、コモディティ ETF や通貨 ETF のファンド形態として知られている。

　WBT の仕組みと特性は以下の通りである。

・ビットコインのみを資産とする信託（Digital Asset Services, LLC をスポンサーとするグランター・トラスト）である
・同信託のカストディアンは Gemini Trust Company, LLC
・Gemini Trust はウィンクルボス兄弟によって2013年に設立された。同社は2015年にニューヨーク州金融サービス局の規制監督下にある
・Digital Asset Services は Gemini Trust の関係会社である
・受益権証券（Share）の純資産価値（NAV）と日中インディカティブ・バリュー（IIV）は、Gemini Exchange のビットコイン現物取引価格（Gemini Exchange が行うオークションを基礎とする）を参照する

6　本章の内容の多くは脚注 1 の岡田・木下（2018）に依っている。

・Gemini Exchange は Gemini Trust が運営する暗号資産交換所である

・運用目標は、WBT の受益権証券の基準価額が、現物ビットコインの価格に連動することである

・WBT は現物設定・交換方式で運営され、そのオペレーションは Digital Asset Services が選定した指定参加者（AP: Authorized Participants。通常は証券会社）が担う

　WBT の特徴は、第1に、カストディが有するビットコインの現物を裏付けとして、仮想通貨交換所が算出したビットコイン現物価格との連動を目指す点である。第2に、ウィンクルボス兄弟が、証券取引所と AP を除くすべての運営機関に関与している点である。一般的に、ETF において、スポンサーとカストディは別会社が担うことで、利益相反の可能性を軽減するが、WBT の場合、Gemini Trust が両者の経営に関与しており、純資産価値の算出の際に参照する現物価格を提供する仮想通貨交換所も Gemini Trust が運営している。

　ジャンカルロ CFTC 委員長（当時）が2015年9月、仮想通貨をコモディティと定義したことを受け、Gemini Trust は、Bats BZX を WBT 上場先の証券取引所として、SEC に上場を申請した[7]。ちなみに、新規 ETF の上場申請は、取引所が上場規則の改正を SEC に願い出る形で行われており、SEC からの承認／不承認決定のレターも証券取引所を宛先として発出される。

7　バッツは、2005年6月に設立された電子取引システム運営会社で、2017年3月に CBOE に買収された。CBOE は2023年現在、4つの株式取引所（BZX、BYX、EDGX、EDGA）を運営している。

(2)　SEC のウィンクルボス・ビットコイン・トラスト上場に対する判断[8]

①　市場参加者の懸念

　SEC は、ウィンクルボス・ビットコイン・トラストの上場申請に対して市場参加者から意見を募り、約60件のコメントを受け取ったが、その大半は、WBT 上場に対して否定的な見解を示した。

　否定的な理由の第 1 は、ビットコインの市場構造の問題である。多くの市場参加者は、現状の仮想通貨取引サイトを通じたビットコイン取引には十分な厚みがなく流通市場と言えない、もしくは少数の投資家がビットコインの大半を買い占めていると指摘した。その結果、ETF の設定・償還の際にビットコインをタイムリーかつ効率的に売却することが困難との指摘も出た。また当時のビットコイン取引の大部分が、中国の仮想通貨交換所で行われていた点についての懸念も示された。中国の仮想通貨交換所が規制・監査を受けておらず、本人確認等を行っていないケースがあったため、ビットコイン取引が租税回避、マネーロンダリング等に活用されている可能性も指摘された。

　第 2 は、ジェミニ取引所のビットコイン・スポット価格の信頼性である。ジェミニ取引所はニューヨーク州金融サービス局の規制・監督下にある仮想通貨交換所だが、SEC の承認を受けた自主規制機関を有する国法証券取引所ではない。米ドル＝ビットコインの取引におけるジェミニ取引所のシェアは平均 2 ％程度であり、流動性が集まっているとは言い難いこと、AP をはじめとする市場参加者が、WBT の設

8　SEC Release No. 34-83723（2018年 7 月26日）https://www.sec.gov/files/rules/other/2018/34-83723.pdf

定・交換を行う際に最良執行を行うことができない可能性、ジェミニ取引所の流動性が低すぎるため、オークション時に大口取引を行うことで、恣意的に WBT の基準価額を操作できる可能性などが指摘された。

第3に、ビットコインのデリバティブ市場が未整備である点も議論となった。当時は CME などにおける先物取引が始まったばかりで、WBT の指定参加者（AP）は自己ポジションのヘッジが困難となり設定・交換のオペレーションが停止してしまう可能性などが指摘された。

②　不承認の理由と検討の論点

2018年 7 月26日、SEC は、各種コメントなどをレビューした上で、Bats BZX による WBT の上場申請を正式に棄却した。不承認の理由としては、Bats BZX が1934年証券取引所法 6 条（b）（5）項の要件を満たしていない点を挙げた。

同条項は、証券取引所の規則が詐欺的（fraudulent）・操作的（manipulative）な行為及び慣行を防止し、投資家と公共の利益を守ることを目的としている。具体的な要件は、①証券取引所は、（ETPの）原資産のコモディティもしくはコモディティ・デリバティブを取引する際に「十分に大きな市場（significant market）」と監視協定（surveillance-sharing agreement）を締結していること、②「十分に大きな市場」は規制下にあることの 2 点である。

実は、SEC は1990年以降、当該要件をコモディティ関連の金融商品の上場時の条件としてきた。例えば、SEC は1995年に初のコモディティ価格連動型 ETN（Exchange Traded Note）の上場を承認したが、その際、同 ETN の上場市場と、同 ETN の価格形成に寄与する先物市場の間で「監視協定」が締結されていたことに加えて、同先物市場が

「十分な規制下」にあったことから、同 ETN は価格操作等に対する脆弱性が低いと判断した。その後、SEC が承認した金、銀、プラチナ、銅などのコモディティ関連の ETF/ETN は、いずれも、原資産が「大規模かつ規制下」にある市場であり、ETF が上場する市場との間で「監視協定」を締結している。

　WBT 不承認判断の具体的な論点としては、下記が挙げられた。

　第 1 の論点はビットコイン現物市場の構造で、スポット市場において詐欺や相場操縦に対する耐性が弱いとされた。第 2 に、ジェミニ取引所及び同交換所のオークションにおける相場操縦の可能性であり、流動性、価格信頼性が低いことが懸念とされた。第 3 に、詐欺や相場操縦を探知（detect）・防止（deter）するための「伝統的な方法」の利用可能性である。第 4 に、コモディティ信託 ETP（Commodity-Trust ETP）に係る詐欺・相場操縦行為を探知・防止するための包括的な「監視協定」の利用である。申請した Bats BZX 側は、ビットコイン現物市場は法定通貨の OTC 取引や金・貴金属の取引所取引のような厚みがあり流動性の高い市場であるとしたが、SEC は十分な根拠を示せていないと判断した。第 5 の論点は、Bats BZX がビットコイン原資産について、十分に大きなサイズを持ち、規制下にある市場（regulated market）と包括的な監視協定を締結しているか否かである。申請時に、Bats BZX は、ジェミニ取引所と監視協定を締結しており、同取引所はニューヨーク州金融サービス局の規制下にあるため、WBT は1934年証券取引所法 6 条（b）（5）項の要件を満たしていると主張した。これに対して SEC は、ジェミニ取引所の市場流動性及び価格信頼性が低いため、当該監視協定は十分ではなく、Bats BZX には WBT に対する価格操作を阻止する能力が備わっていないと判断し

た形となっている。

4　2018年〜2022年の動き：ビットコイン現物 ETF の不承認を続ける SEC

　SEC が WBT 上場申請を不承認としてからも、ビットコイン現物 ETF の上場を目指す動きが相次いだ。後で詳述するグレイスケール・ビットコイン・トラストを含む、少なくとも15件のビットコイン現物 ETF 上場申請を、SEC はすべて不承認としている（図表 4 ）。商品性が若干異なる申請もあるため、不承認の理由もすべて同じ内容ではないが、監視協定に係る1934年証券取引所法 6 条（b）（ 5 ）項の要件が満たされていないことがほぼ共通の事由とされている。

　ETF スポンサー、証券取引所側としては、2018年から2022年にかけて、ビットコインやその他の暗号資産の市場規模が急速に拡大する中で、これらの資産を取り扱う交換所等のプラットフォーム上での流動性や市場の厚みも十分になったと判断していたと思われるが、SEC は交換所等における詐欺・相場操縦行為の探知・防止のための実効的な方策は依然として不十分としていたため、両サイドの見方は完全な平行線をたどったと言える。また、交換所等で取引されるビットコイン現物市場を「規制下にある市場」と認めない SEC の姿勢は、そもそも SEC （及び CFTC）が仮想通貨・暗号資産の定義を示さず、明確な規制の枠組みを整備していないことによるとも言えるため、市場関係者や一般投資家の混乱は増していったと考えられる。

　SEC は、一貫してビットコイン現物 ETF の上場を非承認とした一

図表 4　SEC が不承認としたビットコイン現物 ETF の上場申請案件

SEC の上場申請 却下年月日	プロダクト名称	上場先市場
2017年3月10日 （2018年7月26日 に再判断）	ウィンクルボス・ビットコイン・トラスト	Bats BZX
2018年8月22日*	プロシェアーズ・ビットコイン ETF ／プロシェアーズ・ショート・ビットコイン ETF	NYSE アーカ
2018年8月22日*	ディレクシオン・デイリー・ビットコイン・ベアー1X シェアーズなど	NYSE アーカ
2018年8月22日*	グラナイトシェアーズ・ビットコイン ETF ／グラナイトシェアーズ・ショート・ビットコイン ETF	Cboe BZX
2020年2月26日	USBT（ユナイテッド・ステイツ・ビットコイン＆トレジャリー・インベストメント・トラスト）	NYSE アーカ
2021年12月1日	ウィズダムツリー・ビットコイン・トラスト	Cboe BZX
2021年12月22日	ヴァルキリー・ビットコイン・ファンド	NYSE アーカ
2021年12月22日	クリプトイン・ビットコイン ETF トラスト	Cboe BZX
2022年1月20日	ファースト・トラスト・スカイブリッジ・ビットコイン ETF トラスト	NYSE アーカ
2022年1月27日	ワイズ・オリジン・ビットコイン・トラスト（フィデリティ）	Cboe BZX
2022年3月10日	NYDYG ビットコイン ETF	NYSE アーカ
2022年3月10日	グローバル X ビットコイン・トラスト	Cboe BZX
2022年3月31日	ARK 21シェアーズ・ビットコイン ETF	Cboe BZX
2022年6月2日	ワン・リバー・カーボン・ニュートラル・ビットコイン・トラスト	NYSE アーカ
2023年6月29日	グレイスケール・ビットコイン・トラスト	NYSE アーカ
2023年6月29日	ビットワイズ・ビットコイン ETF トラスト	NYSE アーカ

（注）上記がすべてではない可能性がある。また*印の案件では、その後再審査がなされた模様
（出所）SEC Grayscale Order（6/29/2022）など各種資料より野村資本市場研究所作成

方で、2021年10月のプロシェアーズ・ビットコイン・ストラテジー
ETFを皮切りに、2023年8月まで合計5本のビットコイン先物ETF
の上場を承認している（図表5）。

図表5　SECが上場承認したビットコイン先物ETF

上場取引開始 年月日	プロダクト名称	上場先市場
2021年10月18日	プロシェアーズ・ビットコイン・ストラテジー ETF（ティッカー：BITO）	NYSEアーカ
2021年10月22日	ヴァルキリー・ビットコイン・ストラテジー ETF（BTF）	ナスダック
2021年11月16日	ヴァンエック・ビットコイン・ストラテジー ETF（XBTF）	Cboe BZX
2022年6月21日	プロシェアーズ・ショート・ビットコイン・ ストラテジーETF（BITI）	NYSEアーカ
2022年9月16日	テウクリウム・ビットコイン・フューチャーズ・ファンド（BCFU） ※2022年4月6日にSEC承認 →　ハッシュデックス・ビットコイン・フューチャーズ・ファンド（DEFI）に改称	NYSEアーカ

（注）上記の他、インベスコは、2021年10月20日に予定していたローンチ直前で
　　　ビットコイン先物ETF（カナダ上場のビットコイン現物ETFなども運用
　　　対象とする予定だった）の上場申請を取り下げている
（出所）各種資料より野村資本市場研究所作成

5　グレイスケール・ビットコイン・トラストの上場申請と SEC による不承認

(1)　グレイスケール・ビットコイン・トラスト（GBTC）の特性

　2013年に設立されたグレイスケール・インベストメンツ社は、同年9月、デラウェア州の法定信託（Statutory Trust）であるビットコイン・インベストメント・トラストを設立し、ビットコインの投資・保有を開始した。同社は2015年にデジタル・カレンシー・グループ（DCG）の子会社となり、同年ビットコイン・インベストメント・トラストの受益権証券を米国 OTC マーケッツ・グループが運営する OTCQX に公開した。

　DCG は、2015年にバリー・シルバート氏が創設したデジタル通貨を専門領域とするベンチャーキャピタルで、グレイスケールの他にコインデスク（ビットコイン・デジタル通貨関連のニュースサイト運営）、ジェネシス（暗号資産のトレーディング、レンディング、カストディ。2023年1月19日に米連邦破産法11条手続を申請）など200社余りに出資している[9]。

　ビットコイン・インベストメント・トラストは、2019年1月11日に

9　バリー・シルバート氏は、未公開株取引プラットフォームであるセカンドマーケットの CEO を務め、ナスダックにセカンドマーケットを売却した後、DCG を創設した。

図表6　グレイスケール・ビットコイン・トラスト（GBTC）の運用資産
**　　　　推移（2013年9月～2023年7月）**

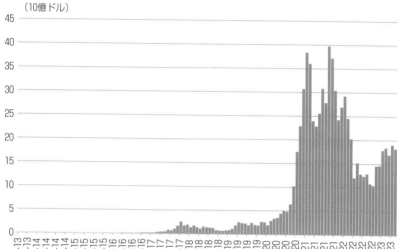

（注）月末終値ベース
（出所）Bloomberg より野村資本市場研究所作成

　グレイスケール・ビットコイン・トラスト（GBTC）に名称変更した
後、2020年以降の暗号資産ブームの影響を受ける形で、運用資産を伸
ばした（図表6）。GBTC の SEC 提出書類（10-Q）によれば、2023年
6月末現在、約625,804個のビットコイン（公正価値約190億ドル）を
保有しており、世界最大のビットコイン信託とされる投資ビークルで
ある。

　GBTC の基本構造は図表7の通りである。投資家にとって GBTC
を保有することのメリットは、流通市場（OTCQX）での売買可能性、
IRA（個人退職口座）など税制優遇口座で投資が可能なこと、SEC が
求める情報開示などと考えられ、ある意味ではビットコイン現物

図表 7　グレイスケール・ビットコイン・トラスト（GBTC）の基本構造

・デラウェア州の法定信託（Statutory Trust）
・受益権証券は100株を 1 バスケットとし、ビットコイン（現物市場）との間で設定・交換プロセスを運営
・受益権証券は米国 OTC マーケッツ・グループが運営する OTCQX で取引可能[10]
・受益権証券発行時は、Regulation D Rule 501(a) に基づき Accredited Investor（自衛力認定投資家）向けに募集
・受益権証券保有者はルール144に基づき、一定期間（ 6 ヶ月）保有する義務あり
・信託が保有するビットコインはカストディ（コインベース・カストディ・トラスト・カンパニー）が分別管理（オフラインのコールドストレージに格納）
・運用報酬：年間 2 ％

（出所）GBTC SEC 開示書類より野村資本市場研究所作成

ETF が承認された場合に備えるであろう特性を、既に部分的に達成していると言えよう。

　一方、GBTC の運営に関係する主体は図表 8 のようになっている。カストディアンとトランスファーエージェント以外はデジタル・カレンシー・グループの関係会社になっている。

(2)　GBTC の純資産価値（NAV）の算定

　GBTC の受益権証券（ユニット）が OTCQX 市場で取引されるためには、日次で計算される純資産価値（NAV）が重要な参考情報となる。

10　米国 OTC マーケッツや OTCQX について岡田功太・片寄直紀「米国株式市場の競争を促す OTC マーケット」『野村資本市場クォータリー』2020年夏号、岡田功太・加藤貴大「米国 OTC マーケットの活性化に向けた制度改革―『日本版 OTC マーケット』創設への示唆」『野村資本市場クォータリー』2022年春号などを参照。

図表 8　グレイスケール・ビットコイン・トラスト（GBTC）の運営主体

・スポンサー（運用会社）：グレイスケール・インベストメンツ LLC（デジタル・カレンシー・グループ（DCG）の子会社）[11]
・インデックスプロバイダー：コインデスク・インデックス・インク（デジタル・カレンシー・グループ（DCG）の子会社）
・カストディアン：コインベース・カストディ・トラスト・カンパニー
・トランスファーエージェント：コンチネンタル・ストック・トランスファー＆トラスト
・ディストリビューション＆マーケティング・エージェント：グレイスケール・セキュリティーズ LLC（SEC 登録ブローカー・ディーラー）
　✓2022年10月 3 日まではジェネシス・グローバル・トレーディング（ジェネシス・グローバル・キャピタルの子会社で、2023年 1 月のジェネシスの連邦破産法11条手続申請の際に対象には含まれなかった）が担当
・指定参加者（Authorized Participant）[12]：グレイスケール・セキュリティーズ LLC

（出所）GBTC SEC 開示書類より野村資本市場研究所作成

開示資料によれば、GBTC の 1 ユニット当たりの NAV は、GBTC が保有しているビットコインの価値と等価になるよう、毎営業日 4：00pm（米国東部時間）時点の Index Price（ドル建てビットコイン市場価格）から、信託報酬・経費を控除する形で算出される。この Index Price とは、CoinDesk Bitcoin Price Index が参照している暗号資産交換業者（Digital Asset Exchange）における直近24時間のビットコイン価格データ・取引量データを一定のアルゴリズムで加重して算出

11　グレイスケール・インベストメンツは、GBTC の他にグレイスケール・ビットコイン・キャッシュ・トラスト（BCHG）、グレイスケール・デジタル・ラージキャップ・ファンド（GDLC）、グレイスケール・イーサリアム・トラスト（ETHE）、グレイスケール・イーサリアム・クラシック・トラスト（ETCG）、グレイスケール・ステラ・ルーメン・トラスト（GXLM）を運用。
12　指定参加者とは、対象となる ETF の設定・交換の条件に基づき、管理会社との間で資産バスケットと ETF 受益権証券（ユニット）のやりとりを直接行うことができる証券会社。

したもので、参照交換業者は、①コインベース・プロ、②バイナンス US、③クラーケン、④ LMAX デジタルの 4 社とされている（参照業者は一定の基準で選択・入れ替えがなされる）。加重平均を計算するための調整アルゴリズムは、①取引ボリューム加重、②価格－分散加重、③不活発（Inactivity）調整、④相場操縦耐性（仮装売買、スプーフィング注文などの影響を排除）とされ、Index Price を作成するのが関係会社のコインデスクであることを除けば、透明性を確保するためのさまざまな工夫が行われているようにも見える。

　一方で、グレイスケール・インベストメンツ社は開示資料の中で『さまざまな理由から、GBTC の株価は、1 株当たり保有資産額（Digital Asset Holdings）に対して、一定のプレミアム／ディスカウント状態で取引されることがある』としている。その理由としては、ルール 144 による保有期間規制、OTCQX 市場と暗号通貨取引市場の取引時間の違い、信託報酬及び経費の発生、信託財産設定プロセスの特殊性、GBTC が保有するビットコインの保管方法の特殊性、投資会社法上の投資家保護が適用されないこと、などが挙げられている。

　実際、GBTC の株価と NAV の推移を見ると、2019-2020年の間、株価は NAV に対して20-40％ものプレミアム状態であったにも関わらず、ビットコイン価格の乱高下が顕著となった2021年以降はディスカウント状態に転じている。また、その後、カナダにおけるビットコイン現物 ETF 上場、GBTC 上場申請の却下、FTX トレーディングの経営破綻（2022年11月）及びジェネシスの経営不安などを反映し、ディスカウント幅の拡大と不安定な動きが続いている（図表 9 ）。

図表9　GBTC：株価・NAV・プレミアム（ディスカウント）の推移

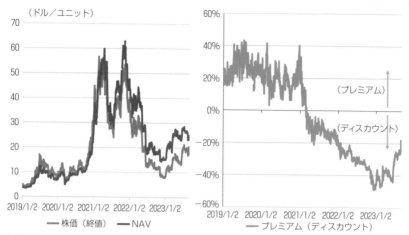

（注）日次データ。2019年1月1日～2023年8月31日
（出所）Bloomberg より野村資本市場研究所作成

（3）　SEC による GBTC 不承認の決定（2022年6月）

　2021年10月19日、NYSE アーカが GBTC をビットコイン現物 ETF に転換し、上場する旨の申請を行った。SEC はやや長めの審査期間をとった上で、2022年6月29日に上場を不承認とする旨の命令を発出した[13]。基本的な理由はウィンクルボス・ビットコイン・トラスト案件以来続いている「1934年証券取引所法6条（b）（5）項が求める要件（原資産の取引における十分に大きな市場と監視協定を締結していること）を満たしていない」というものであったが、以下では、論点別に SEC の申請却下事由を整理する。

13　SEC Release No. 34-95180（Grayscale Order, 2022年6月29日）https://www.
　　sec.gov/files/rules/sro/nysearca/2022/34-95180.pdf

①　論点 1：NYSE アーカは詐欺・相場操縦行為を防ぐ措置を講じる責任を果たしているか？

　この論点に関わる議論は、①監視協定以外の詐欺・相場操縦行為を防ぐ手段があるか、②インデックスがどのように作成されているかという 2 点に概ね集約される。

　監視協定以外の手段という点では、SEC は命令の中で「ビットコイン現物市場における Unregulated な性質と透明性の欠如は、本質的に詐欺や相場操縦に対する脆弱性につながっている」と厳しく指摘している。具体的には、ビットコインの現物市場においては、ウォッシュ・トレーディング（売り手と買い手が同じあるいは両者が共謀している取引）や価格形成可能な支配的なポジションの獲得の可能性があり、また重要な非公開情報（大規模な売買や「フォーク」の発生など）に基づく詐欺や相場操縦の可能性があると言う。この点に関して、NYSE アーカは「ビットコインの持つ代替可能性（fungibility）、可搬性（transportability）、取引可能性（exchange tradability）は他の手段と組み合わせることによって伝統的なコモディティ市場や株式市場にない新たな投資家保護を可能とする」と述べたが、SEC はビットコインがどの程度代替可能、可搬可能、取引可能なのかについては説明されていないとした。また、パブリックコメントの中には「ビットコイン市場のサイズ、流動性、市場参加者の広がりなどが、詐欺や相場操縦の懸念を弱めている」とするものがあったが、時価総額や平均日次取引高などの指標がどのように詐欺・相場操縦の探知や防止に活用できるのかについての説明はないとされた。さらに、現物市場＝先物市場間の価格調整メカニズムも、相場操縦者に機会を与えないほどの効率性があるのかが検証されていない。

インデックスについては、SECは「特定の現物ビットコイン取引プラットフォームによるインデックスの策定」だけでは詐欺・相場操縦の防止にならず、またFinCEN（金融犯罪取締ネットワーク、財務省に属する）やニューヨーク州による規制も、国法証券取引所とは比べものにならないとした。さらに、CFTCの監督権限は、ビットコイン現物市場の一部に及ぶものの、取引プラットフォームに対する権限は持っていないと指摘した上で、米国法において、ビットコイン及び仮想通貨の現物市場に対する直接的かつ包括的な連邦政府の監督体制はない、と断言した。その他、インデックスの算出方法が詐欺・相場操縦を防ぐ仕組みとなっていることが説明されていない、インデックスの相場操縦に対する耐性に関しても十分な根拠が示されていないとした。

② **論点2：NYSEアーカはビットコイン原資産について、十分に大きな（Significant）サイズを持ち、規制下にある市場（Regulated Market）と包括的な監視協定を締結しているか？**

NYSEアーカはGBTC上場に際し、CMEのビットコイン先物市場と監視協定を締結することで1934年証券取引所法6条（b）(5)項の要件を満たすとしていた。これに対して、SECは①当該ETFの相場操縦を試みるものがCMEビットコイン先物市場で取引しなければならないと信ずるに足る合理的可能性があるかどうか、あるいは②当該ETFの取引がCMEビットコイン先物市場の価格形成に支配的な影響を与える可能性がないか、③当該現物ETFとビットコイン先物ETFが比較可能（Comparable）であるか、の3つの観点から検証を進めた。

まず第1の点については、SECは、NYSEアーカがビットコイン関

連プラットフォームの間で、ビットコイン・デリバティブ市場と現物市場に関連した効率的価格裁定が発生している記録を示していないことを批判し、また先物市場と現物市場の間に、十分な相互関係性あるいは顕著な Lead/Lag 関係（一定の時間差で価格形成が起きる）があるという経済的根拠を示してもいないとした。

　第 2 の点に関しては、現在の GBTC への資金流入額とビットコイン時価総額増分との比較は適切でない、OTC 取引されている GBTC の過去の資金流入額が、ETF 転換以降の資金フローの指標にならない、グレイスケールから提供されたデータには相関性、価格形成インパクトなどの分析がなされていないなどとした。

　第 3 の点については、SEC は「ETP が上場する取引所が十分に大きなサイズを持ち、規制下にある市場（原資産の市場）と包括的な監視協定を締結しているかに一貫してフォーカスしてきた」とした上で、「ビットコイン現物市場は現在、規制されていない市場である」と明言した。また、ビットコイン先物 ETF との比較において、先物 ETF では原資産が取引されているのが、監視協定の締結相手である CME であるのに対し、GBTC が保有している資産は、CME においては取引されないだろうと述べた。

　グレイスケールは、申請において、CME ビットコイン先物 ETF の取引において参照されている CME ビットコイン参照価格（BRR）と、GBTC が NAV 算出時に参照する Index が、「ほぼ完全に重複した」現物プラットフォームにおけるビットコイン価格を参照しているとの主張を展開していた。しかし、SEC はビットコイン先物 ETF が BRR によって価格形成されているという根拠はなく、GBTC の株価が「インデックス」によって決定されるという根拠もない（日中取引時間中の

売買を通じて価格発見されるのが株価であるため）とした。また、BRR には、Gemini、itBit という GBTC の Index も参照している暗号資産交換業者のデータフローが含まれているものの、ビットコイン現物市場における何らかの相場操縦が CME ビットコイン先物市場にも必ず影響することを示すデータがないと反論した。

③　**論点 3：NYSE アーカは投資家保護と公共の利益のためのプロポーザルを示す責任を果たしているか？**

　今回の GBTC 案件においては、多くのパブリックコメントが「ビットコイン現物 ETF がリテール投資家にとってより簡単、安全、効率的な投資手段となる」「ビットコイン現物 ETF は Underlying のビットコイン市場の流動性、価格発見機能、効率性を向上させる」など、GBTC の ETF 転換には大きな便益があると指摘した。これに対し、SEC は、自らが考慮しなければならないのは、1934年証券取引所法 6 条 (b)(5) 項が求める要件のそれぞれにプロポーザルが適合しているかどうかを検討する文脈の中での潜在的な便益であり、投資手段としての効率性などは当該案件の考慮事項ではないとした。

6　連邦控訴裁判所判決と今後の注目点

(1)　連邦控訴裁判所の判決（2023年 8 月29日）

　グレイスケール・インベストメンツは、GBTC のビットコイン ETF 転換・上場が却下されると、そのわずか 1 時間後に SEC を提訴した。その後、訴状や口頭弁論において、グレイスケール側は、SEC

が2021年以降、複数のビットコイン先物 ETF を承認しているにも関わらず、ビットコイン現物 ETF を却下し続けているのは恣意的な判断であり投資家に損害を与えていると申し立て、ビットコイン先物 ETF とビットコイン現物 ETF に対する SEC の判断の違いの根拠が大きな論点になった。

　実際、2023年 8 月29日の判決の意見書では、「似たような事例は、似たように扱え（Treat like cases alike）」は行政法の根本的な原則だとして、GBTC の不承認の命令とテウクリウムあるいはヴァルキリーのビットコイン先物 ETF の承認命令を多角的に比較検討している[14]。特に1934年証券取引所法 6 条（b）（5）項における「十分に大きな市場（significant market）」要件については、①当該 ETF 価格（GBTC の例では NYSE アーカにおける価格）を操作しようと試みる者が、関連市場（GBTC の例では CME ビットコイン先物市場）においても相場操縦を成功裏に行わなければならない合理的な蓋然性があること、②当該 ETF の取引（NYSE アーカにおける）が、監視される市場（CME）に支配的な影響を与えそうにないことの 2 つに論点を分けた。その上で、SEC がグレイスケール案件は 2 つの論点でともに要件を満たしていないとしたのに対して、ヴァルキリー案件などでは双方の要件を満たしたと判断したことの矛盾を指摘した。

　例えば、上記①に関して本意見書は、「SEC はなぜ GBTC がビットコインを保有していることが CME の詐欺取引の探知能力に悪影響を与えるのか、一切説明していない」「SEC は不承認決定の中でビット

14　SEC Release No. 34-94620（Teucrium Order, 2022年 4 月 6 日）https://www.sec.gov/files/rules/sro/nysearca/2022/34-94620.pdf, SEC Release No. 34-94853（Valkyrie Order, 2022年 5 月 5 日）https://www.sec.gov/files/rules/sro/nasdaq/2022/34-94853.pdf

コインの現物市場と先物市場の間に99.9％もの相関があることに触れていない」「SEC はビットコイン先物 ETF の承認の際には、先物＝現物の時間差関係（lead/lag relationship）の証明を示すことは必要ではないとしたのに、GBTC の際には 2 つの市場の時間差関係は決定的ではないと指摘した」等の矛盾点を挙げた。

　また②に関して、SEC は GBTC が約300億ドル相当のビットコイン資産を有するため、建玉が17億ドルしかない CME ビットコイン先物市場に支配的な影響を与える可能性を指摘していた。しかし、意見書では、現物資産だけで先物契約を持っていない GBTC が CME 先物市場の価格に影響を与える経路や、GBTC 保有ビットコインがビットコイン総残高に占めるシェア（約3.4％）と先物市場の支配力との関係について、SEC は何らの説明を行っていないとした。また、本意見書では、GBTC 不承認の際に提出されたパブリックコメントも引用しながら、ビットコイン現物市場は、平均日次取引額（ADV）が約450億ドル（株式市場における超大型株の ADV を超える額）に達する、深く流動的な市場であること、GBTC への「資金流入額」（保有残高・時価総額ではなく）は、ビットコイン現物価格に最小限の影響しか与えないこと、故に GBTC がビットコイン先物市場に与える影響力も微少にとどまる、などと指摘した。

　以上の検討から、本判決は SEC がビットコイン先物 ETF を上場承認した一方で GBTC を不承認とするのは、類似の金融商品に対する一貫性のない取り扱いであり、恣意的（arbitrary）で予測不能（capricious）な行政と断じ、SEC の不承認決定を無効とした。

(2)　判決の影響と今後の注目点

　GBTC Order において、SEC が展開した1934年証券取引所法 6 条
(b)(5)項の基準判断は、概ねウィンクルボス・ビットコイン・トラ
ストを不承認とした際と同様のアプローチを採っており、監視協定を
規制下にあるビットコイン現物市場と結んでいないことに加え、ビッ
トコイン現物市場には規制がない（そのため監視協定を結ぶことがで
きない）ことをロジックにしていたと言える。それに対し、本判決は、
類似の案件において SEC が一見すると正反対の決定をしていること
に焦点をあて、ビットコイン先物 ETF の上場申請では CME ビット
コイン先物市場と監視協定を結んでいることを承認根拠とした、故に
CME ビットコイン先物市場が十分な規制下にあると判断しているは
ずであり、もしそうであればビットコイン現物 ETF が上場する市場
の監視協定締結先としても認められるはずという、いわば「鏡」のよ
うな論理を展開して、SEC の矛盾を突いた形と理解できよう。

　いずれにせよ、本判決を踏まえると、SEC としては、少なくとも
1934年証券取引所法 6 条(b)(5)項の要件については、ビットコイン
現物 ETF の上場を承認する方向で審査をやり直さざるを得ないと考
えられる。逆に、ビットコイン現物 ETF を承認しないのであれば、
これまで承認してきたビットコイン先物 ETF の案件の決定を覆さざ
るを得なくなるとも言える。

　実際、判決直後から多くのメディアや専門家が、ビットコイン現物
ETF の上場承認が近づいたとコメントし、GBTC の OTC 取引価格に
おいてディスカウント幅が縮小するなどの動きも生じた。一方で、
SEC がビットコイン現物 ETF を承認するにはなお、時間がかかると

いう見方も出ている。まず、SECは、連邦控訴裁での再審理（あるいは控訴裁が再審理を拒否した場合、連邦最高裁への上訴）を求めることができる[15]。また、2023年8月時点で、SECに申請が出されているビットコイン現物ETFの案件が多く、しかもSECはこれらの申請の大部分について最終的な承認の期限を2024年3月まで延期することができる[16]。

　またSECが現在、暗号資産に関して、複数のエンフォースメントと訴訟を抱えていることも、今後の動きに影響を与える可能性がある。

　まず、暗号資産リップル（XRP）を発行するリップル・ラボを相手取ってSECが起こした訴訟では、連邦地裁は2023年7月13日にSECの主張を退け、XRPが一般投資家に販売される場合は有価証券に該当しないとの判断を示した。SECが唱える暗号資産の有価証券性の理論は再構築を迫られている。

　また、SECは2023年6月5日に、暗号資産交換所大手のバイナンスを提訴、翌6月6日には、同じく暗号資産交換所大手のコインベースを提訴した。両社ともに法廷の場で全面的にSECと争う構えで、結論が出るまでには相当の時間を要する可能性がある。とは言え、SEC対コインベース訴訟では、SECが「コインベースが証券である暗号資産（ビットコイン以外の12のトークン）取引を扱うことで未登録のブローカーとして違法な運営を行い、連邦証券法に違反した」と、コイ

15　Turner Wright「グレイスケールの法廷での勝利：現物型ビットコインETFにどのような影響があるか？」コインテレグラフジャパン（2023年8月30日）。

16　現在、ブラックロック、ARKインベスト、ビットワイズ・アセット・マネジメント、ヴァンエック、ウィズダムツリー、インベスコ、ギャラクシー・デジタル、フィデリティ、ヴァルキリーなどからの申請が審査中とされる。脚注15など参照。

ンベースの展開する事業を根本的に問うかたわら、コインベースは「SEC が管轄権を大きく逸脱してこの提訴を行っている」と主張し、提訴の棄却を求めるといった形で全面対決となっている。逆に言えば、本訴訟の評決が暗号資産規制管轄権を巡る論争の行方を握っている可能性もある。

　2022年に発生した 2 つのイベント、ステーブルコインを標榜していた暗号資産テラ USD の暴落と FTX の突然の破綻によって、暗号資産の信頼性は大きく傷ついた。SEC としては、投資家に混乱が広がる中で、エンフォースメントと規制の体系化（証券関連法に該当する暗号資産ビジネスを明確化する）を通じて一種の秩序と信頼性を確立すべく動き出したところ、多面的な論点に直面したという状況と思われる。ビットコインについては、今回の判決を踏まえて、先物 ETF に加えて現物 ETF が承認されれば、より証券市場とビットコインの関係は強まり、投資家層の多様化あるいはそれを通じた流動性・市場の深みの向上が起きる可能性が高いが、暗号資産全体の規制については今後もかなり複雑な動きが続くこととなろう。

第8章

非公開情報授受規制について

松尾国際法律事務所 弁護士

松尾　直彦

1　はじめに

　金融審議会において、「市場制度のあり方に関する検討」の一環として「金融商品取引業者と銀行との顧客情報の共有等について検討を行うこと」との金融担当大臣の諮問（2020年9月11日）[1]を受けて、金融審議会市場制度ワーキング・グループ（以下「市場制度WG」という。）において検討が進められ、「第一次報告」（同年12月23日）[2]及び「第二次報告」（2021年6月18日）[3]が公表された。そして各報告を踏まえ、所要の内閣府令や監督指針等の改正が行われた[4]。

　本件については、法律事項ではなく内閣府令事項にとどまるにもかかわらず、市場制度WGにおいて相当な時間をかけて詳細に検討されている。これには、銀行グループ及び証券グループの間の業際問題的な政治的背景もあったものと思われる。一方、検討過程において、「海外金融機関における顧客情報・利益相反管理に関する実務」や

1　自由民主党政務調査会金融調査会「金融調査会提言」（令和2年6月16日）12頁において、「外国法人顧客に関する情報の銀行間ファイアーウォール規制の対象からの除外等について検討する。」とされていた。そして、政府「成長戦略フォローアップ」（同年7月17日閣議決定）18頁において、「外国法人顧客に関する情報の銀証ファイアーウォール規制の対象からの除外等について検討する。なお、国内顧客を含めたファイアーウォール規制の必要性についても公正な競争環境に留意しつつ検討する。」とされていた。
2　金融審議会市場制度ワーキング・グループ第一次報告「世界に開かれた国際金融センターの実現に向けて」（2020年12月23日）（以下「市場制度WG第一次報告2020」という。）。
3　金融審議会市場制度ワーキング・グループ第二次報告「コロナ後を見据えた魅力ある資本市場の構築に向けて」（2021年6月18日）（以下「市場制度WG第二次報告2021」という。）。

「国内事業法人に対するヒアリング等の結果」が示されたことは有意義であったように思われる[5]。市場制度 WG の審議は公開されて詳細な議事録が公表されており、検討が細部にわたり過ぎるとしても、高い透明性の下で専門的検討機能や利害調整機能[6]などが発揮されたといえる。私見では、改正内容は全体的に適切なバランスが図られていると評価できる。

　本稿は、今回の改正を契機としつつ、当該改正内容自体を論ずるのではなく、筆者が従来から問題意識を持っていた事項について、独立的かつ中立的な観点から検討することとする。

4　金融庁「『金融商品取引業等に関する内閣府令及び金融サービス仲介業者等に関する内閣府令の一部を改正する内閣府令（案）』に対するパブリックコメントの結果等について」（令和 3 年 6 月30日）（同日施行）及び金融庁「『金融商品取引業等に関する内閣府令及び金融サービス仲介業者等に関する内閣府令の一部を改正する内閣府令（案）』等に対するパブリックコメントの結果等について」（令和 4 年 4 月22日）（同年 6 月22日施行）。当該改正については、森岡和広ほか「ファイアーウォール規制の見直し等に係る内閣府令および監督指針改正の概要」商事法務2301号13頁（2022）および川口恭弘「金融審議会市場制度ワーキング・グループ第一次報告及び第二次報告に基づく諸施策（ 2 ）―銀証ファイアーウォール規制の見直し」日本取引所金融商品取引法研究25号67頁（2023）を参照。

5　市場制度 WG 第 8 回会合（令和 3 年 4 月15日）における「事務局説明資料」及び「参考資料」。

6　「審議会等」に関して大森政輔＝鎌田薫編『立法学講義』（商事法務、2006）84頁・87頁［山本庸幸］参照。ただし、本来は行政が担うべき制度設計に係る利害調整機能について審議会に細部まで依拠し過ぎることには問題があろう。

2 「ファイアーウォール」の概念に係る変遷

(1) 広義の「ファイアーウォール」の概念

　本来は以下のとおり、親法人等・子法人等との間の「弊害防止措置」[7]全体を指す。そして、「ファイアー・ウォール」と表記されていた。

・「米国」における「金融制度見直しの動向」において、「FRB の個別認可を通じて、大手銀行持株会社の証券子会社による非適格証券業務（グラス・スティーガル法上、銀行本体に認められない証券業務)」への「参入を認めるに当たり、FRB は、…銀行経営の健全性の確保、利益相反の弊害の防止、競争条件の公平性維持等の観点から、業務開始の条件として、銀行・証券両子会社間の取引等を規制する28項目のいわゆるファイアー・ウォールの設置を義務付けた。」[8][9]

・研究者による「ファイアー・ウォール」の概念[10]

7　仲浩史＝中村明雄「金融制度・証券取引制度改革法の概要」商事法務1293号 9頁・10頁（1992）。

8　金融制度調査会制度問題専門委員会報告「新しい金融制度について」（平成 3年6月4日）59頁・60頁。

9　なお、金融制度調査会専門委員会報告「専門金融機関制度のあり方について 第一編　第二編」（昭和62年12月4日）77頁では、「内部情報が利益相反を引き起こすことのないよう、一つの組織体の中で各関係部門間を遮断する内部規制（一般にチャイニーズ・ウォールまたはチャイナ・ウォールと呼称される。万里の長城のこと）を設けるというもの」との記載が見られる一方、「ファイアー・ウォール」との記載は見られない。

10　龍田節「証券業への新規参入」商事法務1295号（1992）（以下「龍田1992」という。）12頁（「ファイアウォール（隔壁)」)、河本一郎「証券取引法の改正」商事法務1309号80頁（1993）（「ファイアー・ウォールの設定」）や川口恭弘「ファイアー・ウォール」ジュリスト1023号（1993）（以下「川口1993」という。）15頁など。

・「いわゆるメインバンク・ファイアーウォール（親金融機関がその影響力を及ぼすことができる企業が発行する証券を、その証券子会社が引き受けることの制限）」[11]
・「ファイアー・ウォール」[12]
・「銀行・証券間のファイアーウォール規制の見直し」[13]
・「弊害防止措置とかファイアーウォール（業務隔壁）と呼ばれる規制が置かれている。」[14]

(2) 狭義の「ファイアーウォール」の概念

最近では、非公開情報授受規制の意味で用いられることが多い。しかも、「ファイアー・ウォール」ではなく「ファイアーウォール」と表記されている。
・「ファイアーウォール規制」[15]
・「外国法人顧客情報に関する銀証ファイアーウォール規制（情報授

---

11 森信茂樹「証券取引制度関係政省令の概要」商事法務1317号14頁・15頁（1993）。
12 証券取引審議会報告書「証券市場の総合的改革」（平成9年6月13日）（以下「証券取引審議会報告書1997」という。）19頁。これに対し、金融制度調査会答申「我が国金融システムの改革について」（平成9年6月13日）22頁では、「親子間の取引等について設けられている弊害防止措置」と記載されている。金融監督庁「弊害防止措置の見直しについて」（平成11年3月25日）では、「ファイアー・ウォールに関するパブリック・コメント及びそれに対する考え方」と記載されている。
13 金融審議会金融分科会第一部会報告「我が国金融・資本市場の競争力強化に向けて」（平成19年12月18日）（以下「第一部会報告2007」という。）12頁。
14 黒沼悦郎『金融商品取引法〔第2版〕』（有斐閣、2020）（以下「黒沼2020」という。）672頁。
15 金融庁「非公開情報の授受の制限に関するQ&A」（平成26年3月28日（最終改定：令和4年6月22日））（以下「金融庁Q&A2014」という。）2頁。金融庁Q&A2014は、金商業等府令153条1項7号及び154条4号に規定する「発行者等に関する非公開情報」の解釈を示すものであると説明されている（同1頁）。

受規制）の緩和」との見出しの下、「いわゆる銀証ファイアーウォール規制は、同一金融グループ内の『銀行』・『証券会社』間において、顧客からの同意のない、顧客の非公開情報等の共有禁止等を定めるものである。」[16][17]

・「国内顧客に関する銀証ファイアーウォール規制」との見出しの下、「いわゆるファイアーウォール規制は、…主に銀行・証券会社間における顧客の非公開情報等の共有禁止等からなる規制であり」[18][19]

・「顧客の非公開情報等を銀行・証券会社間で共有することの規制をファイアー・ウォール規制という。」[20]

・「銀証ファイアウォール規制」[21]

---

16 市場制度 WG 第一次報告2020・9頁。
17 「非公開情報等」とは、「非公開情報及び非公開融資等情報」を指す（市場制度 WG 第一次報告2020・9頁）。
18 市場制度 WG 第二次報告2021・14頁。
19 金融審議会市場制度ワーキング・グループ第二次中間整理（2022年12月21日）（以下「市場制度 WG 第二次中間整理2022」という。）9頁においても、狭義の意味で「銀証ファイアーウォール規制」との見出しが記載されている。
20 飯田秀総『金融商品取引法』（新世社、2023）（以下「飯田2023」という。）394頁。
21 「経済財政運営と改革の基本方針2023について」（令和5年6月16日閣議決定）（以下「骨太方針2023」という。）16頁。同頁では、「銀証ファイアウォール規制」について、「金融グループの銀行・証券間で、顧客の非公開情報を同意することなく共有することを禁止する規制。」と注記されている。

3　「ファイアーウォール」規制の趣旨に係る変遷

(1)　「ファイアーウォール」規制（広義）の趣旨に係る変遷

①　4分類説（平成4年金融制度改革法[22]関連）

・「資本市場の健全な発展を図るという観点から別法人の形態で新規参入が行われる場合、それに伴い市場機能が歪められるということがあってはならない」として、「新規参入に伴う問題への対応」である「弊害防止措置」の趣旨として、①「主として新規参入者の経営の独立性、健全性を確保する観点」、②「主として利益相反を防止する観点」、③「主として市場仲介者間の公正な競争を確保するという観点」、及び④「その他の措置」に整理された上で、上記④の「措置」として、「発行会社、投資者等に関する非公開情報を親会社から証券子会社に伝達すること」が挙げられていた[23][24]。

②　3分類説

・「証券会社と他の会社が親子関係にあることを利用した取引等が行

22　「金融制度及び証券取引制度の改革のための関係法律の整備等に関する法律」（平成4年法律第87号）を指す。

23　証券取引審議会基本問題研究会報告書「証券取引に係る基本的制度の在り方について」（平成3年5月24日）（以下「証取審基本問題研究会報告書1991」という。）15頁・16頁。

24　松尾直彦『金融商品取引法〔第7版〕』（商事法務、2023）（以下「松尾2023」という。）520頁では、「弊害防止措置（ファイアーウォール規制）」の趣旨として、当該整理を記載している。

われることにより、市場機能が歪められ、資本市場の健全な発展が
阻害されることを防止するため、（a）証券会社の経営の独立性・健
全性の確保、（b）利益相反の防止、（c）市場仲介者間の公正な競争
の確保、のための実効性ある弊害防止措置が規定されている。」[25]

　　【コメント】当該説明では、4分類説における「その他の措置」が
　　挙げられていない。

・「①証券子会社を持つことによって親銀行の健全性が損なわれ、預
　金者が不利益を受けるのを防ぎ、②企業の資金調達面において、企
　業に対する銀行の優位が助長されるのを抑えるとともに、③証券会
　社との関係において、銀行の証券子会社が競争上有利になりすぎな
　いよう配慮することにある。」[26]

　　【コメント】当該説明では、「企業に対する銀行の優位」（上記②）
　　が挙げられている。

・「金融機関の証券業務参入に際して懸念される問題」として、①
　「金融機関の健全性が阻害されるというもの」、②「利益相反の発生」、
　及び③「金融機関間の競争上の公正性が損なわれるというもの」が
　挙げられた上で、上記①の「弊害」については、「基本的に、金融機
　関を規制する各業法の問題である。」とされ、上記③については、
　「2つに大別できる。金融機関が積極的に関連証券会社を支援する
　ことで、当該証券会社が他の証券会社よりも競争上も優位な立場に

25　証券法制研究会編『逐条解説　証券取引法』（商事法務研究会、1995）（以下
　　「証券法制研究会1995」という。）415頁・416頁。
26　龍田1992・12頁。神田秀樹＝森田宏樹＝神作裕之『金融法概説』（有斐閣、
　　2016）（以下「神田・森田・神作2016」という。）62頁［神作裕之］におい
　　ても、「弊害防止措置にかかるこれらの規制は、公正な競争の確保、経営の健
　　全性・独立性の確保を目的とするとともに、利益相反を規制という観点から
　　設けられている。」と説明されている。

立つものと、外見上は積極的に支援はしないものの、金融機関が企業に対して有している影響力のゆえに、当該証券会社の競争上の優位性がもたらされるというものである。」と説明されている[27]。そして、「後者に関連して、平成4年の証券取引法では、共同訪問の規制およびいわゆるメインバンク・ファイアー・ウォールが定められていた。」と説明されていた[28]。

　【コメント】当該説明では、「金融機関間の競争上の公正性」（上記③）に「金融機関が企業に対して有している影響力」が含まれている。

③　2分類説（平成10年金融システム改革法[29]関連）

・「ファイアー・ウォールについては、利益相反による弊害防止、競争条件の公平性確保等の目的に照らし、これまでの経験を踏まえつつ見直されるべきである。」[30] [31]

27　神崎克郎＝志谷匡史＝川口恭弘『証券取引法』（青林書院、2006）（以下「神崎・志谷・川口2006」という。）609頁。当該説明は、川口1993・16頁に示されていたものである。近藤光男＝吉原和志＝黒沼悦郎『証券取引法入門〈新訂版〉』（商事法務研究会、1999）330頁においても、「銀行預金者の保護、利益相反行為の防止、公正な競争の確保を理由として、ファイアー・ウォール（防火壁、業務隔壁）と呼ばれるさまざまな業務規制が定められている。」と説明されていた（以下「近藤・吉原・黒沼1999」という。）。

28　神崎・志谷・川口2006・609頁。当該説明も、川口1993・19頁に示されていたものである。同頁では、これらの「弊害防止措置は、証券会社の親法人等または子法人等が銀行である場合にのみ適用される規制となっている。」と説明されていた。

29　「金融システム改革のための関係法律の整備等に関する法律」（平成10年法律第107号）を指す。

30　証券取引審議会報告書1997・19頁。

31　なお、証券取引審議会総合部会市場仲介者ワーキング・パーティー報告書「顧客ニーズに対応した多様な投資サービス」（平成9年5月16日）8頁では、「関連兄弟会社とのリスク遮断や利益相反等の防止のためには、アームズ・レングズ・ルール（独立企業間ルール）や不公正取引防止ルール、及びファイアー・ウォール規制等の整備が必要である。」と記載されていた。

・「弊害防止措置の見直し」（平成11年4月1日施行）に関連して、「平成4年に弊害防止措置が制定された当時には、主として、市場仲介者としての証券会社の経営の独立性・健全性の確保、証券会社とその関係会社の間の利益相反の防止、市場仲介者間の公正な競争の確保、銀行の影響力を行使し市場に悪影響を与えることを防ぐ、という基本的考え方」と説明されていた[32]。当該説明では、「経営の独立性・健全性の確保」については「こうした観点の重要性は低くなっている」、「利益相反の防止、市場仲介者間の公正競争の確保」については「これらは、依然重要性がある」、「銀行の影響力」については「その影響力については、ファイアーウォール制定時より相当程度減殺されているとも考えられる」とそれぞれ説明されている[33][34]。

　　【コメント】当該説明では、「銀行の影響力を行使し市場に悪影響を与えることを防ぐ」を明示しつつ（新4分類説的）、「利益相反の防止、市場仲介者間の公正競争の確保」を挙げている（2分類説的）。

・「依然として金融システムにおける資金仲介の大宗を担っているのは銀行であり、65条の根拠となった利益相反や銀行の優越的地位の濫用の可能性は、今なお重要な論点である。また、金融分野におけ

32　長谷川浩一「銀行等と証券会社間のファイアーウォール（弊害防止措置）の見直し」金融法務事情1544号36頁（1999）（以下「長谷川1999」という。）。

33　長谷川1999・36頁・37頁。

34　当該見直しでは、「共同訪問の禁止」、「証券子会社の主幹事制限」及び「共同マーケティングの禁止」が廃止された。当該廃止について、川口恭弘「業務分野規制の新展開」ジュリスト増刊『あたらしい金融システムと法』（2000）104頁では、「共同訪問規制、メインバンク・ファイアー・ウォール規制は、銀行の影響力を懸念して設けられたものであった。銀行が信用供与を利用して競争制限的な行為を行うならば、独禁法の問題として処理される。もっとも、企業は銀行の信用供与を期待して、銀行を親会社または子会社とする証券会社を利用することが考えられる。このような競争上の優位性を今後は問題にしないというのが、一連の決定の意味であると考えられる。」と説明されている。

る個人情報保護の必要性はますます高まっている。」[35]

　　【コメント】当該説明では、いわゆる銀証分離原則[36]を示す旧証
　　券取引法65条についてであるが、「利益相反」や「銀行の優越的
　　地位の濫用」が挙げられている。

・「銀行・証券間のファイアーウォール規制は、1993年（平成5年）
　の業態別子会社方式による相互参入解禁時に、利益相反による弊害
　の防止や銀行等の優越的地位の濫用の防止等をねらいとして導入さ
　れた。」[37]

　　【コメント】当該説明では、第一部会報告2003に示された銀行本
　　体における銀証分離原則の趣旨がそのまま親法人等・子法人等間
　　における「ファイアーウォール規制」（広義）の趣旨とされている
　　問題があるように思われる。

・「利益相反行為の禁止、公正な競争の確保の観点から」[38]

(2)　「ファイアーウォール」規制（狭義）の趣旨に係る変遷

①　主として顧客保護説

・「主として顧客を保護するためのファイアーウォール規制措置とし

35　金融審議会金融分科会第一部会報告「市場機能を中核とする金融システムに
　　向けて」（平成15年12月24日）（以下「第一部会報告2003」という。）29頁。
36　山下友信＝神田秀樹編『金融商品取引法概説 第2版』（有斐閣、2017）423頁
　　［神田秀樹］では、「銀証分離規制は、アメリカのグラス・スティーガル法
　　（1933年）を参考として証券取引法にその制定当初（昭和23〔1948〕年）から
　　置かれたものであるが、日本における規制の趣旨は、銀行によるリスクの大
　　きな業務の防止、利益相反行為による弊害の未然防止、証券業の育成といっ
　　た複数の点にあるといわれている。」と説明されている。
37　第一部会報告2007・12頁。
38　黒沼2020・672頁。

て、次のものが定められているが、これらの規制措置には、市場仲介者間の公正な競争を確保する趣旨もみられる。」[39]

・「顧客の利益を保護するとともに、公正な競争を確保するためである。」[40]

・「立法による規制の目的は、顧客の利益保護にあると考えられる。ただし、競争の公正性の確保という観点からは、顧客の同意にもとづく情報の伝達が可能とされている点で、ここでは十分に達成されているとは言いがたい。」[41]

・「本規制は、主として顧客の保護を目的としている。」[42]

・「顧客の個人情報の保護と、親銀行等・子銀行等を有する証券会社とそうでない証券会社との間の競争条件を公平にすること（公正な競争の確保）を目的としている。」[43]

　【コメント】証取審基本問題研究会報告書1991を踏まえると、「ファイアーウォール規制」（狭義）の本来の趣旨については、「主として顧客保護説」が適切であると考えられる。

39　松尾2023・522頁。
40　近藤・吉原・黒沼1999・331頁。
41　神崎・志谷・川口2006・613頁。当該説明も、川口1993・18頁に示されていたものである。同頁では、「非公開情報の伝達規制は、顧客の利益を保護するためのものである。さらに、同規制は証券市場での競争の公正性の確保にも有益なものとなるはずである。銀行は他の業種の企業と比べて、融資業務を通じて多くの有益な情報を入手できる立場にあるからである。ただし、競争の公正性の確保は、顧客の同意に基づく情報の伝達が可能とされている点で、ここでは十分に達成されているとは言いがたい。」と説明されている。
42　神田秀樹＝神作裕之＝みずほフィナンシャルグループ編著『金融法講義 新版』（岩波書店、2017）（以下「神田・神作・みずほ2017」という。）262頁［真木善夫］。
43　黒沼2020・678頁。

②　行政における整理に係る変遷

・「証券会社が、本来であれば入手不可能であるような非公開の情報を、親子関係という特殊な関係にあることを利用して、親法人等または子法人等から手に入れることは、他の証券会社に比べ有利になるばかりでなく、証券会社の独立性の観点からきわめて問題がある。他方、証券会社が、その親法人等または子法人等に対して、自ら知りえた非公開の情報を提供することは、公正な市場仲介者であるべき証券会社に対する、一般の顧客や発行会社の信頼を損なうことになる。」[44]

・「非公開情報の授受の禁止を定める行為規制府令第12条第1項第7号の規定は、顧客情報の保護及び公正な競争の確保の観点から適切なものと考えています。」[45]

・「ファイアーウォール規制は、銀行の優越的地位の濫用や、預金者と投資者の利益相反等の弊害を防止しようとするものである」[46]

　　【コメント】当該説明では、第一部会報告2007に示された「ファイアーウォール規制」（広義）の趣旨がそのまま「ファイアーウォール規制」（狭義）の趣旨とされている問題があるように思われる。

・「いわゆる銀証ファイアーウォール規制は、…1993年に、『銀行』・『証券会社』間において、業態別子会社方式による相互参入の解禁時に、・証券会社間の公正な競争の確保（グループ銀行の優越的地位を濫用した営業の防止等）、・利益相反取引の防止、・顧客情報の

44　証券法制研究会1995・421頁・422頁。
45　金融庁「『証券市場の改革促進プログラム』に対するパブリックコメントの結果について」（平成14年10月15日）4頁。
46　金融庁 Q&A2014・2頁。

適切な保護　等を確保するために設けられたものである。」[47]

　【コメント】当該説明では、「証券会社間の公正な競争の確保」に「グループ銀行の優越的地位を濫用した営業の防止」が含まれ、「顧客情報の適切な保護」が明示されている。

・「いわゆるファイアーウォール規制は、優越的地位の濫用防止、利益相反取引の防止、顧客情報の適切な保護等を確保する観点」[48][49]

　【コメント】当該説明では、「優越的地位の濫用防止」が復活されている。

・「①顧客情報管理、②利益相反管理、③優越的地位の濫用防止の実効性確保を図る措置をしっかり講じる必要がある。」[50]

　【コメント】当該説明では、「顧客情報管理」が最初に挙げられており、評価できる。

・「顧客情報管理や利益相反管理、優越的地位の濫用防止の実効的な確保等の利用者保護の状況を適切に確認しながら、外務員の二重登録禁止規制や、中堅・中小企業や個人顧客の情報の取扱い等に関するファイアーウォール規制のあり方について、利用者利便の具体的

47　市場制度 WG 第一次報告2020・9 頁。

48　市場制度 WG 第二次報告2021・14頁。飯田2023・394頁も同旨である。

49　市場制度 WG 第二次報告2021の直前にとりまとめられている自由民主党政務調査会金融調査会「金融調査会提言」（令和 3 年 5 月20日）6 頁では、「銀証ファイアーウォール規制」の見出しの下、「国内顧客に関する銀証ファイアーウォール規制については、わが国資本市場の一層の機能発揮、国際金融センターとしての市場の魅力向上、より高度な金融サービスの提供を促すため、顧客の意向や利益相反管理・優越的地位の濫用防止等の観点から、見直しを行うべきである。」と記載されている。

50　市場制度 WG 第二次報告2021・23頁。市場制度 WG 第二次報告2021・25頁～27頁では、「（3）弊害防止の実効性の確保に向けた方策」について、「①顧客情報管理」、「②利益相反管理」、「③優越的地位の濫用防止」及び「④その他」の順で検討されている。

な向上にどのようにつながりうるのかといった観点から、引き続き検討を行うことが考えられる。」[51]

・「銀証ファイアウォール規制の見直し

顧客ニーズに合った商品・サービスを提供しやすくするなど金融機能の強化に向けた取組を推進する観点から、顧客情報管理や利益相反管理、優越的地位の濫用防止の実効的な確保等の利用者保護の状況を適切に確認しながら、外務員の二重登録禁止規制等に関する銀証ファイアウォール規制…の在り方や必要とされる対応につき検討を行う。」[52]

【コメント】「利益相反管理」は「顧客の利益」保護のための規制であると考えられること（金商法36条２項参照）及び「優越的地位の濫用防止」も顧客保護のための規制であると考えられること（金商業等府令153条１項10号参照）からすると、これらを「利用者保護」とまとめる当該考え方は「主として顧客保護説」と同旨であるとも捉え得るように思われる。

4　「顧客情報管理」の実効性確保に向けた方策

(1)　要保護姓の観点からの顧客分類

・「ファイアーウォール規制のあり方を考えていく上では、金融分野

51　市場制度 WG 第二次中間整理2022・９頁。
52　「新しい資本主義のグランドデザイン及び実行計画2023改訂版」（令和５年６月16日閣議決定）59頁。金融庁「2023事務年度金融行政方針」（令和５年８月29日）のうちの「本文」９頁及び「実績と作業計画」14頁も同旨である。

における顧客情報保護の意識の高まりについて十分に留意していくことが必要であり、顧客が望んでいない場合にまで、非公開の顧客情報の共有を認めることは適当ではない。そのように考えた場合、顧客意思の確認手段としては、顧客の属性を勘案し、次のように考えることが適当である。…個人情報の取扱いについては、オプトインを維持することが適当である。…法人の中にも、自己の情報についての共有を拒みたいとするケースもありうることを考えれば、法人情報の取扱いについて、顧客に明確にオプトアウトの機会を付与することが適当である。」[53]

　【コメント】当該説明では、「個人情報」と「法人情報」が区分されている。当該区別は、顧客情報としての要保護性の程度の相違として捉え得る。

・「当該見直しに係る法人の範囲については、…情報授受規制において、法人と個人の区別だけでなく、法人においても大企業とその他の中堅・中小企業とは区別する必要があるとの指摘を踏まえることが重要である。」[54]

　【コメント】当該説明では、「法人」における「大企業」と「中堅・中小企業」の区別。当該区別は、法人顧客情報としての要保護性の程度の相違として捉え得る。

(2) 「顧客情報管理」の一環としての「法人関係情報」管理

・「顧客情報管理の実効性を確保する観点」から、①「法人関係情報」

53　第一部会報告2007・14頁。
54　市場制度 WG 第二次報告2021・23頁。

に基づく自己売買等の禁止規定の登録金融機関への適用化、②「法人関係情報管理におけるチャイニーズウォール構築やその具体的な方法、ウォールクロスを行う際の体制整備のあり方のほか、法人関係情報以外の顧客情報も含めた"Need to know"原則に基づく情報管理の徹底の必要性等、監督指針等において具体的に示していくことが適当である。」[55]

【コメント】上記①については、金商業等府令117条1項16号の改正。上記②については、金商業者等監督指針Ⅲ-2-4（顧客等に関する情報管理態勢）並びに主要行等監督指針Ⅲ-3-3-3-2（1）（顧客等に関する情報管理態勢）及び中小・地域金融機関監督指針Ⅱ-3-2-3-2（1）（顧客等に関する情報管理態勢）の改正。「顧客等に関する情報」とは、顧客に関する情報及び法人関係情報をいう。

金商業等府令117条1項16号の改正については、「同号の対象に登録金融機関である銀行を追加するものであり、登録金融機関業務のみに限定するものではありません。」と説明されている[56]。しかし、銀行の自己投資業務は、登録金融機関業務に該当しない（金商法33条1項。銀行法10条2項2号参照）。金商法は、銀行の業務全般を規制監督する法律ではなく、基本的には「登録金融機関業務」又は「これに付随する業務」に関して規制監督する法律である（同法52条の2第1項3号参照）。「登録金融機関その他業務」（登録金融機関業務以外の業務）に関連しての規制も、あくま

55　市場制度 WG 第二次報告2021・25頁・26頁。
56　金融庁「コメントの概要及びコメントに対する金融庁の考え方」（令和4年4月22日）（以下「金融庁パブコメ回答2022」という。）22頁 No.60。

でも「登録金融機関業務に係る行為」を規制対象とするものである（同法44条の2第2項）[57]。

銀行の業務全般にわたる情報管理態勢の整備に係る法的根拠は銀行法12条の2第2項であるところ、同項は、「銀行は、内閣府令で定めるところにより、…その業務に関して取得した顧客に関する情報の適正な取扱い…その他の健全かつ適切な運営を確保するための措置を講じなければならない。」と規定するものである。同項に基づき定められている措置は、すべて個人に関する情報である（銀行法施行規則13条の6の5～13条の6の7）。

(3) 守秘義務

① 守秘義務

・「利益相反管理・内部管理目的での情報共有…は、顧客の同意やオプトアウトの不行使を要件とするものではありませんが、個人情報保護法や私法上の守秘義務に別途留意する必要があります。」[58]
・「今般の改正は、金商法における顧客情報の取扱いの見直しを行う

57　現行の金商法38条9号に基づく金商業等府令117条1項14号（法人関係情報を提供しての勧誘禁止）は従前から登録金融機関にも適用されている。その前身規定は、証取法65条の2第5項において準用する同法42条1項10号（禁止行為）に基づく「金融機関の証券業務に関する内閣府令」（以下「金融機関府令」という。）21条4号の3であったところ、同条柱書では「…内閣府令で定める行為は、証券業務に関する次に掲げるものとする。」と規定されていた。また、現行の金商法40条2号に基づく金商業等府令123条1項5号（法人関係情報の管理）も従前から登録金融機関にも適用されている。その前身規定は、証取法65条の2第5項において準用する同法43条2号（禁止状況）に基づく金融機関府令27条3号であったところ、同条柱書では「…内閣府令で定める状況は、証券業務に関する次に掲げるものとする。」と規定されていた。

58　金融庁「パブリックコメントの概要及びコメントに対する金融庁の考え方」（平成21年1月20日）（以下「金融庁パブコメ回答2009」という。）18頁。

ものであり、協会規則上の義務や私法上の守秘義務には別途留意する必要があります。」[59]

・「顧客情報の管理については、…顧客毎のニーズに応じて適切な管理を行う観点から、金融機関と顧客の間で、守秘義務契約を締結してその管理を強化する等、欧米と同様に、金融機関と顧客の間で、民・民間の契約に基づく管理を行っていくことも有益な実務であると考えられる。」[60]

・「顧客等に関する情報の取扱基準については、Need to Know 原則や法令、実務指針の規定等を考慮して定めることが監督上の着眼点であることは貴見のとおりですが、一般論として、顧客等に関する情報の取扱いにおいては、『コンプライアンス（顧客に対する守秘義務、説明責任）及びレピュテーションの観点』からの検討も必要と考えられます。」[61]

　　【コメント】当該説明では、「守秘義務」が検討課題とされている[62]。

②　日本証券業協会の規則に基づく守秘義務

・日本証券業協会「協会員の投資勧誘、顧客管理等に関する規則」5条2項「協会員は、顧客について顧客カード等により知り得た秘密を他に洩らしてはならない。」

・日本証券業協会「協会員の従業員に関する規則」7条15号「協会員は、その従業員が…次の各号に掲げる行為を行うことのないように

59　金融庁パブコメ回答2009・21頁。
60　市場制度 WG 第二次報告2021・27頁。
61　金融庁パブコメ回答2022・24頁 No.72。
62　「金融機関の守秘義務」については、神田・森田・神作2016・27頁～37頁
　　［森田宏樹］参照。

しなければならない。…一五　職務上知り得た秘密（特定業務会員にあっては特定業務に係るものに、特別会員にあっては登録金融機関業務に係るものに限る。）を漏洩すること。」

・「『協会員の従業員に関する規則』に規定する職務上知り得た秘密の漏えい禁止について―営業ルール照会制度に基づく照会及び回答―」（平成23年12月 6 日）「平成13年 9 月21日付通知（日証協（会規）13第32号）では、株式の時価発行増資等に際してのブックビルディング方式の過程において、主幹事証券会社及び各引受シ団メンバーが把握する主要な機関投資家の名称及びその需要内容を、発行会社からの要請に応じて、当該投資家の同意を得ることなく開示することは、『顧客カード等により知り得た秘密』を漏洩することを禁止する『協会員の投資勧誘、顧客管理に関する規則』（以下『投資勧誘規則』といいます。）第 5 条第 2 項に抵触する旨が確認されています。（中略）平成13年 9 月21日付通知（日証協（会規）13第32号）での回答と同様に、協会員が、海外関連会社の顧客である投資家の名称及び需要内容を、当該投資家の同意を得ることなく発行会社に開示することは、『職務上知り得た秘密を漏洩すること』に該当し、『協会員の従業員に関する規則』第 7 条第 3 項第17号に違反するものと理解します。」との照会事項に対して、「貴見のとおりで差し支えありません。」と回答。

　　【コメント】当該回答は法人情報に関するものである。このことは、法人情報についても、守秘義務の観点から慎重に取り扱われることを示すものである。

・日本証券業協会「募集株券等の配分に係る規制の見直しのための『株券等の募集等の引受け等に係る顧客への配分に関する規則』等

の一部改正（案）に対するパブリック・コメントの結果について」
（平成24年 7 月17日）10頁・11頁 No.31「国内において引受けを行
った株券等の配分について行われる配分先情報の提供は、配分規則
第 6 条及び第 7 条により義務付けられるものであることから、投資
勧誘規則第 5 条第 2 項及び従業員規則第 7 条第 3 項第17号は適用さ
れないと考えられます。

一方、我が国の発行者による外国における株券等の募集又は売出し
について適用される配分規則第14条は、前述のとおり、特定の行為
を義務付けるものではないことから、投資勧誘規則第 5 条第 2 項及
び従業員規則第 7 条第 3 項第17号の適用除外にはならないと考えら
れます。

このため、平成23年12月 6 日付「『協会員の従業員に関する規則』
に規定する職務上知り得た秘密の漏えい禁止について―営業ルール
照会制度に基づく照会及び回答―」（日証協（自）23 第88号、日証
協（自 1 ）23 第89号）における考え方は、今般の改正の後において
も変わるものではないと考えられます。」

　【コメント】当該回答も法人情報に関するものである。このことは、
　法人情報についても、守秘義務の観点から慎重に取り扱われるこ
　とを示すものである。

③　**銀行の守秘義務に関する最高裁決定**

・最高裁平成19年12月11日第三小法廷決定[63]
「金融機関は、顧客との取引内容に関する情報や顧客との取引に関
して得た顧客の信用にかかわる情報などの顧客情報につき、商慣習

63　民集61巻 9 号3364頁。

上又は契約上、当該顧客との関係において守秘義務を負い、その顧客情報をみだりに外部に漏らすことは許されない。」

［田原睦夫裁判官の補足意見］「金融機関は、顧客との取引を通じて、取引内容に関する情報や取引に関連して顧客の様々な情報を取得する（以下、これらを併せて『顧客情報』という。）。これらの顧客情報は、おおむね次のように分類される。①取引情報（預金取引や貸付取引の明細、銀行取引約定書、金銭消費貸借契約書等）、②取引に付随して金融機関が取引先より得た取引先の情報（決算書、附属明細書、担保権設定状況一覧表、事業計画書等）、③取引過程で金融機関が得た取引先の関連情報（顧客の取引先の信用に関する情報、取引先役員の個人情報等）、④顧客に対する金融機関内部での信用状況解析資料、第三者から入手した顧客の信用情報等。このうち、①、②は、顧客自身も保持する情報であるが、③、④は金融機関独自の情報と言えるものである。

ところで、金融機関は、顧客との間で顧客情報について個別の守秘義務契約を締結していない場合であっても、契約上（黙示のものを含む。）又は商慣習あるいは信義則上、顧客情報につき一般的に守秘義務を負い、みだりにそれを外部に漏らすことは許されないと解されているが、その義務の法的根拠として挙げられている諸点から明らかなように、それは当該個々の顧客との関係での義務である。」

【コメント】当該最高裁決定は、特に個人顧客情報と法人顧客情報を区別していない。

④ 銀行の法人情報に係る守秘義務に関する全国銀行協会研究会報告書

・全国銀行協会金融法務研究会「金融機関のグループ化と守秘義務」

（平成14年4月）

・法人顧客情報の保護は、当該法人の経済的利益を守るためのものであり、基本的に契約の問題として処理すべきである。

・法人顧客情報の共有等に関しては、契約で禁じられていないと解釈でき、当該法人に経済的な不利益が生じない形であれば、その利用や第三者への提供は許される。

・利用・第三者への提供が許されるかは、当該情報の性格如何であり、当該法人顧客情報が漏洩すると当該法人の評判が落ちるとか、営業上の秘密になっていて、それが漏洩すると経済的損失を発生するような場合で金融機関もそのことを知り得るのであれば、当該情報の提供は契約上許されないと解釈される（ただし、漏洩防止のための適切な措置が講じられている場合はこの限りでない。）。

・公開情報（公開されるべき情報）の利用・第三者への提供は許される。

・法人顧客情報をマーケティング目的で利用することは、そのこと自体からは当該法人に経済的不利益を生じることは考えられないため、当該法人の同意がなくても原則許されると考えられる。従って、金融機関が関連会社に当該目的で当該情報を提供することは、上記のような企業の評判等に係る情報等でなければ、そのこと自体では問題とならない。

・法人顧客情報が、上記のような当該法人の評判に係る情報等であっても、情報の提供を受けた第三者が厳重に情報を管理し、当該第三者以外に漏洩しないような体制になっており、第三者自身による当該情報の利用によって当該法人顧客に不利益が生じないようであれば、当該提供も原則許される。関連企業への法人顧客情

報提供の是非の問題は、関連企業であれば情報提供先における情報漏洩を防ぎやすいかという問題である。

【コメント】実務では従来から、「法人の顧客情報の守秘義務」について、当該考え方に沿って対応されてきたように思われる[64]。当該考え方は、「守秘義務により保護されるべき利益（保護法益）」について、「個人顧客と法人顧客とで保護法益が異なるという考え方」[65]である。

・全国銀行協会「貸出債権市場における情報開示に関する研究会報告書」（平成16年4月）

・個人顧客情報の保護はプライバシー権や人格権などを根拠とするが、法人にはそもそもプライバシー権はないとの見解があり、企業顧客情報の保護の問題は、もっぱら顧客と銀行との間の契約関係や顧客の経済的利益を侵害する可能性の有無という観点から考察すべきである。

・銀行が企業顧客情報を開示することが認められるか否かは、銀行と顧客の取引関係等に応じて個別具体的に判断すべきであり、守秘義務を画一的・硬直的に解するべきではない。次の場合には当然に顧客情報の開示が認められる。①情報開示について当該債務者企業の承諾がある場合　②当該情報が公開情報の場合

・このほか情報開示が認められる根拠としては、銀行の企業顧客情

64　臼井徹＝高木いづみ「グループ銀行間での法人顧客情報の授受と守秘義務」金融法務事情1850号（2008）（以下「臼井・高木2008」という。）93頁。

65　日本銀行金融研究所『『金融サービスにおける顧客情報の利用を巡る法律問題研究会』報告書：顧客情報の利活用に関する行為規範のあり方」金融研究40巻1号（2021）（以下「金融研究2021」という。）17頁。なお、当該研究会のメンバー（五十音順）は、井上聡弁護士、加毛明教授、神作裕之教授及び神田秀樹教授（座長）である。

報の開示が必要かつ正当な理由を有する行為（正当行為）であること、情報開示により当該企業が経済的損害を被る予見可能性がないこと等が考えられる。

・この場合、情報開示が認められるか否かは、そうした情報開示の必要性・正当性と開示により顧客に及ぼす影響とを、具体的な場面に即して、総合的に判断すべきものと考える。その際の総合判断の具体的な要素としては、次の5要素を挙げることができ、この5つの要素を、その要素間の関係も含め考慮し、情報開示の妥当性を判断するというアプローチが有効である。①情報開示の目的　②開示する情報の内容　③債務者企業に及ぼす影響　④情報の開示先　⑤情報の管理体制[66]。

【コメント】実務では従来から、「法人の顧客情報の守秘義務」について、当該「5つの要件に基づく総合判断」が行われてきたように思われる[67]。ただし、守秘義務の保護法益については、「個人顧客と法人顧客とで保護法益が同一であるという考え方」として、①「顧客の情報コントロール権」とする考え方又は②「顧客の信頼」とする考え方があり、この場合には「顧客が個人であるか法人であるかを区別して検討する必要はないと考えられる」[68][69]。

---

[66] 金融研究2021・23頁においても、「全銀協報告書の5要素…に着目した判断アプローチには、一定の汎用性が認められる。」とされている。

[67] 臼井・高木2008・95頁・102頁。

[68] 金融研究2021・17頁・18頁。

[69] 森下哲朗「銀行の守秘義務の本質―債権譲渡を題材に」全国銀行協会金融法務研究会『金融機関の情報利用と守秘義務をめぐる法的問題』(2008)59頁では、「筆者としては、銀行の守秘義務は、顧客の情報コントロール権を根拠とするものであり、このような顧客の権利は諸事情を考慮した結果の利益衡量によって制約を受けるべきものと理解すべきであると考えている。」とされている。

・全国銀行協会「法人顧客に係る銀証間の情報共有のあり方に関する研究会報告書」（平成20年4月）

　・「内部管理目的」でのグループ内における法人顧客情報の共有について、上記5要件を踏まえて検討することにより、守秘義務の例外とされる場合を整理できる。

「マーケティング目的での情報共有は、…様々な場面が想定されるところであり、守秘義務との関係で正当化し得るか否かは、先にあげた貸出債権市場報告書で示された5要件を個別・具体的に検討していく必要があるが、当該目的による情報共有が、こうした顧客サービス等の利用者利便を向上させる大きな要因となることは、守秘義務との関係を検討するうえでの上記各要件のうち①の観点から重要なファクターとして評価されるべきものであろう。また、内部管理目的にもとづく情報共有の場合とは異なり、顧客にとっての経済的不利益が生じる事態が一般的には想定しにくいこと（むしろ…メリットが予想される）や、共有された情報が金融グループ内に止まるとともに適切に管理され、さらに利益相反等に関し適切な管理体制が構築されることによって、顧客に経済的不利益が生じないと考えられる場合には、その他の4要件についても、原則として積極的な評価を与えることができるように思われる。」

　【コメント】「近年、デジタル社会の進展により、…顧客情報や情報管理に対する関心が益々高まってきている」[70]ことを踏まえると、法人顧客情報のマーケティング目的での情報共有のあり方についても再検討が必要であるように思われる[71]。

70　日本証券業協会「『協会員の役職員に対する処分に関するワーキング・グループ』報告書の概要」（2023年6月20日）2頁。

5　おわりに

　令和 5 年の政府の閣議決定文書において、「銀証ファイアウォール規制の在り方につき検討を行う。」とされており[72]、金融庁「2023事務年度　金融行政方針」（令和 5 年 8 月29日）においても「検討を行う」とされている[73]。今後とも、原点である「主として顧客保護説」（「利用者保護」）に即して金融行政における検討が進められることが望まれる。加えて、民間において、法人顧客情報の守秘義務に関する考え方をアップデートする検討が進められることが期待される。

---

[71]　金融研究2021・26頁・27頁では、「法人顧客情報」について「個人顧客情報との相違点」として、「第 1 に、法人顧客の場合、銀行は取引過程で取得した顧客の関連情報として、当該顧客の取引先に関する情報を取得することが想定されるが、そうした情報が漏洩した場合には、顧客に与える損害（③）の程度が大きいと考えられ、情報の提供先（④）や情報の管理体制（⑤）に留意する必要が生じよう。第 2 に、法人顧客情報が漏洩した場合には、その情報の内容（②）によっては、当該顧客が与信を受ける可能性が左右されることを含め、その事業に関して広範に風評被害が生じる可能性があり、そのような観点からも顧客に及ぼす影響（③）に留意する必要があると考えられる。第 3 に、個人顧客情報に関する検討で挙げたセンシティブ情報は個人を前提としているため、法人顧客については考慮する必要がない。」と説明されていることに留意する必要があろう。

[72]　骨太方針2023・16頁。「銀証ファイアウォール規制」とは、「金融グループの銀行・証券間で、顧客の非公開情報を同意することなく共有することを禁止する規制」として、「ファイアーウォール規制」（狭義）の意味で説明されている（同頁）。

[73]　「2023事務年度金融行政方針」のうちの「本文」 9 頁及び「実績と作業計画」14頁。

第 9 章

人権デュー・ディリジェンス
について

西村あさひ法律事務所・外国法共同事業

弁護士 根本 剛史

弁護士 森田多恵子

第1章　ビジネスと人権

1　はじめに

(1)　ビジネスと人権におけるグローバルの動き

　近時、「ビジネスと人権」への関心が高まっているが、この分野の大きな転機になったのは、2011年に国連人権理事会において全会一致で支持された「ビジネスと人権に関する指導原則」（以下「国連指導原則」という。）である。人権を保護する義務を負うのは国家であるが、企業の活動が人権に与える影響等に鑑みて、国連指導原則が企業に人権を尊重する責任があることを明確化した点に大きな意義がある。具体的には、人権を尊重する企業の責任として、①人権方針の策定、②人権デュー・ディリジェンス（以下「人権DD」という。）の実施、③救済メカニズムの構築の3つがある。

　経済協力開発機構（OECD）が、2011年に多国籍企業行動指針を改訂して人権DDに関する規定を新設し、2018年に「責任ある企業行動のためのOECDデュー・ディリジェンス・ガイダンス」（以下「OECDガイダンス」という。）を策定するなど、企業の人権尊重の取組に関する国際的な枠組が作られていった。OECDからは、「責任ある企業融資と証券引受のためのデュー・ディリジェンス　OECD多国籍企業行動指針を実施する銀行等のための主な考慮事項」、「機関投資家の責任ある企業行動　OECD多国籍企業行動指針に基づくデュー・デ

ィリジェンスに関して考慮すべき重要な事項」など、金融機関や投資家が人権 DD を行うにあたってのガイダンスも公表されている。

　また、2020年に国連 Principles for Responsible Investment（PRI）が公表したポジションペーパーでも、機関投資家も人権を尊重する責任があることが明記されたことを受けて、人権に関する投資家の意識も変化しており、市民社会や消費者においても、企業に人権尊重を求める意識が高まっている。

(2)　人権尊重の取組を進めるべき理由

①　海外法令への対応

　人権に関する海外の法規制には、大きく 2 つのアプローチがある。1 つは、企業による人権 DD の実施や開示を求める欧州を中心とする法規制であり、もう 1 つは、強制労働等を理由とする製品の輸入規制等の米国を中心とする通商規制である。近年も、2023年 1 月にドイツでサプライチェーン・デュー・ディリジェンス法（Act on Corporate Due Diligence Obligations in Supply Chains）が施行されるなど、法制化を進める国が増えている。これらの海外法令が直接適用される日本企業はもちろんのこと、直接適用されない日本企業においても、取引先からの要請を通じて、人権尊重の取組のさらなる強化が求められることになる。そのため、人権尊重の取組を進めることは、法令対応という面だけではなく、グローバルにビジネスを行っていく上で必要な対応といえる。

②　訴訟リスクの回避

　日本企業が海外での強制労働で作られた製品を販売して利益を得ていたとして海外の裁判所に提訴されるなど、海外でも事業を展開して

いる日本企業が人権侵害を理由に提訴されるというケースも発生している。人権尊重の取組を怠ることは、人権侵害に関する訴訟リスクを増加させる可能性があるといえる。海外の法制度では、人権団体や労働組合といった第三者に提訴権が認められている場合もあり、そのような点から企業の訴訟リスクが高まっているといえる。

③　ビジネス・投資への影響回避

企業が人権侵害を行った場合、それを理由に、製品やサービスの不買運動、取引の停止、投融資の引き上げ、投資候補先からの除外等のリスクがあり、企業のビジネスに大きな影響が生じる可能性がある。

④　人権尊重の取組を行うことによるプラスの効果

企業が人権尊重の取組を実施して適切に開示することは、結果として、企業のブランドイメージや投資先としての評価の向上、取引先との関係の向上、優秀な人材の獲得・維持など、企業の競争力や企業価値の維持・向上に繋がるというプラスの効果もあるといえる。

また、現在、例えば、日本政府の公共調達において、人権 DD ガイドラインを踏まえて人権尊重に取り組むように努めることが、入札への応募等の要件となっているように、受注の拡大等の観点からも人権尊重の取組の重要性が高まっている。

2　人権 DD ガイドライン策定までの経緯

上記 1 のグローバルな動きの下、日本においても2020年に、国連指導原則を踏まえて、国別行動計画（NAP）である「『ビジネスと人権』に関する行動計画」[1]が策定されて、日本政府がその規模、業種等に関

わらず、日本企業が国際的に認められた人権等を尊重し、国連指導原則やその他関連する国際的なスタンダードを踏まえ、人権 DD のプロセスを導入することを期待することが明らかにされた。

　一方で、2021年に外務省及び経済産業省が実施した、当時の東証一部・二部上場企業等を対象とする人権に関する取組状況のアンケート調査では、回答企業（27.3%）のうち、約7割が人権方針を策定し、約5割が人権 DD を行っているとの回答であった。そして、人権方針を策定し、人権 DD を実施している企業においても、あるいはこれらを行っていない企業においても、自主的な取組のためのガイドラインの整備や企業への情報提供及び支援を日本政府に要望していることが明らかになった。

　上記のアンケート調査結果を受け、2022年3月に経済産業省に「サプライチェーンにおける人権尊重のためのガイドライン検討会」が設置され、同検討会での議論やパブリックコメントの手続を経た上で、同年9月13日に「責任あるサプライチェーン等における人権尊重のためのガイドライン」（以下「人権 DD ガイドライン」という。）が策定・公表された[2]。

1　https://www.mofa.go.jp/mofaj/press/release/press4_008862.html
2　https://www.meti.go.jp/press/2022/09/20220913003/20220913003.html

第2章　人権DDガイドライン（総論）

1　人権DDガイドラインの特徴

　人権DDガイドラインに法的拘束力はないが、人権尊重の取組に最大限努めることを企業に求めている。そのため、各企業においては、まず人権DDガイドラインの内容を理解することが喫緊の課題となる。

　前述の経緯から、人権DDガイドラインは、国連指導原則やOECDガイダンスをはじめとする国際的な枠組を踏まえて策定されている。これに加えて、例えば、技能実習生の問題について具体例を記載するなど、日本企業に特有の問題についても具体的に書かれているという特徴がある。

2　人権DDガイドラインの対象

(1)　適用対象となる企業の範囲

　人権DDガイドラインは、企業の規模・業種等に関わらず、日本で事業活動を行うすべての企業を対象としている。ドイツのサプライチェーン・デュー・ディリジェンス法のように、一定以上の事業規模の企業のみを適用対象としている海外法令もあるが、これとは異なり、例えばスタートアップでも大手企業でも、人権DDガイドラインは適

用される。これは、潜在的な人権への負の影響はどのような企業にも存在しており、人権を尊重する企業の責任はすべての企業に完全かつ平等に課されるとされているからであると考えられる（国連指導原則14・同解説）。

(2)　人権尊重の取組の対象

　人権 DD ガイドラインは、企業は国内外における自社・グループ会社、サプライチェーン上の企業及びその他のビジネス上の関係先の人権尊重の取組に最大限努めるべきとしている。すなわち、自社・グループ会社だけでなく、Tier 2 以降の取引先を含むサプライチェーンの上流・下流、投融資先、ジョイントベンチャーの共同出資者、設備の保守点検や警備サービスなどのその他サービスの提供業者も対象に含まれる。

　企業からは、「直接の取引先はまだしも、2 次下請以降の取引先についても人権リスクを特定することは難しい」、「サプライチェーンの下流については、どこまで実際できるのか分からない」という声も聞かれるが、まずは自社から、そして直接の取引先、というようにできるところから始めてみる、一歩目を踏み出すということが重要であると思われる。

　Tier 2 以降も、すべて自社のみで対応しなければならないわけではない。より深刻度の高い人権への負の影響がどれであるかを特定して、優先順位を付けて、ステークホルダー等とも協働しながら、人権への負の影響への取組を進めていくことになる。

　そして、サプライチェーンやバリューチェーン上で起きている、又は起きる可能性のある人権侵害が対象になるので、直接の取引相手に

その対応を任せるというのではなく、人権侵害に効果的に対応するにはどうするのかという観点から、共に取り組むことが重要になる。例えば、企業が、製品やサービスを発注するにあたり、その契約上の立場を利用してサプライヤー等に対し一方的に過大な負担を負わせる形で人権尊重の取組を要求した場合、下請法や独占禁止法に抵触する可能性がある。関連する各企業が協力して、人権への取組を進めていくということが重要になる。

(3) 対象となる人権の範囲

人権 DD ガイドラインでは、企業が尊重すべき「人権」とは、「国際的に認められた人権」をいうとされている。「国際的に認められた人権」には、少なくとも国際人権章典[3]で表明されたものと、「労働における基本的原則及び権利に関する ILO 宣言」に掲げられた基本的権利に関する原則が含まれる（国連指導原則12）。環境、気候変動、消費者利益などが人権に含まれるかどうかという点については、いろいろな見方があり得るところである。もっとも、EU の Corporate Sustainability Due Diligence 指令案では、バリューチェーンにおける人権及び環境 DD の実施とその内容等の開示を義務付けているし、2022年7月には、国連総会において、「クリーンで健康な環境へのアクセス」が普遍的人権であることが宣言された[4]。何が企業に期待されて何を求められるかというのも時の経過等により変化し得るものであり、人権の範囲は可変的といえる。

---

3 世界人権宣言、並びに、国際人権規約（経済的、社会的及び文化的権利に関する国際規約〔A 規約〕)、市民的及び政治的権利に関する国際規約〔B 規約〕）を指す。

4 https://news.un.org/en/story/2022/07/1123482

　また、企業の人権尊重責任は、人権を保護する国内法及び規則の遵守を越えるもので、それらの上位にあるとされている（国連指導原則11解説）。そのため、各国の国内法及び規則が定めている人権保障の水準が国際的に認められた人権の基準に達していない場合には、企業は国内法及び規則を遵守するだけでは足りず、国際的に認められた人権の基準に従って事業を運営しなければならない（国連指導原則23、国連「人権尊重についての企業の責任―解釈の手引き―」（以下「解釈の手引き」という。）問82）。

3　人権 DD の枠組

(1)　人権尊重の取組

　人権尊重の取組の枠組について述べると（図表1）、まず、人権方針を策定し、人権尊重責任に関する企業のコミットメントを表明する。
　次に、人権 DD については、まずは、サプライチェーン全体で生じ、又は生じ得る人権への負の影響を特定し、その深刻度を評価する。人権への負の影響を特定・評価したら、その防止・軽減措置を実施する。そして、取組の実効性を評価し、自社の人権尊重の取組について情報開示を行う。
　また、人権への負の影響に対しては、救済の措置をとることになる。

(2)　継続的プロセス

　人権 DD は、一度実施したらそれで終わりというものではない。人

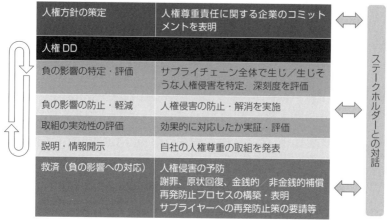

図表1

人権方針の策定	人権尊重責任に関する企業のコミットメントを表明	⟷
人権DD		
負の影響の特定・評価	サプライチェーン全体で生じ／生じそうな人権侵害を特定. 深刻度を評価	
負の影響の防止・軽減	人権侵害の防止・解消を実施	⟷
取組の実効性の評価	効果的に対応したか実証・評価	
説明・情報開示	自社の人権尊重の取組を発表	
救済（負の影響への対応）	人権侵害の予防 謝罪、原状回復、金銭的／非金銭的補償 再発防止プロセスの構築・表明 サプライヤーへの再発防止策の要請等	⟷

（出所）人権DD ガイドライン掲載の図をもとに筆者作成

権DDは、人権への負の影響が存在しないという結果を担保するものではないし、今年存在しなかった人権への負の影響が1年後も存在しないことを担保するものでもない。人権DDは、企業の事業内容や状況の変遷に伴って人権リスクが日々変わり得ることを認識した上で、継続的に実施すべきものである。

⑶　ステークホルダーとの対話や協議（ステークホルダー・エンゲージメント）

　労働組合や労働者代表、NGO、使用者団体、業界団体などの、ステークホルダーとの対話や協議（ステークホルダー・エンゲージメント）を行うことが、人権課題の実態を把握し、人権への負の影響の正確な理解をすること、企業が実施すべき適切な措置の検討を可能にし、促進することに繋がる。人権DD ガイドラインでも、人権尊重の取組では、ステークホルダーとの対話が重要であるとされている。

　ステークホルダー・エンゲージメントの重要性を踏まえると、可能な限り、人権への負の影響を受け得るステークホルダーと直接エンゲージメントを行うべきである。また、効果的なエンゲージメントを行うために、対象者との間に、言語、文化、性別等の相違や、力の不均衡が存在する場合には、それらに配慮した態様で対話等を行うことが求められる（解釈の手引きボックス5）。

(4)　いつまでに何をすればよいか

　人権DDガイドラインは法令のように施行日が決まっているものではない。人権尊重の取組は、本来的には「いつまでにやればよい」「ここまでやれば十分である」という基準があるものではなく、継続的に取組を進め、対外的に示していくことが重要であると考えられる。

第3章　人権DDガイドライン（各論）

1　人権方針の策定

　人権方針は、人権尊重責任を果たすという企業のコミットメントを表明し、企業の行動を決定する指針になるものである。国連指導原則上、図表2に記載されている5つの要件を満たすべきとされている。
　人権方針の策定にあたっては、まず、企業のビジネスと人権の関わり方は、企業の業種や規模によって様々であることを意識することが重要である。自社が影響を与える可能性のある人権を把握しないと、どの人権課題に重点的に取り組むべきかなどが分からず、実態に合っ

図表 2

(a)	企業のトップを含む経営陣で承認されていること
(b)	企業内外の専門的な情報・知見を参照した上で作成されていること
(c)	従業員、取引先、及び企業の事業、製品又はサービスに直接関わる他の関係者に対する人権尊重への企業の期待が明記されていること
(d)	一般に公開されており、すべての従業員、取引先及び他の関係者にむけて社内外にわたり周知されていること
(e)	企業全体に人権方針を定着させるために必要な事業方針及び手続に、人権方針が反映されていること

た人権方針を策定することができない。そのため、まずは自社が影響を与える可能性のある人権を把握し、それを踏まえて人権方針を策定すべきである。人権尊重の取組を開始するにあたって、最初に人権方針の案を策定しようとなりがちであるが、このステップに留意することが必要である。

　次に、企業の活動は幅広いため、社内の各部門が連携して情報を収集することが重要である。このように情報収集をしなければ実態の把握は難しい。加えて、自社の業界や、事業を行っている海外の国の事情に精通したステークホルダーとも対話・協議をすることなどによって、実態を反映した人権方針を策定することができる。

　また、上記の要件（b）のとおり、人権方針の策定時に、企業内外の専門的な知見を参照することが必要である。必要となる社内外の専門的な情報・知見のレベルは、企業が行う事業の複雑さの度合いによって異なり得る（国連指導原則16b・同解説）。社外の専門的な情報・知見としては、例えば、信頼性のある公表されている文書・資料、信頼できる独立した専門家等からの意見が含まれる。

　人権方針策定後の留意点として、人権方針は策定して終わりではな

く、具体的な行動に繋げるために、上記の要件（e）にあるように、自社の行動指針や調達方針などに人権方針の内容を反映する必要がある。企業の事業規模や人権リスクの程度等に応じて、例えば、（ⅰ）行動指針、サプライヤー行動規範、調達指針等への人権方針の反映、（ⅱ）人権方針の内容に沿った新規取引先の事前審査プロセス、入札基準、選考基準等の設定、（ⅲ）人権尊重責任、注意すべき主要な事項に関するメモの作成・配布、（ⅳ）企業の各部門特有の事業活動に即した、人権方針の解説文書の作成等を行うことが考えられる。また、人権方針は頻繁に改定することは想定されていないが、人権DDを実施した結果、人権方針に反映させるべき点があった場合には、それを反映させてより実態に合った人権方針に改定していくことが必要である。

2　人権DDについて

(1)　人権DD時の基本的な留意点

　人権DDは、企業がM&Aの際に行うDDとは基本的には全く別の性質の取組である。まず、人権DDにおいて確認すべきリスクは、人に対する人権リスクであって、企業自身の経営リスクではないという点に留意が必要である。例えば、人権に関する対応の優先順位を決める際に、人権への負の影響の深刻度が高いものから対応することが求められる。ここでいう深刻度とは、個人に与える影響がどの程度深刻であるかということであって、人権侵害が発覚した場合に、それによって企業に生じ得る影響がどの程度深刻であるかという企業の経営リ

スクは関係がない。

　また、社内の横断的な連携が必要であるという点にも留意が必要である。人権は企業活動の様々な場面で関わってくる。そのため、経営陣、調達部門、製造部門、法務部門、人事部門、リスク管理部門、CSR部門などの全社的な関与が必要になる。人権課題には、例えばCSR部門などの特定の部門だけが関わってきたという日本企業も少なくないが、社内の横断的な連携が必要になる。

　人権DDは、図表1の左側の矢印で示される4つのステップを繰り返し行っていくことになる。

(2)　人権への負の影響の特定・評価

　まず1つ目の人権への負の影響の特定・評価にあたっては、図表3の（a）から（d）の4つのステップを行うことになる。

　企業の活動との関係で、問題となる人権リスクは無数になり得るが、国連指導原則上、無数のリスクに同時に対処することまでは求められていない。図表3（a）記載のとおり、リスクが重大である事業領域をまず特定する。

　次に、図表3（b）記載のとおり、自社のビジネスの各工程において、人権への負の影響がどのように発生するかを具体的に特定していく。

図表3

（a）リスクが重大な事業領域の特定

↓

（b）負の影響の発生過程の特定

↓

（c）負の影響と企業の関わりの評価

↓

（d）優先順位付け

　3番目として、負の影響と企業の関わり方の類型によって求められる対応が異なってくるので、図表3（c）記載のとおり、この関わり方を評価する。

　最後に、図表3（d）記載のとおり、対応の優先順位付けをすることになる。特定・評価された人権への負の影響のすべてに直ちに対処することは難しいためである。

　人権リスクは時の経過等により変化し得るため、人権への負の影響の特定・評価は、定期的に繰り返し、かつ徐々に掘り下げながら行うことが求められる。例えば、定期的に人権リスクの特定・評価の見直しを行うことに加えて、新たな事業活動や取引関係に入ろうとする場合、事業における重要な決定又は変更を行おうとする場合、事業環境の変化が生じたり、予見されたりする場合には、非定期での特定・評価の実施も必要である。

　また、人権への負の影響の特定・評価の前提となる情報を収集する手段としては、書面調査（質問票の送付等）、現地調査（現地視察、労働者・使用者等へのインタビュー）、ステークホルダーとの対話（労働組合、NGO等との協議）、苦情処理メカニズムの利用等がある。これらの手法は相互補完的に選択すべきものであり、企業の状況、収集する情報の種類、各手法のメリット・デメリット等を踏まえてどの手段を利用するかを判断することになる。なお、人権への負の影響を正確に把握するために、負の影響を受ける可能性のある者との直接的な対話は特に重要である。

① **リスクが重大な事業領域の特定**

　最初に、リスクが重大な事業領域の特定を行う。この作業にあたっては、以下の4つのリスク要素を考慮することが考えられる。

1つ目が、そのセクター（産業）内で見られるリスクである。例えば、移民労働者の雇用が多いセクターでは、強制労働に注意すべきといえる。

　2つ目が、特定の製品・サービスのリスクである。例えば、児童労働によって生産されていることが多い原材料を使用して製品を製造している場合などである。

　3つ目が地域リスクである。例えば、貧困率が高く、就学率が低い地域では、児童労働のリスクが高まるといえる。

　4つ目が、当該企業固有のリスクである。例えば過去に自社の特定の事業領域で、人権への深刻な負の影響を生じさせた場合などが該当する。

② 　負の影響の発生過程の特定

　次に、原料生産、製造、物流、販売、消費・使用、アフターサービス、リサイクル・廃棄といった、自社のビジネスの各工程において、誰のどのような人権について負の影響が生じ得るのかを具体的に特定していく。この際、上記①で特定したリスクが重大な事業領域から優先的にこの作業を行っていくことになる。

　また、脆弱な立場に置かれ得る個人、すなわち、社会的に弱い立場に置かれ又は排除されるリスクが高くなり得る集団や民族に属する個人はより深刻な負の影響を受けやすいため、特段の注意を払う必要がある（国連指導原則18解説）。具体的には、外国人、女性や子ども、障害者、先住民族、民族的又は種族的、宗教的、及び言語的少数者等が挙げられる。さらに、「外国人の女性」のように、これらの属性は重複することがあり、その場合には、脆弱性がさらに強まり得ることに留意が必要である。

③　負の影響と企業の関わり方の評価

　3番目に、負の影響と企業の関わり方の評価であるが、（ⅰ）負の影響を引き起こす場合、（ⅱ）負の影響を助長する場合、（ⅲ）事業・製品・サービスが負の影響に直接関連する場合に分かれる。後述するとおり、各類型によって求められる対応が異なるため、どれに該当するかを評価することが必要になる。

④　優先順位付け

　これらの作業によって特定・評価された負の影響のすべてについて同時に対処することは難しいことから、対応の優先順位を検討することになる。対応の優先順位は、人権への負の影響の深刻度が高いものから優先的に対応することが求められる。そして、同等に深刻度の高い潜在的な負の影響が複数存在する場合には、蓋然性が高いものから対応することが合理的である。

　深刻度は、人権への負の影響の規模、範囲、救済困難度という3つの基準を踏まえて判断される。

　1つ目の「規模」は、人権への負の影響の重大性がどの程度かということである。例えば、侵害の性質や背景、侵害の態様、被害者の状況等が考慮され、具体的な考慮要素としては図表4のような例が挙げられる。

　2つ目は、人権への負の影響が及ぶ「範囲」である。負の影響を受ける人数、負の影響を受けるグループやコミュニティの大きさ等が考慮される。

　3つ目の「救済困難度」は、人権への負の影響が生じる前と同等の状態に回復することの困難性のことである。負の影響からの救済が可能である程度（例えば、金銭的な補償によって完全な救済が可能か）、

図表 4

侵害の内容	・身体に対する影響 ・精神的又は情緒的な影響 ・家族や地域社会の関係に影響を及ぼす程度
侵害の態様	・侵害、苦痛の持続時間 ・実際に人、財産が影響を受けたか ・生活が破壊又は毀損されたか ・住居移転が強制されたか、不十分な補償を受領するよう強制されたか ・狙い撃ちをされたか、人間の尊厳が目に余るほど軽視されたか
被害者の状況	・性別、年齢、健康状態、障がいの状態、性的指向、少数者等の地位、過去に集団として人権侵害を被ったことがあるか

（出所）国連開発計画（UNDP）「研修進行ガイド 人権デュー・ディリジェンス」をもとに筆者作成

負の影響が生じる前と同等の状態に回復するために求められる行動の迅速性の程度（例えば、直ちに行動しないと救済ができなくなるか）といったことが考慮される。

　人権への負の影響の深刻度は、人権への負の影響を受ける側を基準に判断されるものであるという点に留意が必要である。すなわち、企業経営に与え得る負の影響、経営リスクの大小を基準に判断されるわけではないということになる。

⑤　負の影響の防止・軽減

ア　負の影響の防止・軽減の３類型

　人権 DD の２つ目のステップが負の影響の防止・軽減である。企業と負の影響の関わり方の３類型ごとに、求められる対応が異なる。

　１つ目の類型が、企業が第三者を介さずに、人権への負の影響を引き起こしている場合である（図表５）。例えば、自社の工場の作業員

図表5

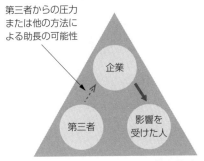

第三者からの圧力
または他の方法に
よる助長の可能性

（出所）解釈の手引きをもとに筆者作成

　を適切な安全装備なしで危険な労働環境において労働させたり、自社工場から化学物質が流出して地域の飲料水を汚染するといった企業の活動がそれだけで負の影響をもたらすのに十分といえる場合がこの類型に該当する。

　2つ目の類型が、企業が負の影響を助長する場合である。「助長」には、企業の活動が他の企業の活動と合わさって負の影響を引き起こす場合と、企業の活動が他の企業に負の影響を起こさせ、促進し、又は動機付ける場合がある（図表6）。例えば、不可能なリードタイム

図表6

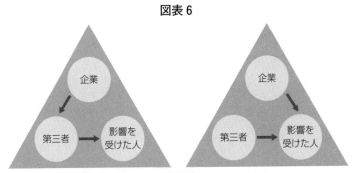

（出所）解釈の手引きをもとに筆者作成

での納品を課すことでサプライヤーの従業員が労働基準法違反の長時間の労働を強いられたり、投資先で必要な廃水処理設備の導入に反対することで、地域の飲料水の汚染を引き起こすような場合がこの類型に該当する。

　3つ目の類型が、企業自身が負の影響を引き起こしていたり、負の影響を助長はしていないものの、事業・製品・サービスが負の影響に直接関連している場合である（図表7）。例えば、衣料品の刺繍を委託したところ、受託者であるサプライヤーが児童に労働させている業者に再委託する場合がこの類型に該当する。

　上記の各類型ごとに、求められる対応が異なる。

　1つ目の類型の場合には、その活動を停止するという対応が必要になる。前述の例では、適切な安全装備の着用を含めた、自社工場における安全な労働環境を整備するということになる。

　2つ目の類型の場合には、その活動を停止するとともに、残った負の影響を最大限軽減するよう、可能な限り、自社の影響力を行使するという対応が必要になる。前述の例では、適切なリードタイムになるように、サプライヤーとの間の取引条件を見直すことになる。

図表7

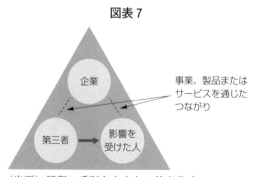

（出所）解釈の手引きをもとに筆者作成

　3つ目の類型の場合には、負の影響を防止・軽減するために、第三者に対する影響力を自社が有しているときには、その影響力を行使するということになる。これに対して、影響力を有していないときは、影響力を確保・強化し、又は支援を行うことになる。前述の例では、児童の雇用を防ぐための適切な管理体制の構築をサプライヤーに要請するとともに、児童の就学支援を行っているNGOに協力するという対応が考えられる。他の組織に対する自社の影響力の有無・程度は、以下の要素を考慮して判断される（解釈の手引きボックス6参照）。

・自社が当該組織に対してある程度の直接的な支配を及ぼしているか
・自社と当該組織の間の契約条件
・当該組織の事業に占める自社の割合
・人権に関するパフォーマンスの改善を当該組織に対して動機付ける自社の力
・自社が当該組織と協働することで当該組織の評判に関してもたらされる利益、自社との関係を失うことが当該組織の評判に与える不利益
・ビジネス団体における活動等を通じて、人権に関するパフォーマンスの改善を他の企業・組織に対して動機付ける自社の力
・地方・中央政府に働きかけることによって、人権に関する当該組織のパフォーマンスの改善を求めることができる自社の力

　2つ目と3つ目の類型の区別は相対的であるので、いずれに該当するかの判断が難しい場合もある。また、時間の経過によって、自社の関わり方が変化することで、当初は3つ目の類型だったものが、2つ目の類型に該当することになるケースもある。

イ　影響力行使のための契約上の手当

　「自社の活動を停止する」という対応は比較的分かりやすいが、「影響力を行使する」というのは多義的であるし、また、持っていない影響力はそもそも行使することができない。そのため、影響力を確保するために契約上であらかじめ手当を行っておくことが実務上有用である。従前の実務では、人権リスクが存在しないことを取引先（契約の相手方）に表明保証させて、表明保証違反があった場合には、契約を解除することができるという建て付けの契約とすることが一般的であった。しかし、人権リスクが存在しない企業はないため、人権リスクが存在しないことを表明保証させるというのは実態に合致していない。また、前述の例のように、買主の無理な発注条件が原因で、売主に人権侵害が引き起こされている場合もあり、売主にのみ一方的に契約責任を負わせるのは妥当ではないという考えがある。さらに、人権リスクが存在しないことを取引先に表明保証させても、その後に取引先が人権尊重のための行動をするかどうかによって、その違反の有無が決まるわけではないので、取引先が具体的に人権尊重のための行動をすることに結びつきにくいと言われている。そこで、近時は別の契約上の建て付けとする傾向になってきている。

　具体的な契約条項としては、まず、人権DDの実施を義務付ける条項を規定する。次に、サプライヤーが人権DDを実施しているかを確認するために、実施状況に関する情報開示義務を規定する。さらに、自社が定めたサプライヤー行動規範を遵守させる条項を規定する。また、サプライヤー行動規範の違反又は違反の可能性が生じた場合に対応が可能になるよう、違反又は違反の可能性が生じた場合のサプライヤーの通知義務、自社の調査権を定めた上で、サプライヤーに対して、

是正計画の策定義務、是正の実施義務を課す。契約の解除については、取引関係を終了させても、人権への負の影響それ自体を解消することにはならない。むしろ、負の影響への監視の目が行き届きにくくなったり、契約の解除に伴い、サプライヤーの経営状況が悪化して、従業員の雇用が失われる可能性があったりするなど、人権への負の影響がさらに深刻となる原因となってしまう可能性がある。そのため、国際的な枠組みにおいても、契約の解除は最後の手段として検討すべきとされている。そこで、解除事由については、サプライヤー行動規範違反の是正が不可能である場合や、策定した是正計画の違反を繰り返した場合などに限定することが考えられる。また、解除によって人権への負の影響が生じ得るので、解除する場合であってもそれを防止・軽減するための努力をした上で解除するという義務を課すことが考えられる。

　米国法曹協会（ABA：American Bar Association）が公表したABAモデル条項[5]においても、基本的にこのような建て付けになっている。サプライヤーにサプライヤー行動規範の遵守を求めることになるが、サプライヤー側に押し付けるのではなく、対話をして一緒に人権尊重の取組を行っていくのだという協働の姿勢を示すことが重要になる。また、人権尊重を推進することは、他の企業からも評価されて、取引が増えることにも繋がり得るなど、サプライヤー行動規範を遵守して人権尊重責任を果たすことが、結果としてサプライヤー自身のメリットにもなることを説明することも有用である。

5　BALANCING BUYER AND SUPPLIER RESPONSIBILITIES Model Contract Clauses to Protect Workers in International Supply Chains, Version 2.0 https://www.americanbar.org/groups/human_rights/business-human-rights-initiative/contractual-clauses-project/

さらに、例えば、人権尊重の取組について一定の基準をクリアした取引先に認証書を発行することでブランディングに繋がるようにしたり、発注量や取引の優先度を上げるといったインセンティブを付与することも考えられる。

　サプライヤー行動規範を定めている日本企業も増えてきているが、現状、一般的・抽象的な内容に留まっている例が多い。例えば、強制労働が具体的に何を指すのかが分かっていない取引先に、強制労働を行わせないと抽象的に定めたサプライヤー行動規範を遵守させようとしても、強制労働のリスクが発見されることは実際上あまり想定されないという問題がある。人権への負の影響がどのような場面で生じるのかは、各企業の国別、業態別、製品別のリスクによっても異なる。企業ごとのリスクに沿って、できるだけ具体的かつ明確に、留意すべき人権の内容をサプライヤー行動規範に落とし込んでいくことが求められる。すべての取引先について、そのように細やかな対応を行うことは困難かもしれないが、例えば取引額の多い一定の重要な取引先については、そのようにカスタマイズをしたサプライヤー行動規範を定めるという対応も考えられる。また、人権 DD によって発見された結果をサプライヤー行動規範にも反映して、実態に合った内容に随時アップデートしていく必要もある。

ウ　取引停止

　取引停止は、上記のとおり、人権への負の影響それ自体を解消するものではなく、むしろ人権への負の影響がさらに深刻になる可能性もある。

　したがって、人権への負の影響が生じている又は生じ得る場合、直ちにビジネス上の関係を停止するのではなく、まずは、サプライヤー

等との関係を維持しながら負の影響を防止・軽減するよう努めるべき
であって、取引停止は、最後の手段として検討され、適切と考えられ
る場合に限って実施されるべきである。取引停止が適切であると考え
られる場合として、次のような例が挙げられる（OECD ガイダンス附
属書 Q39）。

・負の影響が是正不能な場合

・変化する合理的な見込みがない場合

・深刻な負の影響やリスクが特定されたにもかかわらず、その影響の
　原因となる企業（ビジネス上の関係先）が直ちに防止や軽減のため
　の措置を講じない場合

エ　事業撤退時の手当（責任ある撤退）

　一般に紛争等の影響を受ける地域においては、急激な情勢の悪化な
どにより、企業が突如として撤退せざるを得なくなるケースがある。
この場合、代替する企業が登場しないことも十分に想定されるため、
例えば、消費者が生活に必要な製品・サービスを入手できなかったり、
撤退企業から解雇された労働者が新たな職を得ることが一層難しくな
ったりすることが考えられる。そのため、企業は紛争地域において事
業活動を行う場合、その地域の状況について理解を深めた上で、その
ような高いリスクに応じた強化された人権 DD を実施して、通常の場
合以上に慎重な責任ある判断が求められることになる。紛争影響地か
らの撤退に際して企業がとるべき具体的なステップは状況によって異
なるが、慎重な責任ある判断を行うためには、通常の事業停止や駐在
員の避難以上に事前に撤退計画を検討しておくことが重要である。そ
うしておくことで、人権への負の影響の特定やその緩和策の検討を行
うことができ、撤退をするとしても、ステークホルダーへの負の影響

を可能な限り緩和した責任ある形で撤退することが可能になる。撤退計画には、以下のような点が求められる[6]。

・事業活動の開始と同時に立案することが理想的であり、撤退計画に、撤退によりもたらされる人権への負の影響の緩和策を含める。人権への負の影響の緩和策の具体例としては、（ⅰ）撤退により影響を受けるサプライヤー、従業員その他のステークホルダーに対して通知を行うこと、（ⅱ）労働者が継続的に収入を確保できるようにすること、（ⅲ）雇用喪失を緩和するための能力開発、（ⅳ）避難できずに残る従業員の安全性を確保することなどが挙げられる。

・撤退に伴って紛争影響地における事業を譲渡する場合には、買い手の人権に対する理解度を評価し、具体的な人権関連の方針及び手続を契約条項に盛り込み、紛争影響地においても責任ある事業を行うことを要請する。

・副次的なサービス（ancillary services）又は慈善事業プログラムを提供しているような場合には、例えば、市民団体などの適切な主体にサービスを引き継ぐように準備することによって、撤退による人権への負の影響を軽減する。

(3)　取組の実効性の評価

　人権 DD の 3 つ目のステップは、取組の実効性の評価である。人権尊重の取組の実効性を高めるために、自社が行ってきた取組を評価して、その結果に基づいて継続的な改善を進める必要がある。

ア　実効性評価の方法

6　国連開発計画（UNDP）「紛争等の影響を受ける地域でのビジネスにおける人権デュー・ディリジェンスの強化手引書」35-36頁

　評価の前提として、ステークホルダーから広く情報を集めることで、より客観的かつ正確に実態を評価することができるようになる。具体的には、ヒアリング、質問票、現場への訪問、監査、苦情処理メカニズムを利用するなどがある。

　人権尊重の取組は、適切に数値化して評価することが難しい場合も多いため、実効性の評価は質的・量的な両側面からの適切な指標に基づいて行う必要がある。指標としては、例えば、以下のような例が挙げられる（OECD ガイダンス附属書 Q41）。

・影響を受けたステークホルダーで企業が関与したうち、負の影響が適切に対処されたと感じているステークホルダーの比率
・合意されたアクション事項のうち、予定されたタイムラインに従って実施された比率／数
・影響を受けたステークホルダーのうち、苦情を提起するルートが利用しやすく、公平かつ有効であったと感じている者の比率
・特定された負の影響が再発した比率

　精密さや業務の他の分野で使用される指標への組み込みやすさ、関連付けやすさを踏まえると、量的指標の方が使用しやすいものの、人権の尊重は、人々の尊厳についてのものであるため、質的指標（可能な範囲で影響を受けるステークホルダー集団の考え方等が含まれる。）は常に重要であり、量的指標の正しい解釈のために質的指標が重要な役割を果たすこともある（解釈の手引き問51）。

　具体的にどのような指標に基づくべきかの見極めは、企業が一般的に取り組まなければならない人権問題の組み合わせ、その問題のために既に十分に確立された指標が存在するか、企業がどのようなデータを適切に取得することができるか、影響を受けるステークホルダーに

直接のフィードバックを求めることがどの程度容易であるか等の状況に応じて異なる。コミュニティとの協議の実績の評価等については、国際機関やその他の団体による各種ガイドラインや情報提供等も存在しており、それらを参考にすることも考えられる（解釈の手引き問51）。

イ　実効性評価の社内プロセスへの組込

　人権尊重の取組を自社に定着させるために、実効性評価を社内プロセスに組み込むことが有用である。例えば、従前から実施している内部監査において、人権への負の影響を改善するために、自社が行ってきた取組の効果についても、監査対象項目に盛り込むことなどが考えられる。

(4)　説明・情報開示

　人権DDの4つ目のステップが説明・情報開示である。国際的には、情報開示をしないと何もやっていないと思われかねない。それどころか、何か後ろめたいことをしているのではないかとさえ思われるリスクもある。また、人権尊重に取り組んでいても、適切な開示を行わないと、投資先としての価値の向上、優秀な人材の獲得、定着などといったメリットに繋がらない。完璧な情報開示を目指してすべてのステップが完了するのを待ってから情報開示するのではなく、「ここまでは実施した」、「この点は今後の当社の課題である」という形で、随時情報開示するという真摯な姿勢がステークホルダーの信頼に繋がる。また、人権リスクが全くない企業は存在しない。そのため、発見された人権リスクを隠そうとするのではなく、どのように対処したか、どのようなステークホルダーと対話したかなどを開示すべきである。但し、開示に際して、プライバシー、個人情報、サプライヤーの秘密情

報などに配慮することが必要になる。

① 情報開示の内容

　企業による情報開示に関して、企業が自社の人権への負の影響に取り組む上での人権DDに関する基本的な情報を伝えることが重要であり、基本的な情報としては、以下の事項が挙げられる。

・人権方針を企業全体に定着させるために講じた措置

・特定した重大リスク領域

・特定した（優先した）重大な負の影響又はリスク

・優先順位付けの基準

・リスクの防止・軽減のための対応に関する情報

・実効性評価に関する情報

　上記以外にも、可能であれば、改善について見込まれていたタイムラインと指標及びその結果、実施状況及び結果を追跡調査する手段、企業が行った是正措置又はそのための協力も含めることが考えられる（OECDガイダンス5.1参照）。

② 情報開示の方法

　情報開示は、想定される受け手が入手しやすい方法により行うことが重要である。この「入手しやすい」とは、物理的なアクセスの容易さだけでなく、理解しやすく、かつ意図された受け手が確実に情報を知り、有効に利用できるようなタイミング、書式、言語、場所で開示されることも意味する（OECDガイダンス附属書Q46）。また、国連指導原則などの国際文書に沿った構成にした上で、どの条項に対応しているかを明示することで、国際的な枠組みに則った対応をしていることが、投資家、その他のステークホルダーに理解しやすくなる。

　情報開示の具体的な方法については、人権報告書を作成している企

業もあれば、サステナビリティ報告書、統合報告書などの中に記載している企業、自社ウェブサイトに公表している企業などがある。国連指導原則においては、独立した第三者が報告書を検証することが、その内容と信頼性を強化するとされており、公表前に独立した第三者の検証を受けるのが望ましいといえる。

3　是正・救済

(1)　負の影響の是正

　人権への負の影響の是正については、上記2(2)⑤アの3類型によって対応が異なってくる。1番目の類型である人権への負の影響を引き起こした場合は、負の影響を防止・軽減するための措置をとることが求められる。2番目の類型である人権への負の影響を助長した場合には、負の影響の是正を実施し、又は負の影響の是正の実施に協力すべきとされている。他方で、3番目の類型である事業・製品・サービスが人権への負の影響に直接関連しているのみの場合には、企業自らが是正措置を実施することまでは求められていない。但し、このような場合にも負の影響を引き起こし、又は助長した企業に働きかけることによって、その負の影響を防止・軽減するよう努めるべきとされている。

　負の影響の是正の具体例としては、謝罪、原状回復、金銭的・非金銭的な補償、再発防止プロセスの構築・表明、サプライヤー等に対する再発防止策の要請などが挙げられる。何が適切な救済であるかは、

負の影響の性質や影響が及んだ範囲によって異なる。人権への負の影響を受けたステークホルダーと対話して、そのステークホルダーの視点から、どのような方法が適切かを検討することが重要になる。また、次の観点も、企業が適切な救済の形式を決定する上で有用である（OECD ガイダンス附属書 Q50）。

・既存の基準：適切な救済の形式について定める国内の又は国際的な基準又は法律が存在する場合がある。

・前例：国内及び国際基準が存在しない場合、同様のケースで実施された救済との一致を図ることができる。

・ステークホルダーの要望：人権への影響については、何が適切な救済であるか、影響を受けた人々の見解が重要である。

(2)　苦情処理メカニズム

　人権への負の影響の救済を可能とするために、企業はステークホルダーに関する苦情や紛争に取り組む仕組みである苦情処理メカニズム（グリーバンスメカニズム）を自社で確立するか、あるいは業界団体等が設置する苦情処理メカニズムに参加することが求められる。苦情処理メカニズムは、利用者が苦情処理メカニズムの存在を認識し、信頼し、利用することができる場合に初めてその目的を達成することができるものであるので、国連指導原則上、図表8の8個の要件を満たすべきとされている。

　多くの日本企業において既に導入されている内部通報制度やホットラインも、外部からの声を聞いて対応するという点で苦情処理メカニズムと共通しており、適切に運用することでこの苦情処理メカニズムに該当し得るものである。もっとも、内部通報制度やホットラインは、

図表 8

正当性	苦情処理メカニズムが公正に運営され、そのメカニズムを利用することが見込まれるステークホルダーから信頼を得ていること
利用可能性	苦情処理メカニズムの利用が見込まれるすべてのステークホルダーに周知され、例えば使用言語や識字能力、報復への恐れ等の視点からその利用に支障がある者には適切な支援が提供されていること
予測可能性	苦情処理の段階に応じて目安となる所要時間が明示された、明確で周知された手続が提供され、手続の種類や結果、履行の監視方法が明確であること
公平性	苦情申立人が、公正に、十分な情報を提供された状態で、敬意を払われながら苦情処理メカニズムに参加するために必要な情報源、助言や専門知識に、合理的なアクセスが確保されるよう努めていること
透明性	苦情申立人に手続の経過について十分な説明をし、かつ、手続の実効性について信頼を得て、問題となっている公共の利益に応えるために十分な情報を提供すること
権利適合性	苦情処理メカニズムの結果と救済の双方が、国際的に認められた人権の考え方と適合していることを確保すること
持続的な学習源	苦情処理メカニズムを改善し、将来の苦情や人権侵害を予防するための教訓を得るために関連措置を活用すること
対話に基づくこと	苦情処理メカニズムの制度設計や成果について、そのメカニズムを利用することが見込まれるステークホルダーと協議し、苦情に対処して解決するための手段としての対話に焦点を当てること

（出所）国連指導原則及び人権 DD ガイドラインをもとに筆者作成

通報を受ける担当者が人権に関する知見を有していなかったり、対象者が自社グループの役員・従業員のみであったり、使用言語が日本語のみであったりする。そのため、法令違反と人権課題の双方に知見を有する担当者を配置したり、図表8の2番目の要件である利用可能性に記載のとおり、すべてのステークホルダーが利用可能とした上で、使用言語にも配慮が必要になる。

　適切な苦情処理メカニズムが確立されることで、迅速な救済が実現

可能になり、潜在的な負の影響も早期に把握し得ることになるので、
実際に負の影響が生じる前に企業が人権リスクに対処をすることも可
能になる。

4　おわりに

　昨今、海外における法制化、国際労働機関（ILO）によるサプライ
チェーン上の人権保護に関する包括的な戦略の策定、投資家による人
権侵害を理由としたダイベストメントなど、人権尊重の取組に関する
企業を取り巻く国内外の環境は激しく動いている。日本企業において
は、国連指導原則その他の人権に関する国際基準及び人権 DD ガイド
ライン等を踏まえながら、人権尊重の取組を開始し、徐々にその取組
を深化させながら継続していくことが肝要であると考えられる。

第10章

敵対的買収に関する
近時の裁判例の検討

東北大学大学院法学研究科 准教授

脇田　将典

1 検討の対象と方法

　平成の終わり頃から日本の株式市場で敵対的買収が増加している[1]。それに伴い、令和に入ってから、複数の敵対的買収防衛策に関する裁判例が公表されている。本稿は、そのような近時の防衛策に関する裁判例を統一的に説明する視点を提供することを目的とする。本稿が検討の対象とするのは、令和3・4年の5つの高裁決定、すなわち、日邦産業事件[2]、日本アジアグループ事件[3]、富士興産事件[4]、東京機械製作所事件[5]、三ツ星事件[6]の各高裁決定である[7]。

　これらの裁判例を対象とする先行研究においては、強圧性[8]や防衛策を承認する株主総会決議を買収者を除外して、すなわち、マジョリ

1　松下憲ほか「買収防衛策に関する裁判所の判断枠組みと実務からの示唆―近時の裁判例を踏まえて―」別冊商事法務編集部編『新しい買収防衛策の考え方』104頁（2022）。

2　名古屋高決令和3年4月22日資料版商事446号138頁。

3　東京高決令和3年4月23日資料版商事446号154頁。

4　東京高決令和3年8月10日金判1630号16頁。

5　東京高決令和3年11月9日金判1641号10頁。

6　大阪高決令和4年7月21日金判1667号30頁。

7　なお、東京機械製作所事件と三ツ星事件については、最高裁決定も下されているが、実質的な判示をしていないので、両事件とも高裁決定を扱う。

8　強圧性の問題を論じるものとして、田中亘「防衛策と買収法制の将来―東京機械製作所事件の法的検討―」別冊商事法務編集部編『新しい買収防衛策の考え方』77頁（2022）、松中学「敵対的買収防衛策に関する懸念と提案―近時の事例を踏まえて―」別冊商事法務編集部編『新しい買収防衛策の考え方』134頁（2022）、カーティス・ミルハウプト＝宍戸善一「東京機械製作所事件が提起した問題と新J-Pillの提案」別冊商事法務編集部編『新しい買収防衛策の考え方』156頁（2022）、湯原心一「市場買集めの効率性」成蹊法学98号123頁（2023）などがある。

ティー・オブ・マイノリティー（以下、「MoM」という）によって行ってよいか[9]といった個別の問題に注目する傾向があったように思われる[10]。また、裁判例を横断的に分析する研究としては、防衛策の必要性と相当性を分析するものが一般的であった[11]。これに対して、本稿では、必要性と相当性の観点とは異なる観点から裁判例を統一的に説明することを目的とする。そして、検討においては、判旨の文言自体よりも事案の内容に注目する。また、裁判例で問題となっている防衛策に注目する。

　本稿が、事案に注目する理由は、本稿が対象とする裁判例においては、裁判例で示された法解釈とそれへの事案のあてはめから統一的なルールを抽出することは難しいと考えられるからである[12]。例えば、

9　MoM について論じるものとして、山下徹哉「市場内取引による支配権取得・株主意思確認・MoM 要件―東京機械製作所事件」ジュリ1572号94頁（2022）、伊藤吉洋「市場内取引による敵対的買収に対する有事導入防衛策の発動に係る MoM 要件による株主意思確認総会決議についての検討（1）（2）」關西大學法學論集72巻2号468頁（2022）、72巻3号604頁（2022）、伊藤吉洋「MoM 要件による株主意思確認総会を経た敵対的買収防衛策の内容の相当性についての若干の検討」法学86巻4号307頁（2023）（以下、伊藤（2023）で引用する）などがある。

10　本稿が扱う裁判例を横断的に検討するものとして、松下ほか・前掲注（1）、藤田友敬「事前警告型買収防衛策の許容性―近時の裁判例の提起する問題―」金融商品取引法研究会研究記録第79号1頁（2021）、久保田安彦「敵対的買収防衛策をめぐる近時の裁判例の動向（上）（下）」法教500号27頁（2022）、501号56頁（2022）、白井正和「近時の裁判例を踏まえた買収防衛策の有効性に関する判例法理の展開」民商158巻2号283頁（2022）、飯田秀総『企業買収法の課題』45頁以下（2022）、森本滋「有事導入型買収対応方針について―大規模買付ルール違反の対抗措置としての新株予約権無償割当て―（上）（下）」商事2330号4頁（2023）、2331号18頁（2023）などがある。

11　松下ほか・前掲注（1）108頁以下、久保田（下）・前掲注（10）60頁以下、森本（上）・前掲注（10）7頁以下など。

12　久保田（下）・前掲注（10）60頁参照。ただし、同論稿は、令和4年の諸決定は、防衛策の発動の必要性と、防衛策の内容の相当性の2つの要素から判断していると論じている。

日邦産業事件においては、防衛措置として発動された差別的行使条件付き新株予約権の差止めの可否について、その判断枠組みが明示されていない[13]。また、他の裁判例は主要目的ルールの枠組みで判断しているが、枠組みの細部は異なっている。日本アジアグループ事件と富士興産事件は、比較的シンプルな主要目的ルールといえるが[14]、東京機械製作所事件と三ツ星事件は、主要目的ルールとブルドックソース事件[15]の判断枠組みを組み合わせている[16]。さらに、似たような事情が異なる評価を得ていることもある。例えば、強圧性について、日本アジアグループ事件では強圧性の存在は防衛策を肯定しないとされているのに対し[17]、富士興産事件や東京機械製作所事件では強圧性の存在が防衛策を肯定する要素として論じられている[18][19]。事業計画や経営方針についても、日本アジアグループ事件においては、経営方針を示せないことは、防衛策を肯定する要素とはなっていないのに対し[20]、東京機械製作所事件ではそれらが具体的に示せないことが、防衛策を肯定する要素となっている[21]。

　本稿の結論を先に述べると、近時の裁判例は、対象会社が防衛策の目的に沿った行動をとっているかどうかで説明できると考えられる。このような考え方は、実は、日邦産業事件高裁決定においては、決定文上も直接的に表現されているといえるが、他の裁判例もこの視点か

13　高裁決定が引用する原決定（前掲注（2）148頁）を参照。

14　日本アジアグループ事件について、前掲注（3）155頁。富士興産事件については、高裁決定が引用する原決定（前掲注（4）24頁）を参照。

15　最決平成19年8月7日民集61巻5号2215頁。

16　東京機械製作所事件について、前掲注（5）25頁。三ツ星事件については、高裁決定が引用する原々決定（前掲注（6）52頁）を参照。

17　前掲注（3）156頁以下（「客観的には、抗告人に強圧性のある買収手法を排除する目的があった可能性は否定することができないが、仮にこれがあるとしても、その目的自体弱いものというべきである。」）。

ら整理できると思われる。

　以下では、裁判例で問題となった防衛策を紹介し（２）、それを踏まえて、防衛策の目的に沿った行動について敷衍する（３）。その後、裁判例を個別に検討して、本稿の考え方が支持されるか検証する（４）。最後に本稿の要約と今後の課題を論じて結びとする（５）。

18　富士興産事件について、前掲注（４）22頁（「本件公開買付けには強圧性の問題が全く生じないとはいえないところ、株主総会にはそのような問題はなく、株主総会においては、買収提案者である抗告人に対する質疑応答の機会が設けられ、株主が取得できる情報の内容はより充実すること、会社法は、株主総会を会社の最高意思決定機関と位置付けており、株主意思の表明としての株主総会の判断を尊重すべきであると解されることなどからすれば、株主総会において、本件公開買付けについての株主意思を確認することが不相当であるとはいえない。」）。東京機械製作所事件について、高裁決定とそれが引用する原決定（前掲注（５）26頁、32頁。高裁決定は、原決定を修正して引用する）（「抗告人らによる相手方株式の上記買付行為は、相手方の株主ら…にとって強圧性…があることは否定できず、このような株主らが抗告人らによる相手方株式の上記買付行為について適切な判断を下すための十分な情報と時間を確保することができないことが、会社の企業価値のき損ひいては株主の共同利益を害することとなるか否か、それを防止するために本件対抗措置を発動することが必要か否かについて株主総会において当該株主のみの意思確認を行うことは、直ちに不合理であるとはいえない。」）。

19　ただし、藤田・前掲注（10）24頁参照。

20　前掲注（３）157頁（「抗告人は持ち株会社であって、相手方が抗告人の子会社について公表資料等から得られる情報には限りがあること、抗告人が相手方から要求されたデューディリジェンスに応じなかったこともあり、相手方が入手できる抗告人に関する情報には制約があったことが一応認められ、これらの事情に徴すると、相手方が、買収後の経営方針等につき具体的な回答をしなかったことをもって、真摯に合理的な経営を目指すものではないと断ずることはできない。」）。

21　前掲注（５）26頁、32頁（高裁決定は、原決定を修正して引用する）（「抗告人らは、上記の間、相手方の経営支配権取得後の経営方針について、現経営陣に経営を委ね、議決権行使を通じて相手方の企業価値・株式価値の向上を図るなどと表明するだけで、それ以上に経営方針や事業計画は具体的に明らかにせず、相手方株式の非公開化（二段階買収）は考えていないことも表明し、相手方に対しては具体的な事業計画の開示、B株式会社における固定資産譲渡、相手方における希望退職者の募集についての質問に対する回答を要請していた」。）。

2　裁判例で問題となった買収防衛策

　本稿が対象とする裁判例においては、細部は異なるもののおおよそ共通する内容の防衛策が採用されていた[22]。防衛策の内容は次のようになっている。まず、買収者は、大規模買付行為等を行う前に、対象会社に通知することが求められている。この大規模買付行為等には、市場買付け又は公開買付けによって20％といった一定の閾値以上議決権を取得することが含まれる。また、共同協調行為も大規模買付行為等に含まれることがある。共同協調行為とは、株式を取得するわけではないが、株主同士が共同保有者になる行為やある株主が他の株主を支配すること等を通して議決権が20％といった一定の閾値以上になる場合を指す。対象会社が買収者から通知を受けると、対象会社の取締役会は、基本的には60（営業）日[23]の検討期間を設け、株主の判断に資するために買収者に対して情報提供を求め、買収に対する賛否を決定する。買収者がこの手続に従わない場合、防衛措置として差別的行

22　日邦産業事件について金融商品取引法研究会研究記録79号158頁以下（2021）、日本アジアグループ事件について金融商品取引法研究会研究記録79号158頁以下（2021）、富士興産事件について前掲注（4）31頁以下、東京機械製作所事件について前掲注（5）40頁以下、三ツ星事件について三ツ星「2022年定時株主総会招集通知（別冊）」21頁以下 https://ssl4.eir-parts.net/doc/5820/announcement/80225/00.pdf（2023年9月7日最終閲覧）。太田洋ほか「東芝機械の「特定標的型・株主判断型」買収防衛策について―いわゆる有事導入型買収防衛策の法的論点の検討―」別冊商事法務編集部編『新しい買収防衛策の考え方』1頁（2022）も参照。

23　防衛策によって、日数でカウントするのか、営業日でカウントするのかは異なっている。

使条件付き新株予約権の発行がなされる。この場合には、当該新株予約権の発行について、株主総会の承認を得る場合があると定められていることが多い。他方で、買付者が防衛策の手続に従っても、取締役会が必要と認めた場合には、株主総会の承認を経て防衛措置の発動、すなわち、差別的行使条件付き新株予約権の発行がなされる。また、取締役会の判断の公正さを確保するために、独立委員会が設置され、適宜諮問を受けることとなっている。

　防衛措置として発行される差別的行使条件付き新株予約権の内容は次のようなものである。買収者以外の株主は、当該新株予約権の行使によって、又は、対象会社が当該新株予約権を取得する対価として、対象会社の株式を取得できる。他方で、買収者は当該新株予約権を行使できず、対象会社が株式と引き換えに買収者から当該新株予約権を取得することもない。しかし、買収者には当該新株予約権と交換で別の新株予約権（以下、「第2新株予約権」という）が与えられることも多い。第2新株予約権は、買収者による対象会社の株式保有割合が20％といった一定の閾値未満でないと行使できないことになっており、また、一定期間後には、対象会社が金銭と引き換えに取得できるようになっている。このようにすることで、買収者の利益に配慮することが意図されている[24]。

　また、防衛措置としての差別的行使条件付き新株予約権が発行された後も、買収者が一定の条件を満たせば、当該新株予約権が無償で取得されることが定められることもある。例えば、大規模買付行為等としての公開買付けを撤回することである。この条件を満たせば、当該

24　太田ほか・前掲注（22）9頁。

新株予約権が行使されたり、当該新株予約権が株式と引き換えに取得されることはなくなるので、買収者は防衛措置によって生じる不利益を回避することができる。

　上述したように、裁判例で問題となった防衛策では、大規模買付行為等を行う60（営業）日前に、対象会社に通知することが必要になる。そして大規模買付行為等には、公開買付けによる株式の取得も含まれる。他方で、公開買付制度には、公開買付期間が30営業日未満である際に、対象会社は、買付期間を30営業日まで延長することを請求できる制度がある（金商法27条の10第2項2号、金商法施行令9条の3第6項）。すなわち、公開買付規制としては、対象会社に保障された最短の買付期間は30営業日である。防衛策は、公開買付けをする60（営業）日前に対象会社に通知することを求めているため、防衛策は、公開買付期間を延長する機能を有するといえる[25]。そのため、防衛策が適法であるかが問題となりうる。しかし、裁判所は、防衛策それ自体を違法とはしておらず、その意味で、裁判例は、公開買付規制のオーバーライドを認めているといえる[26]。裁判例は、防衛策それ自体を違法とするのではなく、防衛策が具体的な事案においてどのように利用されたのかを検討した上で、防衛措置の発動の可否を判断している。

---

[25]　森本（上）・前掲注（10）6頁。

[26]　日邦産業事件はこのことを明示的に判示する。前掲注（2）142頁（「抗告人は、情報提供と検討期間の確保は金融商品取引法の公開買付規制によって既に図られているから、私的なルールに過ぎない本件買収防衛プランで取締役の権限を拡大する必要はない旨主張するが、買収者による買収の是非判断のための時間・情報及び交渉機会の確保は同法の公開買付規制では不十分と考え、買収防衛策を設けて情報提供を要請することには合理性があるというべきであって、抗告人の上記主張を採用することはできない。」）。

3　買収防衛策の目的に沿った行動

　それでは、このような防衛策は、どのような目的で導入されている
のであろうか。一般的には、防衛策の目的は、買収を受け入れるかど
うかは株主が判断することを前提に[27]、①株主が適切な判断をするた
めの情報を確保すること、②株主が検討を行う期間を確保すること、
③経営者と大規模買付行為等を行おうとする者との交渉を確保するこ
とが挙げられている[28]。買収を受け入れるかどうかは株主の判断であ
ることが前提となっているため、③の経営者による交渉とは、買収を
受け入れるかどうかの交渉ではなく、買収の条件を株主にとってより
良くする交渉ということになるであろう。

　そうすると、防衛策の目的に沿った行動、又は、それから外れる行
動は次のようなものといえる。まず、防衛策の目的が、株主の判断の
ための情報や時間を確保することや、買収者との交渉のためにあると
いうことは、買収自体を阻止する行動をとることは、防衛策の目的か
ら外れる。それゆえ、防衛策の名のもとに、買収自体を阻止する行動
をとる場合[29]、それが、防衛策として定められた行為に表面上は則っ

27　防衛策によって、この株主の判断を株主総会で行うことを明示するもの（日
　　本アジアグループ事件、富士興産事件）と特に明示しないもの（日邦産業事
　　件、東京機械製作所事件、三ツ星事件）がある。

28　前掲注（22）の文献参照。

29　日本では、防衛策が買収を阻止する手段になっている可能性を指摘するもの
　　として、井上光太郎「買収防衛策の効果に関する実証研究からの示唆」ジュ
　　リ1582号44頁、50頁（2023）、松中学「買収防衛策の効果に関する実証研究と
　　どう付き合うか」ジュリ1582号51頁（2023）。

ていても、防衛措置が認められない可能性が高くなる。敵対的買収においては、対象会社の取締役は、自らの地位を失うおそれがあるため、自己保身的な行動をとるおそれがある[30]。そのため、買収を阻止するような行動をとるおそれは小さくない。

　また、防衛策の目的を確保するために必要となるもの以上に、買収者に損害が生じないようにすることも求められよう。なぜなら、そのような損害が生じる場合には、買収者としては、買収を諦める可能性が大きくなるのであり、それは、結局は防衛策が買収を阻止する手段として用いられることになるからである。

　防衛策の導入又は防衛措置の発動について、株主総会決議を経ることは、防衛策の目的との関係でどう評価できるか。前述したように、敵対的買収の場面では、対象会社の取締役が自己保身的な行動をとるおそれがある。そのため、防衛策の名のもとに、買収自体を阻止しようとするおそれは否定できない。そのため、防衛策の導入又は発動を株主総会決議に係らしめることによって、取締役が自己保身的な行動をとることを防ぐ機能があるであろう[31]。防衛策の名のもとに取締役が自己保身的な行動をとる場合には、株主総会で防衛策の導入又は防衛措置の発動が承認されない可能性が高くなるからである。そのため、防衛策の導入又は防衛措置の発動に株主総会決議を経ることは、取締役が防衛策の目的に沿った行動をとったことを支持する事実となる。

　本稿が着目するのは、防衛策そのものに沿った行動をとったことではなく、防衛策の目的に沿った行動をとっているかである。したがっ

30　取締役が、敵対的買収の場面で、利益相反的な立場に置かれることについては、田中亘『企業買収と防衛策』30頁（2012）参照。
31　松井秀征「判批」リマークス66号83頁、85頁（2023）。

て、対象会社が防衛策に沿った行動をとったとしても、そもそもの防衛策の内容がその目的と合致しない内容を含んでいる場合には、その行動は防衛策の目的に沿った行動とは評価されないこととなる。また、本稿で着目する行動は、防衛策が導入された後の行為だけではなく、防衛策が導入される前の行動も含む。防衛策導入前の行動も含めて、それが防衛策の目的に沿った行動かどうかで、裁判例の整理がなされる。防衛策導入前の行動を防衛策の目的に照らして評価することの規範的な妥当性は問題になりうるが、本稿は、判例の立場を評価することを目的とするのではなく、如何に裁判例が統一的に説明できるかを問題としている。

4　裁判例の検討

　本節の目的は、本稿が対象とする裁判例は、対象会社が防衛策の目的に沿った行動をとっているかどうかで説明できるという仮説を、実際に裁判例を分析することで検証することである。その際には、1で論じた理由から、裁判例で問題になっている事案に注目する。最初に、対象会社の行動が防衛策の目的に沿っている事案を検討し、次いで、対象会社が防衛策の目的に沿っていない事案を検討し、最後に、対象会社が防衛策の目的に沿って行動していない、又は、防衛という文脈とは言い難い事案を検討する。なお、以下の事案はすべて、防衛措置としての新株予約権無償割当ての差止めが争われている事案である。

(1) 対象会社の行動が防衛策の目的に沿っている事案

　まず、対象会社の行動が防衛策の目的に沿っている事案に関する裁判例を紹介する。防衛策の発動が認められた事案であり、日邦産業事件、富士興産事件、東京機械製作所事件がこれに当たる。

① 日邦産業事件

　まず、日邦産業事件[32]である。この事件は、本稿が対象とする裁判例の中で、対象会社が最も防衛策の目的に沿って行動した事案といえる。

（ⅰ）事案

　事案は次のようなものである。平成31年3月27日時点で、買収者は対象会社の9.92％の株式を取得していた。同年4月23日、対象会社の取締役会は、防衛策を導入した。当該防衛策においては、大規模買付行為が中止されれば、対象会社取締役会は防衛措置発動の停止の決議を行うものと定められていた[33]。同月26日時点で、買収者は対象会社の12.10％の株式を取得していた。令和元年6月21日及び令和2年6月24日、対象会社の株主総会で防衛策の継続が承認された。賛成の割合は、それぞれ、出席した株主の議決権の66.46％[34]、64.64％[35]であった。令和元年7月から令和2年4月頃まで買収者と対象会社の間で

32　前掲注（2）。

33　そのため、日邦産業事件における防衛措置としての新株予約権無償割当てにおいては、当該割当て後であっても令和3年7月31日までの間は、対象会社取締役会が、対象会社が新株予約権を取得することが適切であると認める場合には、対象会社は、全ての新株予約権を無償で取得できるものとされていた。

34　買収者を除いた場合の賛成者の議決権割合は75.32％であった。

35　買収者を除いた場合の賛成者の議決権割合は85.22％であった。

資本業務提携や防衛策に関する協議が行われた。令和3年1月28日時点で、買収者は19.73％の株式を取得しており、同日、買収者は公開買付けを開始した。当該公開買付けは、27.57％が上限となっていた。同年3月8日、対象会社は、独立委員会の勧告に基づいて対抗措置として差別的行使条件付き新株予約権の無償割当てをした。

（ⅱ）検討

　日邦産業事件においては、対象会社の行動は、終始防衛策の目的に沿ったものである。防衛策の導入は取締役会限りでなされているが、その後、定時株主総会で承認を得ている。また、大規模買付行為が中止されれば、防衛措置も中止されることとなっており、必要以上に買収者に損害が生じないようになっている。

　高裁決定の判旨自体も、主要目的ルールを用いずに、防衛策が適法であるかを審査した上で、対象会社がそれに反していないかどうかで、防衛策の差止めが認められるか否かの判断をしており、本稿の視点が決定文上も直接的に表現されているといえる。

② 富士興産事件

　富士興産事件[36]も基本的には、対象会社の行動は、防衛策の目的に沿ったものといえる。

（ⅰ）事案

　事案は次のようなものである。令和2年8月7日から令和3年4月14日にかけて、買収者は、対象会社の株式を15.27％まで取得した。令和2年11月26日、買収者が対象会社にMBOを提案したが、対象会社は拒否した。令和3年4月27日、買収者らによる公開買付けが開始さ

36　前掲注（4）。

れた。当該公開買付けは、全部取得を目的とし、取得の下限は40％であった。また、公開買付期間は同年6月14日までであった。同年5月14日、対象会社は期末配当を、すでに公表していた1株当たり16円から修正することを公表した。同月24日、対象会社は、防衛策を導入した。同月28日、対象会社は期末配当を1株当たり103円（普通配当23円、特別配当80円）とすることを公表した。同年6月11日、買収者が対象会社が行った公開買付期間の延長要請を拒否したため、対象会社は対抗措置の発動を決定した。ただし、同月24日の株主総会の承認を得られなければ中止するとした。同月14日、買収者は公開買付けの期間を7月9日まで延長した。同年6月23日、原審決定で防衛策が認められた。同月24日、株主総会の普通決議で対抗措置が承認された。賛成の割合は出席した株主の議決権の66％であった。

（ii）検討

　この事案においては、対象会社の行動は、基本的には防衛策の目的に沿ったものである。配当の増額を行っている点が問題になるが、配当を増加させても、防衛としての効果は、公開買付けのやり直しにつながるという点で、買収に必要な時間を延長させる効果を持つにとどまるといえる[37]。そのため、株主の判断のための時間を確保するという防衛策の目的から外れるわけではない。これを踏まえると、配当の増加をしたことだけで、対象会社の行為が防衛策の目的から外れたものとまで評価しないことは可能であると思われる[38]。

③　東京機械製作所事件

　東京機械製作所事件[39]は、対象会社が防衛策の目的に沿って行動し

---

[37]　ただし、飯田・前掲注（10）56頁以下参照。

たといえる限界事例であると思われる。

（ⅰ）事案

　事案は次の通りである。買収者は令和3年6月9日から8月6日の間に市場内取引で対象会社の株式の34.71％を取得した。同年7月21日に、買収者は、投資目的を「純投資」から「支配権の取得」とした。なお、同年8月6日時点で公表されていた保有割合は、32.72％であった。同日、対象会社は防衛策を導入した。買収者はその後も、対象会社の株式取得を継続し、同月16日、保有割合は38.64％となった。同月30日、対象会社は防衛措置として新株予約権の無償割当ての決定をした。その際、①買収者が、今後大規模買付行為等（32.72％以上の株式取得）を実施せず、かつ、②買収者らの株券等保有割合を、同日から6か月以内に32.72％以下まで減少させ、当該期間においては、臨時株主総会招集請求権を行使しないことを誓約する旨の書面を差し入れ、当該誓約書を遵守する場合には、新株予約権の無償割当ては中止されるとされた。同年9月10日までに、買収者は、39.94％の株式を取得した。同年10月22日、株主総会において、買収者ら及びその関係者並びに対象会社の取締役及びその関係者以外の出席した株主によって、

38　なお、判決文からは明確ではないが、防衛策において「本新株予約権の無償割当ては、①株主意思確認総会による承認が得られ、かつ、大規模買付行為等が撤回されないこと、又は、②大規模買付者が本件買収防衛策の対抗措置の発動に至るまでの手続を遵守せず、株主意思確認総会を開催する以前において大規模買付行為等を実施しようとする場合のいずれかが充足されることを条件として効力を生じるものとする。」（前掲注（4）34頁）と定められていることからは、買収者が公開買付けを撤回すれば、新株予約権の無償割当ては中止されることになっていたと考えられる。実際にも、買収者が公開買付けを撤回すると、対象会社は新株予約権の無償割当てを中止している（松下ほか・前掲注（1）107頁）。

39　前掲注（5）。

防衛措置は承認された。賛成割合は78.96％であった[40]。

（ⅱ）検討

東京機械製作所事件において、対象会社の行動が、防衛策の目的に沿っているか疑問の残る点として、次の点が挙げられる。すなわち、株主総会における承認が、MoMで行われたという点と、防衛措置としての新株予約権の無償割当てを中止するには、今後、大規模買付行為等を実施しないことの誓約が要求されている点、大規模買付行為等を実施しないことと持株数を減少させるだけでなく、6か月間臨時株主総会の招集をしないことが要求されている点である。

まず、株主総会がMoMで行われた点について、判旨は買収手法に強圧性があることを正当化根拠として挙げる[41]。これに加えて指摘できる点として、仮に買収者の除外が認められないならば、防衛策を無視して急速に市場内買付けをすればするほど、防衛措置が認められにくくなるという問題がある[42]。株主に検討の時間を与えない間に買収を行うという、まさに防衛策が抑止しようとする行為によって防衛措置が否定されることが生じてしまう。そのため、このような場合には、買収者の議決権を排除する形で株主総会決議を行うことが防衛策の目的から是認されると考えられる。

もっとも、防衛策は、一定の閾値を超える株式取得について、買収側に一定の手続をとることを要求するものである。つまり、防衛策と

40　ただし、誤りがあったとして無効とされた、買収者が提出した委任状を加えると、賛成割合は、68.86％であった。

41　前掲注（5）26頁。MoMが認められる考え方を整理するものとして、山下・前掲注（9）98頁以下。経済産業省「企業買収における行動指針―企業価値の向上と株主利益の確保に向けて―（2023年8月31日）」45頁注78も参照。

42　田中・前掲注（8）82頁。

いえども、閾値までは株式取得を認めている。本件では、その閾値は
防衛策導入時点の32.72％であった。そうすると、買収者側の議決権
すべてを否定したのが問題となる。閾値まで株式を取得することは防
衛策も許容しているのであるから、閾値を超えた部分の議決権のみ行
使できなくすることが、適切であるように思われる。他方で、防衛策
の閾値を超過させないために、すべて否定するというのもありえなく
はない考え方であり[43]、かろうじて防衛策の目的に沿った行動と整理
できなくはない。

　次に、防衛策回避のために、6か月間臨時株主総会の招集をしない
ことを要求している点についてである。仮にこの定めがない場合には、
6か月以内に株式を売却することを誓約することで、新株予約権の無
償割当てを中止させておきながら、当該6か月以内に買収者が臨時株
主総会の開催を要求して取締役の変更を実現したとしても、その後当
該6か月以内に株式を売却すれば新株予約権の割当てを中止する条件
に違反しないことになってしまう[44]。そうすると、防衛策に反した買
集めで、買収者側が対象会社の支配を確立してしまうおそれがある。
そのため、株式を売却することに加えて、臨時株主総会の招集をしな
いことを求めることも、防衛策の目的の範囲内の行動であるといえる
であろう。

　また、買収者が今後、大規模買付行為等を実施しないことの誓約を
防衛措置の中止の条件としていることは、まさに買収を阻止する行動
に見える。しかし、裁判所は、この要件は、「既に具体化している大規

---

[43] MoM を認める考え方として、支配権取得の方法選択に係る政策的観点を指
摘するものとして、山下・前掲注（9）99頁。

[44] 伊藤（2023）・前掲注（9）314頁以下。

模買付行為等が企図されなくなった後においては、本件対応方針の適用は想定されて」いないとして[45]、買収者が株式を減少させた後に、再度防衛策に従った買収を行うことは否定されないと解釈する。そして、防衛策が買収を阻止するためのものでないことからは、このように解釈するのは合理的であろう。このように解釈するのならば、対象会社の行動は、防衛策の目的に沿ったものといいうるであろう。そうはいっても、この解釈は対象会社に有利な解釈をしている感は免れない。このような解釈の背景として、次の点を挙げることができよう。すなわち、東京機械製作所事件においては市場内買集めで短期のうちに、大量の株式が取得されてしまい、株主に対する買集めについての情報開示[46]や対象会社との交渉が十分になされなかったという事情がある[47]。これは、まさに防衛策の目的に反する行為であり、そのような行為に対応するものとして、対象会社側の行為は厳格に審査されなかったと考えられる。

　以上の検討から、やや疑義は残るものの、東京機械製作所事件は、対象会社が防衛策の目的に沿って行動していた事案だということができる。

45　前掲注（5）29頁。さらに、「相手方取締役会において、企業価値ひいては株主の共同利益の向上等の観点から、独立委員会の意見も踏まえ、本件対応方針を随時見直し、本件対応方針の変更の余地を認めているから、抗告人らが市場内取引による取得から公開買付け（TOB）に移行した場合においても、将来的に抗告人らの持株比率が低下することが確実であるとまではいえ」ないとする（同29頁）。

46　大量保有報告書以外に、市場買集めに情報開示はなされない（田中・前掲注（8）79頁）。

47　田中・前掲注（8）84頁参照。

(2)　対象会社が防衛策の目的に沿っていない事案

①　三ツ星事件

次は、対象会社の行動が防衛策の目的に沿っていない事案である。そのような事案として、三ツ星事件[48]を挙げることができる。

（ⅰ）事案

事案は次の通りである。この事案では、複数の買収者（以下、「買収者グループ」という）による対象会社の株式取得が問題になっている。令和4年3月31日時点で、買収者グループが、対象会社株式21.63%を保有していた。同年4月8日、対象会社によって防衛策が導入され、防衛策の発動の閾値は20%とされた。同年5月9日、買収者グループは、対象会社株式をこれ以上買い増さないと公表した。同月12日、買収者が請求した臨時株主総会で、買収者の提案した役員選任議案が否決された。同月18日、買収者側が、共同協調行為[49]をとったことを理由に対象会社による防衛措置として差別的行使条件付きの新株予約権の無償割当ての決定がなされた。なお、上記の臨時株主総会で、買収者の委任状勧誘に応じた株主の一部が、当該新株予約権の非適格者と扱われ、当該新株予約権を行使できない者として扱われた。ただし、この非適格者認定は、一部を除いて後に撤回されている。また、防衛措置が発動された時点で、買収者が何をすれば新株予約権の無償割当てが中止されるかは明らかでなかった。同年6月24日、対象会社の株主総会決議で防衛策が承認された。賛成割合は、54.46%であった。その後買収者グループの保有株式は19.78%になった。その後、裁判所

48　前掲注（6）。
49　共同協調行為については、上記2参照。

での審理の過程で、買収者は新株予約権の無償割当てを中止する条件を明らかにしていった。最終的には、防衛措置の中止には、①誓約書提出の日から6か月間、本件対応方針に定義される大規模買付行為等を行わないこと、及び、②誓約書提出の日から6か月間、買収者に対し臨時株主総会招集請求を行わないことを記載した誓約書の提出が要求されることとなった。

（ⅱ）検討

　三ツ星事件においては、対象会社は防衛策の目的に沿った行動をとっていないと思われる。まず、買収者グループが株式の取得を止めている時点で、防衛策を発動した点が問題になる。防衛策の目的の1つは、買収を受け入れるかどうか株主が判断する期間を確保する点にあるが、株式の取得を止めている以上、株主が判断する対象である買収はまだ存在しないことになり、株式取得を止めている時点では、期間を確保する必要がない。そのため、株主の判断期間を確保することは、この事案で防衛策を発動することの理由にはならない[50]。株主に情報を提供することや対象会社が買収者と交渉することも防衛策の目的として挙げられているが、情報や交渉が必要となるのは買付けがなされる場合であるから、買付けがなされていない状況では、情報提供や交渉のために防衛策を発動する必要があるとはいえないであろう。

　対象会社が防衛措置が中止される条件を明確にしなかったことも、防衛策の目的に沿った行動というよりは、買収を阻止する行動といえるであろう。また、中止の条件は、後に審理の過程で明らかにされたが、東京機械製作所事件と異なり、防衛策の閾値の範囲内の株式しか

50　三ツ星事件においては、防衛策の「転用」が起きていると評価するものとして、星明男「判批」資料版商事462号110頁（2022）。

保有しない買収者グループに 6 か月間臨時株主総会の開催を要求しないことを求めた点は、防衛策の目的に沿った行動とはいえないであろう。

　株主総会の承認を得ていた点については、株主総会の承認の有無に関わらず[51]、上記の説明から対象会社の行動は防衛策の目的に沿った行動ではないといえるように思われる。加えて、本決定が指摘するように[52]、本件における株主総会決議はその過程に問題があるものであった。つまり、当初防衛策は、少なくとも買収者グループと確認できない者でも、買収者が請求した臨時株主総会で買収者の委任状勧誘に応じた者を非適格者としていた。後にそのような者の非適格者認定は撤回されるものの、対象会社の株主が防衛策の承認に反対することを躊躇させたであろう[53]。

51　三ツ星事件における防衛策の承認の株主総会は、承認に傾きやすくなっていたという指摘として、星・前掲注（50）115頁以下。

52　前掲注（6）40頁。

53　そもそも大規模買付行為等に共同協調行為が含まれている点には疑問がある。防衛策の目的は、いずれも買収を受け入れるかどうかについての株主の判断を適正化することにあるといえるが（上記 **3** 参照）、共同協調行為をするにあたって、当該共同協調行為をする株主以外の株主は、買収を受け入れるかどうか判断する機会がない。そのため、防衛策の目的からは、大規模買付行為等に共同協調行為を含めることは正当化できないのではないか。したがって、共同協調行為を防衛策の対象に含めることは正当化できず、三ツ星事件で防衛策が認められなかったのは、当然と言えるのではないか。星・前掲注（49）115頁以下も参照。
　なお、念のため付言すれば、複数の投資家が、協調して株式を取得するのであれば、大規模買付行為等に該当すると考えるべきである。しかし、それは、共同協調行為以外の大規模買付行為等の類型でカバーできている。

⑶ 対象会社が防衛策の目的に沿って行動していない、又は、防衛という文脈とは言い難い事案

① 日本アジアグループ事件

　最後に、対象会社が防衛策の目的に沿って行動しているとはいえない事案、又は、防衛という文脈とは言い難い事案として、日本アジアグループ事件[54]を取り挙げる。

（ⅰ）事案

　事案は次のようなものである。令和2年11月6日、対象会社側がMBOの一環として公開買付けを開始した。買付価格は600円であった。同月10日、買収者は、MBOが不当なものであり、対象会社側と交渉を行うためなどとして、市場内で対象会社の株式の取得を開始した。買収者と対象会社側の協議がまとまらなかったため、令和3年1月14日、買収者は、同年2月上旬に買付価格を840円として公開買付けをする旨を決定し、公表した。同月26日、対象会社はMBOの公開買付価格を1200円に変更した。同年2月4日、買収者は、買付価格を1210円にして公開買付けを開始した。同年3月1日、対象会社は、臨時株主総会の承認を条件として1株当たり300円の特別配当をすることを公表した。同月3日、特別配当が公表されたこともあり、買収者側は公開買付けを撤回した。同月4日から9日にかけて、買収者らは市場買集めを行い、対象会社株式を22.53%まで取得した。同月9日、対象会社は防衛策を導入した。同月10日から17日にかけて、買収者らは市場内外で対象会社の株式を30.77%まで取得した。同月17日、買収者

54　前掲注（3）。

が買付価格を910円として再度公開買付けを開始した。同月22日、対象会社は、防衛措置として新株予約権の無償割当てを決定した。防衛措置においては、新株予約権の無償割当てを中止する条件が定められていなかった。なお、同年4月28日開催予定の臨時株主総会においては、特別配当の承認は議題になっているが、強圧性を理由に防衛策の承認は議題となっていない。

（ⅱ）検討

　日本アジアグループ事件において、対象会社の立場は、そもそも防衛策を導入及び発動することを正当化するのが難しいものであったと思われる。本件では、対象会社側は、MBOの一環として公開買付けを開始したが、買収者による公開買付けの買付価格を超える買付価格を提示できなかった結果、防衛策を導入している。この状況においては、対象会社の経営者としては、提示する価格で競うべき文脈なのではないかと思われる[55]。

　また、仮に防衛策を導入することが認められるとしても、対象会社は、取締役会のみで防衛策を導入し、直近に臨時株主総会があるにも関わらず、株主総会決議を経ようとしなかった。さらに、防衛措置が中止される条件が定められていなかった。これらは、防衛策の目的に沿った行動とはいえない。また、株主にとって重要な情報である、対象会社経営陣による対象会社の評価は、対象会社側によるMBOの買付価格で示されていると評価でき、情報を取得するための防衛策の必要性は、大きくはなかったといえるであろう。

---

[55] 本件は、デラウェア州ならレブロン義務が課された事案であろう（藤田・前掲注（10）12頁）。レブロン義務については、白井正和「レブロン義務と価格最大化義務」論ジュリ10号141頁（2014）など参照。ただし、本件の事案の評価については、田中・前掲注（8）99頁注43も参照。

5 結論

　本稿では、近時用いられている買収防衛策を紹介した後に、近時の買収防衛策についての裁判例は、対象会社が防衛策の目的に沿った行動をとっているかどうかによって整理できると主張した。その上で、実際の裁判例をその視点から分析した。本稿の裁判例の整理からは、防衛策に関する裁判例は、防衛策を導入することは認めた上で、それが本来の目的に沿って使われているか、もっともな名目のもとに買収を阻止する手段として用いられていないかを審査しているといえよう[56]。

　このように、裁判例を防衛策に注目して整理できるということは、今後は防衛策自体を分析し、必要があればその改善の提言をする必要があるように思われる[57]。また、防衛策と公開買付規制といった買収法制との関係も検討する必要があるだろう[58]。いずれも今後の検討課題としたい。

　本稿が買収防衛策についての裁判例の理解の深化に寄与できていれば幸いである。

＊本稿の執筆に際して、資本市場研究会内の資本市場法制研究会に加え、関西新

56　経済産業省・前掲注（41）30参照。
57　ミルハウプト＝宍戸・前掲注（8）参照。また、株主の情報不足を理由に防衛策を認めることに対しては、疑問も呈されていた（田中・前掲注（30）55頁以下）。
58　田中・前掲注（8）93頁以下参照。

世代商事法研究会、東北大学商法研究会において報告の機会を得た。参加者から頂いた多くの有益な意見に感謝申し上げる。

＊＊脱稿後、星明男「買収防衛策のアクティビスト対抗策への変容とその司法審査」松井秀征ほか編『商法学の再構築─岩原紳作先生・山下友信先生・神田秀樹先生古稀記念』257頁（有斐閣、2023）に接した。

第11章

買収手法の強圧性と
買収防衛策

法政大学法学部 教授

伊藤　雄司

1 買収防衛策と強圧性との関係に関する裁判例

(1) 概要

　2021年には、いわゆる有事導入型の買収防衛策について、いくつか
の重要な裁判例が公刊されているが[1]、そのうち、(i)日本アジアグル
ープ事件東京高裁決定（東京高決令和 3 年 4 月23日資料版商事法務
446号154頁）、(ii)富士興産事件東京高裁決定（東京高決令和 3 年 8 月
10日金判1630号16頁）、(iii)東京機械事件東京高裁決定（東京高決令和
3 年 8 月10日金判1630号16頁）は、買収防衛策の適法性の判断に関し
て、強圧性の観点に言及している。いずれの事件においても、問題と
なった買収防衛策は、(a)一定の閾値を超える株式保有をすることにな
るような行為（大規模買付行為などと称される）等を行う場合には、
情報提供など一定の手続を遵守すべきことを当該行為を行う者に対し
要求し、(b)このような者がこれらの手続を遵守しない場合、または、
手続を遵守した場合において、取締役会が、このような者が企業価値
を毀損すると判断する場合においては、(c)具体的な対抗措置（差別的
行使条件付新株予約権の無償割当て）を発動する、という構造を持つ
ものであり、このような方針が、公開買付けの予告や開始などによっ
て買収者の意図が明らかになった時点において導入・公表されたとい
う特徴があった。本稿ではこのような買収防衛策の適法性の判断におい

1　本文に示した裁判例の他、翌2022年のものとして三ッ星事件大阪高裁決定
　（大阪高決令和 4 年 7 月21日金判1667号30頁）がある。

て強圧性の概念がどのような意味を持つのかを検討することとしたい。

(2)　裁判例において問題となる点

　これらの裁判例についてはいくつか検討すべき点があるように思われる。

①　株主総会決議を要求することの意義

　上記の裁判例のうち、(ⅰ)決定は取締役会決議により対応方針が導入され、かつ、対抗措置の発動も取締役会決議によってなされた事案である。(ⅱ)(ⅲ)事件は対応方針の導入及び対抗措置の発動について、いずれも株主総会においてこれを承認する勧告的決議がなされた事案である。(ⅰ)決定においては新株予約権無償割当ての差止めが認められ、(ⅱ)(ⅲ)決定においては差止めが認められなかったことから、株主総会の判断があれば買収防衛策の適法性が認められやすいとの一般的理解が生じた[2]。なぜそのようになるかについては、(ⅰ)(ⅱ)決定から直ちにこれを引き出すのは困難であるが、(ⅲ)決定は、総会決議の成立要件として、いわゆる MoM 要件（買収者およびその関係者の議決権を排除して決議の成否を判断する）が採用されており、その関係上、買収手法に強圧性の問題があることが株主総会決議を必要とする理由の一つであることを読み取ることが可能である[3]。

---

[2]　白井（2022）・289頁参照。

[3]　決定文は「債権者らによる債務者株式の上記買付行為は，債務者の株主ら（債権者らを除く。）にとって強圧性……があることは否定できず、このような株主らが債権者らによる債務者株式の上記買付行為について適切な判断を下すための十分な情報と時間を確保することができないことが，会社の企業価値のき損ひいては株主の共同利益を害することとなるか否か，それを防止するために本件対抗措置を発動することが必要か否かについて株主総会において当該株主のみの意思確認を行うことは，直ちに不合理であるとはいえない」とする。

② 株主総会において何を判断するのか

(ii)(iii)の各決定はいずれも対抗措置の発動について株主総会の承認があることが少なくとも理由の一つとなって、対抗措置の適法性が認めたものである。しかし、当該総会が具体的に何を判断するためのものであったのかについては、買収手法に付随する問題から「会社の利益ひいては株主の共同の利益」が害されることになるかどうか、であるとしているようであるが、種々の修飾句がついており、わかりにくいところがある[4]。

③ 強圧性に関わる問題

❶ 強圧性と企業価値が毀損されることとの関係

買収手法に強圧性があることと買収によって株主が判断するための情報と時間を確保できないことが企業価値毀損をもたらすとの認識が示されているものの、両者の因果関係は明確とはいえず、結局のところ、(ii)(iii)の各決定文において明確に述べられているわけではない。

❷ 情報提供が不十分であることと強圧性との関係

(iii)決定は、市場内での買い集めに対応して対抗措置が発動された事案であるが、そこでは、「このような買収行為は，一般株主からすると，投資判断に必要な情報と時間が十分に与えられず，買収者による経営支配権の取得によって会社の企業価値がき損される可能性があると考えれば，そのリスクを回避する行動をとりがちであり，それだけ一般株主に対する売却への動機付けないし売却へ向けた圧力（強圧性）を持つ」との表現があり、買収者ないし買収成功後の経営方針・事業方

4　(ii)決定においては、「本件公開買付けについて適切な判断を下すための十分な情報と時間を確保することができないことにより、会社の利益ひいては株主の共同の利益が害されることになるか否かについて、会社の利益の帰属主体である株主自身により、判断させようとするもの」とされている。

針に関する情報提供が不十分であることが強圧性の原因であると読める部分がある。

❸　強圧性の程度に関わる問題

買収手法等によって強圧性の程度に差がありうるとの認識が(ⅰ)(ⅱ)(ⅲ)の各決定からは示唆される。(ⅰ)決定は、公開買付けを実施する予定である旨を買収者が公表した際に、公開買付け前の株式の市場内外買付けは議決権割合の3分の1までしか行わず、その後の買付けは公開買付けによることを明言していたこと、公開買付けは下限が設定されていないが、上限も設定されず、公開買付け終了後の議決権割合が3分の2以上となった場合には、公開買付価格と同額によるスクイーズアウトが予定されていることをもって、「強圧性の程度は必ずしも高くないか、または強圧性減少のための相応の措置がとられている」と評価している。(ⅱ)決定は、公開買付けにおける買付け予定数の上限がない全部買付けであるが、下限が40％に設定されていたことから、公開買付価格と同額によるキャッシュアウトが予定されているとしても「強圧性の問題が全く生じないとはいえない」とした。(ⅲ)は、「市場内取引における株式取得を通じて、株券等所有割合が3分の1を超える株式を短期間のうちに買収」した行為をもって強圧性があるとしている。これらは買収手法によって強圧性に差があるとの認識を裁判所が有していることを示唆するものといえる。

2 Grossman & Hart 及び Bebchuk の見解

(1) はじめに

　以上の問題は、そもそも強圧性とはどのような概念なのか、また、買収手法に強圧性があることが、なぜ、株主総会決議による買収防衛策の発動を正当化するのか、についての理解と関わる[5]。また、後者については、以前より有力に唱えられてきた説明があるが[6]、この説明自体について細部における理解の相違があるのではないかと思われる。そこで、以下では、この説明が基本的に依拠してきたと考えられる Bebchuk の議論を紹介する。改めて確認することとしたい。また、その前提として公開買付けの強圧性に関わる問題と裏返しの問題であると一般に言われる公開買付けに関するフリーライド問題を扱う Grossman & Hart の議論も紹介する[7]。

---

[5]　もともと「強圧性」の用語自体、論者によって多義的に用いられることがある（例えば、ミルハウプト＝宍戸（2022）は、強圧性は「構造的強圧性」と「実質的強圧性」という二つの種類があること、「二段階先行有利型（two-tiered, front-end loaded）」公開買付けが構造的強圧性がある場合の典型的であるが、このほかにも、「忍び寄る支配」や「裏からの支配」もこれに該当するとする（同11頁以下）。

[6]　ブルドックソース事件最高裁決定（最決平19・8・7民集61巻5号2215頁）が、「特定の株主による経営支配権の取得に伴い、会社の企業価値がき損され、会社の利益ひいては株主の共同の利益が害されることになるか否かについては」（公開買付けへの応募という形ではなく）株主総会の判断を尊重するとしたことについて、公開買付けの強圧性を論拠として正当化する可能性が提示され（田中（2007）・16頁）、この考え方は多くの学説によって受け入れられてきた経緯がある（中東（2007）・23頁、白井（2019）・27頁、松中（2016）37頁参照）。また、飯田（2020）・8頁も参照。

(2)　Grossman & Hart の議論

①　概要

　Grossman & Hart は、公開買付けのフリーライド問題について論ずるものである。Grossman & Hart の議論は、概ね次の②から⑤のように要約できる。

②　前提

　それぞれの株主が保有する株式がわずかで、個々の株主が公開買付けに応募するかどうかは公開買付けの成功（50％以上の応募があった場合を成功と定義する）に影響を与えないという状況を前提とする。また、公開買付けは買付け株式数の上限及び下限を定めない形で行われる。なお、公開買付けが成功したときの企業価値を v、現経営陣の下で実現されている企業価値を q と、公開買付価格を p とする[8]。

③　企業価値を向上させる公開買付けが成功しないこと

　公開買付けが成功すると仮定する場合、株主は、公開買付けに応募しなければ公開買付け成功後の企業価値 v を実現するのに対して、公開買付けに応募すると公開買付価格 p を実現する。したがって、p<v であれば株主は公開買付けに応募することがなく、p>v であることが、公開買付けが成功する条件である。しかし、p>v であるとすれば買収者は損失を被ることになるので、このような買収は、例え v>q で

---

[7]　Grossman & Hart の見解から説き起こして Bebchuk の議論を紹介するものとして、飯田（2020）があり、本稿はそれに倣うものである。

[8]　Grossman & Hart (1980), p.44. なお、Grossman & Hart は企業の利益 (profit)、将来利益の現在価値 (net present value of the future stream of profit)、株式の市場価値 (net present value of the firm's shares) を議論において区別しないとしている (ibid.)。

あるとしても（すなわち、買収の成功によって企業価値が増加するとしても）、行われない。

これは、個々の株主が本来成功するはずの公開買付けにフリーライドできる地位にあるからである。このようにして、「公開買付け応募に関して株主が合理的に決定することが、全ての株主にとって極めて望ましくない結果をもたらすことになる」[9]。

④ 一定の想定（v＞v_s）をすると公開買付けが実際に成功しうること

実際には上記の問題はそこまで深刻ではなく、買収が成功することもある。これを説明するために Grossman & Hart は、公開買付けが成功した場合の企業価値についての評価が、買収者と株主で異なるとの仮定を導入する[10]。買収者の評価を v とし、株主の評価を v_s とする。この場合、公開買付価格 p が株主にとっての買収成功後の企業価値 v_s を上回っていること、すなわち、p＞v_s であれば公開買付けは成功するはずであり、v＞p＞v_s であればこのような公開買付けは実際に生じうる。もっとも、このような状況がたまたま生ずることを株主が期待することは賢いとはいえず、公開買付けが成功した場合に、公開買付けに応募しなかった株主から買収者への価値移転を生じさせることを原始定款によって認めておくなどの方法によって、株主自身がこのような評価の違いを作り出す方が賢明であるという[11]。

---

9 Grossman & Hart (1980), p.45.

10 Grossman & Hart (1980), p.45.

11 Grossman & Hart (1980), pp.46-47. Grossman & Hart によれば、このような価値移転は例えば、次のような方法によって実現できる。すなわち、買収者が自身に巨額の報酬を支払うことや新株を自らに発行することを許容すること、企業の資産を合併や解散によって買収者自身が保有する他の会社に廉価で売却することを許容することを許容すること、などである (ibid.)。

⑤　現経営陣の下での企業価値 q を下回る価格 p での公開買付け

　ところで、$p>v_s$ であれば公開買付けが成功するということは、現在の経営者の下での企業価値を下回る価格での公開買付け、すなわち $p<q$ の場合であっても公開買付けが成功しうることを含意する。しかし、Grossman & Hart によれば、「このような公開買付けはその失敗が予想される場合には失敗する」[12]。なぜならば、公開買付けが失敗する（50％以下の株式しか公開買付者が取得できない）場合に株主が公開買付けに応募すると p を得るのに対して、公開買付けに応募しなければ公開買付けが失敗した場合の企業価値である q を得るからである。このことと「市場価格を下回る公開買付けは実務上は滅多にない」[13]ことから、Grossman & Hart は、$p>q$ を前提にしてよいという。

(3)　Bebchuk の議論

①　概要

　以上に対して、Bebchuk の論稿は Grossman & Hart が上記(2)⑤によって検討から除外した $p<q$ での公開買付けが成立しうることを論じ、その解決策を提唱するものである。Bebchuk は、Grossman & Hart とほぼ同じ前提に立つが、若干異なるところがあり、それが結論に違いをもたらしていると考えることができる。

②　前提

　Grossman & Hart と同じく分散所有型の株式保有構造を前提とする。買付けの上限及び下限を設けないという公開買付けの条件も基本的に同じである。ただし、現経営陣の下での企業価値 q は Grossman &

12　Grossman & Hart（1980）, p.47.
13　Grossman & Hart（1980）, p.47.

Hart は公開買付けが開始される前の株価によって与えられると考えていたのに対して、Bebchuk は公開買付期間終了直前の企業価値によって与えられるものと考えており[14]、かつ、これは市場価格では観察できないものと考えているようである[15]。

③ p>v_s について

Grossman & Hart においては、公開買付者が買収の成功によって利益を得るためには買収成功後の企業価値が公開買付価格を上回る、すなわち、p<v でなければならないが、この場合にはフリーライドの問題のために企業価値を増加させる買収の揚合であっても買収が成功しないことになるため、買収成功後に少数株主から買収者への価値移転を可能とするアレンジメントを予め株主自身が採用することで、p>v_s とすることが推奨されるところであった（v>p>v_s）。これに対して、Bebchuk は p>v_s は一般的に認められる現象であるとする[16]。例えば、買収者自身が自己に有利な条件で対象会社と取引を行ったり、対象会社に属する事業機会を買収者に割り当てたりするなどの方法によってこのような事態は実現されているとする[17]。要するに Bebchuk は Grossman & Hart が意図的に導入すべきであるとするアレンジメントがなくとも同様のことが現実に起きていることを指摘している。

---

[14] Bebchuk（1987）, p.922.

[15] Bebchuk（1987）, pp.927-928. 公開買付期間中の市場価格は公開買付期間終了直前において売却圧力に株主が直面するという事実の影響を受けるため企業価値についての投資家の評価を完全に反映するものではなくなるという。

[16] 「少数株式の買収成立後の価値は公開買付価格よりも低い。この分析は、公開買付けが成功した後においては、少数株式の市場価格は公開買付価格よりも有意に低くなるという実証的証拠によって支持される」（Bebchuk（1987）, p.917）。

[17] Bebchuk（1987）, pp.918-919.

④　現経営陣の下での企業価値 q を下回る価格 p での公開買付け

　Grossman & Hart が述べるとおり、公開買付価格は公開買付け開始前の市場価格を上回ることが一般的であるが、そのことは、Bebchuk によれば q＜p を当然に意味するわけではない。なぜならば比較の対象とすべき企業価値は、公開買付けに応募するかどうかの判断が実質的になされる時点、すなわち、公開買付け期間終了直前の企業価値でなければならず（②参照）、この価値は、公開買付け期間中に生じたさまざまなグッド・ニュースによって公開買付け前の市場価格よりも高くなることが想定されるからである[18]。

　次に、Grossman & Hart においては、公開買付価格が現経営陣の下での企業価値を下回る、すなわち、p＜q である公開買付けは、公開買付けが失敗すると株主が予想する限りにおいて実際に失敗すると指摘されていた。この点について、Bebchuk は次の2つの理由を挙げて、株主は公開買付けが成功する可能性が有意にあると評価する可能性があるとする。第1に、株主は他の株主が q をどのように評価するか分からない可能性があることである[19]。第2に、仮に全ての株主が p＜q であると評価しており、かつ、このことを全株主が知っていると仮定しても、他の株主がどのように行動するかが分からないことから、合理的な株主が公開買付け成功の可能性が有意にあると考えるかも知れないとする。次のように述べる。

　「株主は協調的行動がとれないので、他の株主がどのように行動するかについて確信を持たないまま公開買付けへの応募に関する決定を

18　Bebchuk（1987), pp.928-931.

19　Grossman & Hart は、買収者と株主がいずれも q 及び v を知っていることを前提に論理を組み立てている（Grossman & Hart（1980), p.44)。

しなければならない。このような状況においては、幾人かの、あるいは多数の、それどころかほとんどの株主が買収が成立する可能性が十分に大きいと考えることは完全に合理的であるかも知れない。このような初期予測（initial expectations）は自己実現的であるため、この予測により買収者が支配権を獲得するに十分な数の株式が応募されるという結果をもたらしうる。そしてそのような初期予測が自己実現的であり得るため、当初からこの予測を採用することが合理的かも知れない」[20]

　率直に言って上記の Bebchuk の言明が説得的であるかは疑わしいように思われる。この点、同時に Bebchuk は次のように述べていることにも留意すべきであろう。

　「ほとんどないしすべての株主が公開買付けが失敗するであろうという初期予測を採用するということもあり得ることであり、そのような初期予測も自己実現的であり得る。したがって、株主の初期予測はどちらでもあり得る。そしてこれらの当初の予測は自己実現的でありそうなので、公開買付けの結果もどちらでもあり得る」[21]

⑤　強圧性の問題に対する解決策

　以上のとおり、Bebchuk は、p＜q の公開買付けが強圧性により成功する可能性があるとする。これに対して Bebchuk は次の2つの解決策を提案する。一つは、公開買付けの応募に際して買収を承認するかしないかについてチェックボックスへのマークを通じて投票をさせるというものである。そして、公開買付者が買収対象会社の株主の多

20　Bebchuk（1987）, pp.924-925.
21　Bebchuk（1987）, p.925 note 27. Grossman & Hart（1980）, p.47, note 8 も同様の指摘をする。

数から「買収を承認する応募」（approving tenders）を獲得するかどうかによって公開買付けの成功・不成功が決定されるものとし、成功する場合には公開買付者は自己の望む数量の株式を取得することができる[22]。

　もう一つのスキームは、公開買付け期間が終了する前に、上記とは別の形で株主が投票することを可能とするものである。投票において多数の株主の承認を獲得した場合に限り公開買付者は株式を取得することができる、というものである[23]。

3　Bebchuk の議論に依拠した場合における解決

(1)　はじめに

　強圧性の問題が株主総会の場で株主意思を確認することによる買収防衛策を正当化する可能性があることが、ブルドックソース最高裁決定を補強する論理として、また、有事導入型の買収防衛策を正当化する論理として考えられることが指摘されてきた。これは3(3)⑤で紹介したBebchukによる解決策のうち2つめの方法における投票といわゆる株主意思確認総会の決議を同視するものである。仮にこのような議論に依拠した場合、2(2)で挙げた問題についてどのように考えることになるのか、検討しておく。なお、上記で用いた p, q, v, v_s などの記号について、引き続き使用することにする。

22　Bebchuk（1987），p.932.
23　Bebchuk（1987），pp.934-935.

(2)　強圧性と企業価値を毀損する買収の関係

　強圧性がある買収とは、公開買付価格 p が公開買付け成功後の企業価値 v よりも大きい（p＞v ないし p＞v_s）買収のことである。企業価値を毀損する買収は、現経営陣の下で実現する企業価値よりも買収成立後の企業価値が低い（q＞v）買収のことである。したがって、当然のことではあるが、強圧性がある買収手法がとられていることと当該買収によって企業価値が毀損されるということは同義ではない。ただし、企業の所有者が 1 名である状況下では、(i)所有者は p＞q でなければ企業を売却することがなく、(ii)買収者が合理的である限り v＞p であるので、(iii)買収が成立する場合には v＞q となる（企業価値を向上させる買収が行われる）のに対して[24]、強圧性がある状況の下では(i)が必ずしも成り立たないのでそのような保証が働かないということはいい得る。

(3)　各種の買収手法と強圧性

①　キャッシュアウトを予告しない公開買付け

　公開買付価格 p と同額でのキャッシュアウトを予告している公開買付けにおいては、p＝v_s となる。強圧性は、p＞v_s であることによって生ずるものであるから、この場合には強圧性の問題は生じない。そのような予告のない公開買付けにおいては p＝v_s が保証されないため、(i)買収成立後に買収者が少数派株主から搾取を行う、あるいは、(ii)買収者が企業価値を毀損することにより、v_s が p を下回る（p＞v_s）と株

24　*See,* Bebchuk（1987），p.915.

主が予測する限りで強圧性の問題が生じうる。ただし、Grossman &
Hart が指摘するとおり、$p>v_s$ は同時に公開買付けの成功の条件であ
る。

②　予告されたキャッシュアウトが行われるか分からない公開買付け

　買収者が支配権を取得するだけの株式数（さしあたり50％）を下限
とするが、当該下限の株式数ではキャッシュアウトを成立させる株式
数（さしあたり67％）には足りない場合においては、公開買付価格
と同額でのキャッシュアウトが予告されていたとしても $p＝v_s$ が必ず
しも保証されないことから、一応強圧性が生じうるとはいえる。もっ
とも、(i)キャッシュアウトを成立させうる株式を買収者が取得した場
合にはキャッシュアウトが行われるのであるから、その見込みの分だ
け、v_s は p に近くなることが想定される。さらに、(ii)キャッシュアウ
トを予告する買収者は全株式を購入することを覚悟しているはずであ
るから、買収者がそのような事態を考えて行動している限り $v>p$ で
あるはずであり、したがって、買収成立後の少数株主に対する搾取が
ささやかなものにとどまる（$v≒v_s$）限り、$p>v_s$ は考えにくい上、(iii)
全株式を取得する予告をしている買収者が少数株主に対する搾取を主
要な動機としているとも考えられない。したがって、このような公開
買付けに深刻な強圧性の問題はないのではなかろうか。

③　下限の定めのない公開買付け

　Grossman & Hart や Bebchuk の議論の前提となっていた公開買付
けは、買付け株式数に下限の定めがないものであった。この場合、現
経営陣の下で実現する企業価値 q を下回る価格 p での公開買付けが開
始されたとして、公開買付けが成功しなかった場合（買収者が支配権
を獲得するのに必要な株式数を取得できない場合）には、公開買付け

に応募した株主は p を受け取るのに対して、応募しなかった株主は q を得ることになる。すなわち、公開買付けが成功しないと予想する株主は公開買付けに応募しない。これに対して、下限を50％とする公開買付け（公開買付けの成功と公開買付けの成立が結びつけられている公開買付け）においては、公開買付けが成功しなかった場合には、公開買付けに応募するか否かにかかわらず株主は q を得る。すなわち、公開買付けがほんのわずかな確率でも成功すると考える株主は、理論上は、公開買付けに応募することになる[25]。その意味では、下限の定めのない公開買付けの方が強圧性の問題は深刻ではないということができる。

④　情報が十分に提供されない公開買付け

　強圧性は、買付けに応じた場合に実現される価値（p）と買付けに応じず、かつ、買収自体が成功した場合に株主において実現される価値（v_s）の差によって生ずるものである。したがって、買収者が買収成功後の事業運営について十分な情報を提供しないことは、強圧性の問題とは直接的な関係はない[26]。これに対して、買収者が支配権取得後の計画を明らかにしないことによって、当該買収者が企業価値を損なうのではないかとの懸念を抱くことを指摘する見解もある[27]。そのようにいえるかはケース・バイ・ケースとも思われるが、(i)買収者が現経営陣の下でエージェンシーコストの削減等による企業価値向上を企図していたとしても不思議ではないこと（すなわち、開示するに足りる具体的な経営方針の変更を企図していなくても不思議ではないこ

25　飯田（2020）・6頁以下。
26　黒沼（2022）・57頁参照。
27　田中（2007b）・17頁。

と）、(ii)敵対的買収においては対象会社の情報を十分に得られない状態で買収が開始されるものであること、(iii)企業価値向上について買収者が説得的な情報提供を行うことができるとして、そのことは、公開買付けのフリーライドの問題を生じさせ、あるいは、対抗買収者の出現を誘発するものであること、からすれば、買収者が十分な応報提供を行わないことはおかしなことではないと思われる。そうだとすれば、情報提供が不十分な買収者が企業価値を毀損すると株主が判断することになるのかどうかは疑問であると思われる。

⑤　**市場内買付け**

　買収者が市場内で株式の取得を進めている場合において、株主が市場で株式を売却した場合に実現される価値 p と、売却をしないまま買収が成立した場合に少数株式が有するであろう株価 v_s に差がある（$p > v_s$）場合には、強圧性があると一応考えられる[28]。もっとも、公開買付けによる場合よりも強圧性によって惹き起される問題がより深刻になるといえるかは疑問である。

　第1に、$q > p (> v_s)$ という、効率性の観点から問題とすべき買収を考えると、株式を売却した株主は、$q > p$ により、もし買収が成功しなかった場合には損をすることになるから、売却を控えるという判断をする可能性がある。これは、①で示した下限の定めのない公開買付け（売却した株主は必ず p を得る）と同様の状況であって、買収が成

28　もっとも、買い集めが行われている時点の株価は、買収がどの程度の確率で成功するか、買収が成立した場合及び失敗した場合における株式の価値を全て織り込んでいると考えることができる。もしそうだとすれば、効率性の観点から問題とすべき強圧性が存在するかは疑問である。仮に $q > p > v_s$ であるとして、買収が失敗した場合において q を実現する期待（非売却圧力ということもできよう）が v_s が実現する心配と相殺されると考えられるからである。

功しなかった場合に q を得られる下限の定めのある公開買付けよりも問題が少ないということができる[29]。

第2に、市場内買付けにおいては、「早い者勝ち」で株式を買い取られることから強圧性が生じやすいと指摘されている[30]。しかし、「早い者勝ち」であることによって強圧性が生ずることを説明する説得力あるモデルが示されているとは言いがたく、強圧性の定義からしてもこのことは自明とは言いがたい[31]。

(4) 株主総会で判断している事項

買収防衛策の発動に関する株主総会で実際に何を株主は判断すると考えるのが、Bebchuk の「解決策」の発想と整合的だろうか。さしあたり、買収者が用いる強圧性の有無・程度を判断するものであるのか、買収者が企業価値を毀損するかどうかを判断するものであるのか、という形での問題の立て方をするのであれば[32]、後者であると考えられる。前者は、p と v_s の差 $(p-v_s)$ によって与えられるが、株主は、公開買付けが成功する場合に実現される価値 $(\max(p, v_s))$ と公開買付けが成功せず現経営陣の下で実現される価値 q とを比較して前者が後

---

29 株主は買収が成功すると考えているときは売却するが、買収が失敗すると考えているときは、売却しない。

30 田中（2022a）12頁注13など。

31 黒沼（2022）・59頁参照。もし「早い者勝ち」である結果、全ての株主が買収の成功を予測し、できるだけ早く株式を売却しようとするというのであれば、買収の情報が認知されたとたん売り注文が殺到し株価は v_s に限りなく近いところまで下落するであろうが、現実にはそのようにはなっていない。また、「早い者勝ち」を意識して多くの株主が売り注文を出せば株価は下落し、p と v_s との差が縮まることになるから強圧性は減少する（その結果、非売却圧力と売却圧力が均衡する株価に落ち着く）のではなかろうか。

32 松中（2022a）・6頁参照。

者が上回る場合（$p>q$ または $v_s>q$）に公開買付けの成否に関する投票において賛成するはずであって、$p-v_s$ を基礎に投票するインセンティブを株主は有しないからである[33]。その上で、企業価値の毀損の有無を判断しているというとらえ方は不正確であることを指摘しておきたい。

　Grossman & Hart や Bebchuk の議論において前提となっているのは、上限の定めのない公開買付け（全部買付け）がなされるという局面である。Bebchuk の議論において、公開買付けの成否に係る投票で株主が判断するのは、p と q のどちらが大きいか、という点である。$q>p$ であれば、株主は公開買付けに応募しないのが合理的であるが、強圧性がある（$p>v_s$）であるために公開買付けが成立することが問題とされるからである。$q>p$ は当該買収が企業価値を毀損する買収であること（買収者の下で実現される企業価値 v が現在の株主ないし現経営者の下で実現される企業価値 q よりも低いこと（$q>v$））[34]を当然には意味しない。買収者が合理的である限り $v>p$ であるはずだが、$v>q>p$ という自体は排除されないからである。

　部分買付けにおいてはどうか。例えば買収者が50％の株式を取得する部分買付けにおいては、株主が全体として買収の対価として受領するのは $(p+v_s)/2$ であると考えられる[35]。この場合、株主が判断するのは、$q>(p+v_s)/2$ かどうかということになる。上記と同様に、$q>$

33　Bebchuk のそもそもの発想は、買収手法に強圧性があるからこそ、強圧性のない形で（公開買付けへの応募と分離して）、株主に買収への賛否を問うとするものであった。

34　全株買付けにおいては、買収者は買収成立後の少数株主の搾取を予定していないと考えられることから、$v=v_s$ であると想定してもよいであろう。

35　Bebchuk (1987), pp.920-922.

$(p+v_s)/2$ であるからといって企業価値が当然に毀損されていること
になるわけではない。

(5) MoM 要件について

　Grossman & Hart や Bebchuk の議論において基本的に前提とされ
てきたのは、買収者が公開買付け開始時点で対象会社の株式を保有し
ていない場合である[36]。この場合には、公開買付けへの応募から切り
離された投票において議決権を否定されるべき株主は存在しない。他
方、公開買付け開始時点ですでに買収者が対象会社の株式を保有して
いる場合には、Bebchuk の発想によれば、おそらくは原理的に、当該
買収者は議決権を行使し得ないことになるのではないかと思われる。
例えば、買収者 A が20％の株式を予め保有しており、単一の株主 B
が残りの80％の株式を保有している状況において、A が B に30％の株
式の買い取りを提案した場合、当該株式の売却を決定するのは B であ
り、そのことが企業価値の向上に資する[37]。これに対して、80％の株
式がわずかの持株しか有しない多数の株主によって保有されている場
合には、強圧性によって買収が成立してしまう、ということが問題で
あるはずだからである。この場合、売却に応じるか否かの判断は単一
の株主 B によって株式が保有されている場合と同様に考えて、80％の
株主の判断、すなわち、80％の株主による多数決に委ねるのが適当な
のではないかと思われるからである[38]。

36　Bebchuk（1987）, p.934（note 40）は明示的にその旨を述べる。Grossman &
　　Hart も同じ前提である（Grossman & Hart（1980）, p.45（note 5））。
37　企業価値が減少する（A の保有する株式の価値と B の保有する株式の価値の
　　和が減少する）にもかかわらず、A・B 間で保有株式の売買の合意がなされ
　　ることは考えがたい。

4　Bebchuk の議論に依拠して買収防衛策を正当化することの妥当性と有事導入型買収防衛策の評価

(1)　はじめに

　企業価値を毀損する買収であっても強圧性がある状況下では成立する可能性があるといえるとして、そのことが買収防衛策の導入を通じて、実質的に公開買付け（ないし市場内買付けによる支配権の取得）の成功・不成功を株主総会決議の承認にかからせるような仕組みを導入することを直ちに正当化するかどうかはかなり疑わしいようにも思われる。端的に言えば、このような仕組みによって強圧性の問題が解消するというメリットがあるとしても、同時にこのような仕組みにはデメリットもあり得るので、両者を比較しなければその政策的妥当性は判断できないのではなかろうか。以下では、この点を少し詳しく検討する。

38　ただし、あくまでも会社全体の売却というロジックに依拠する（したがって、買収者も部分的な売り手となる）という考え方も可能であるのかも知れない。Bebchuk（1987）, p.934（note 40）はそのような前提をおそらくとった上で、買収者が株主価値最大化から逸脱した判断をする可能性があることを指摘して、買収者を公開買付けに際しての投票から除外すべきであるとしている（飯田（2020）・8頁、田中（2020a）・11頁もおそらく同旨）。なお、強圧性の問題とは無関係に、株主自治ないし株主民主主義の次元で問題を考えるのであれば、買収者の議決権を排除することは少なくとも現行法の建前の下では難しい。

(2) 防衛策のメリットが過大評価されている可能性

① 企業価値を毀損する買収が強圧性の問題により実際に生ずる可能性

公開買付けなどの買収手法に強圧性の問題があるとしても、実際に
これによって企業価値を毀損する買収が成功する可能性が低いのであ
れば、買収防衛策によって買収の成功を株主総会決議にかからせる制
度を導入する必要性は小さいといえる。この点、企業価値を毀損する
買収によって買収者が利益を得ることは現行法を前提とする限り困難
であり、現実には企業価値を毀損する買収が行われる可能性は小さい
のではないかと考える。理由は次のとおりである。

❶ 少数株主に対する買収者の膨大な搾取を前提とすること

現実になされる公開買付けのほとんどは、市場価格に対して一定の
プレミアムを付して行われる。このような事情を踏まえるならば、一
般に買収者が企業価値を毀損するにもかかわらず当該買収者が買収に
よって利得を得るためには、少数株主から膨大な利益移転を行わなけ
ればならないと思われる[39]。

このようなことが我が国の法制の下で容易に実現できるかは、相当
な疑問がある。まずこのような価値移転を二段階目のキャッシュアウ
トで実現することは、「公正な価格」による反対株主の株式買取請求

---

[39] Gilson (1981), pp.861-862; Bradford (1990), p.426. この点を次の例で確認し
ておきたい。すなわち、(i)企業価値 V の会社の株式の50％を買収者が20％の
プレミアムつきで取得すること、(ii)買収成功後の企業価値は買収前の企業価
値の80％となることを仮定する。この場合、買収者が支配権を取得するため
に支出する額は、0.6×V である。したがって、買収者がこの買収によって利
得を得るためには、買収成功後の企業価値0.8×V のうち75％以上を把握す
る必要がある（少数株主に本来帰属するはずの企業価値0.4×V のうち半分
を奪う必要がある）。

権が認められていることとの関係でほとんど不可能である[40][41]。また、キャッシュアウトをしないまま大規模な利益移転を実現することも、このような行為は一般に取締役の任務懈怠を構成する可能性が高く、これまた不可能ではないかと思われる[42]。

❷　公開買付け前の株価に対してプレミアムを付した公開買付価格が一般的であること

Grossman & Hart は、公開買付け前の株価を下回る価格での公開買付けはまれであることを指摘して q>p の買収は考慮する必要がないと論じていた[43]。

これに対して Bebchuk は、公開買付けが開始される前の企業価値ないし株価（pre-bid price）と買収後の企業価値（株式価値）との比較によるべきではなく、公開買付け期間終了直前の企業価値との比較を問題とすべきであると論じた[44]。すなわち、株主は公開買付期間中に接する情報によって公開買付け前の市場価格を上回る形で企業価値の評価を改める可能性が高いというのである[45]。

Bebchuk がこれらの事情に言及するのは、公開買付けに関する決定

40　Bebchuk (1987), pp.1709-1710; Bradford (1990), p.426.

41　最決平成28年7月1日民集70巻6号1445頁参照。

42　Gilson (1981), p.80; Gilson はこのような状況の下で生じうる極端な略奪に対しては、少数株主に対する忠実義務が適切な保護を与えると指摘する。この点、我が国の法制度につき、支配株主の忠実義務が承認されていないこと、また、支配株主に対する代表訴訟提起権が認められていないことから、「少数派株主の利益保護は、もっぱら支配株主の評判（reputation）維持の考慮によってはかられてきたといってよい」とする指摘がある（田中（2012）・46頁）。しかし、企業価値を毀損する買収者が公開買付けに際してプレミアムを支払いながらなおかつ利得するような搾取が我が国の法制下で容易であるとは思われない。

43　Grossman & Hart (1980), p.47. これに従い p>q であるとするならば、買収者が合理的である限り v>p であるので、v>q。すなわち、企業価値は向上する。

を株主が行う時点において、株主が公開買付けに応じない方が合理的であると考えたとしても公開買付けに応じる可能性があること（すなわち、公開買付け前の市場価格にプレミアムを付した公開買付けにおいても強圧性の問題が生じうること）を論証するためであって、当該買収が企業価値を毀損する買収であり得るかについて直接的に論ずるものではない。これらの事情によって Bebchuk の指摘するとおりに企業価値評価が上方修整されることがどれくらいあり得るかはそもそも問題となり得るが[46]、仮にこのような事態が生じたとして、そのことによる上方修正の分を含めて当該会社の企業価値であるとし、そこを基準として企業価値の毀損を論ずることが適当かどうかは議論の余地がある。換言すれば、公開買付けが開始される前の企業価値より高い価値を実現する買収で、かつ当該実現される企業価値が公開買付け開始後（公開買付期間満了前）の企業価値に及ばないような買収を阻止することが妥当かどうか、という疑問がある。買収者が登場しなけ

44　Bebchuk は、公開買付け前の市場価格がその時点における投資家の企業価値に関する評価を反映するものであることは前提としている（Bebchuk（1987），p.928）。これに対して、そもそも買付前の株価が過小評価されたものであった可能性を論ずる見解もある（Lowenstein（1983），pp.307-308）。そのような議論が成り立つかについてはそもそも疑問があるが、強圧性に関する議論とは一応無関係というべきであろう。

45　Bebchuk, p.928-929. 特に、次の4つの場合があり得るとする。第1に、株主は会社資産をより有効に活用できる他の買収者が今後現れ、より高い買付価格が提示されることを期待する可能性がある。第2に、株主は現になされている公開買付けを拒絶することによって買収者がより高い価格を提示する可能性があると期待する可能性がある。第3に、株主は、買付者が対象会社が過小評価されていることについての非公開情報を有していると株主が推論する可能性がある。第4に、現経営陣が公開買付け開始後に開示する事業計画等によって株主が企業価値の評価を上方修正する可能性がある（Bebchuk, p.929-923.）。

46　Bradford, p.434.

れば、いずれにしてもそのような価値は現実化しなかったといえるからである[47]。

❸ 企業価値を毀損する買収は強圧性があったとしても成立しないのではないか。

Grossman & Hart 及び Bebchuk のいずれも、現経営陣の下での企業価値 q を下回る価格 p での公開買付けはそれが成功すると株主が予想する場合に限り成功し、株主が失敗を予想した場合には失敗するとしている。ただし、Grossman & Hart は、株主は失敗を予測することを前提とするのに対し[48]、Bebchuk は、成功する予測が自己実現的であることからこのような成功する可能性があると論じている[49]。問題は、Bebchuk のいうように企業価値を毀損するにもかかわらず買収が成功するという予測が自己実現的であることによって公開買付けが実際に成功するという可能性が現実にどれほどあり得るか、ということであるが、これは疑わしいように思われる[50]。

❹ 買収者が企業価値を毀損する経営を行う理由があるか

買収者は、自身が現経営陣よりも経営能力に優れている、あるいは、そのような人物を外部から認容できると考えることによって買収を決断するとは限らず、むしろ、多くの場合は、現在の経営において生じている私的利益の削減などによって企業価値を高めることができると考えて買収を決断している可能性がある[51]。少なくとも、経営陣を入れ替えることによっては、企業価値が損なわれるのであれば、現経営

47　Easterbrook & Fischel, pp.1176-1177.

48　Grossman & Hart（1980), p.47.

49　Bebchuk, p.924-925.

50　田中（2007)・18頁参照。

51　Easterbrook & Fischel（1981) p.1173.

陣を交代させる理由がなく、現経営陣の下で、かつ、現経営陣に対する監督を強化することによって企業価値の向上を図るであろう。そうだとすると、あえて買収者が企業価値を毀損する方策をとると考える理由はないように思われる[52]。

(3) 防衛策のデメリットが過小評価されている可能性

① フリーライドの問題

Grossman & Hart が指摘するとおり、公開買付けを用いた買収にはフリーライドの問題がある（市場内買付けに強圧性があると考えるのであれば、フリーライドの問題も同様に認められることになろう）。仮に株主意思確認総会において当該買収者が企業価値を毀損しない（企業価値を向上させる）ことから買収防衛策を発動しないという判断が下されたとして、この場合に、合理的な株主は公開買付けに応募しないことになるのではなかろうか。すなわち、強圧性の観点から正当化される買収防衛策は、その論理どおりに効果を発揮する場合には、同じ論理によって効率的な買収を成立させない方向に機能するという

---

[52] 富士興産事件において、公開買付者は取締役会からの質問に対する回答として、「中長期的な企業価値向上の実現は、債務者の非公開化を行うことで、上場を維持したよりも効果的に実現が可能であ」ること、「経営陣が、短期的な株価の上昇を期待する株主も多い資本市場への配慮から、……時間を要しても中長期的には企業価値向上により効果のある施策を検討していない可能性」がある、としている。また、東京機械事件では、「引き続き東京機械製作所の現経営陣に経営を委ねた上で……、現経営陣の皆様と議論を重ねながら、株主総会における議決権を適切に行使することを通じて、東京機械製作所の企業価値・株式価値を向上させることができるものと考えて」いること（令和3年8月26日送付の回答書）が回答されている。これらが虚言であり、支配権を取得した後に経営陣を入れ替えて拙劣な経営を行うと考える根拠はないと思われる。そもそも買収者が少数株主からの搾取を意図しているとしても、その多くは経営陣を交代させることなく可能であろう。

論理的な矛盾を抱えている。

②　株主総会における意思決定に歪みが生ずる可能性

　株主総会の決議をもって買収の成否に関する株主の意思決定とみることについては、多くの問題が指摘されてきた。例えば、基準日の問題であるとか[53]、あるいは、会社側に有利な慣行の存在、政策保有株式の問題を指摘できる。状況によっては、株主総会の決議によって買収防衛策の発動を認めることは結果的に現経営陣による買収の拒否権を認めることと変わらないことも考えられ、そうであるとすれば、効率的な買収を阻害する効果が大きいということになろう[54]。

③　買収コストを増加させ、効率的な買収を阻害する可能性。

　上記の裁判例で問題となった買収防衛策は、いずれも、情報提供に要する期間や、情報提供を受けて取締役会や特別委員会が買収の是非を判断するための相当の期間を要求するものとなっている。当該手続において情報提供期間や熟慮期間の定めがあることは、買収の完結を遅延させるものであり、買収コストの増加を招く[55]。それは一つには単純な資本の時間的コストによるものであり、もう一つの理由としては、そのことによって対抗的な公開買付けが開始される可能性が増えることによる[56]。このことも、効率的な買収を阻害するものであると同時に、経営陣に対する規律を弱めるものである[57]。

---

[53] 中東（2007）・22頁以下参照。

[54] Gilson（1987）pp.841-846.

[55] Bebchuk も "separate-vote schme" については、公開買付けの応募に際して買収の賛否を表明する方式（schme of approving and disapproving tenders）に比して、「買収の完結に不必要な遅延が生ずる」という難点があることを指摘し、また、同方式と類似の規制を含む各州法についてもそれが「しばしば重大な遅延と投票の実現に対する手続的障害を課していること」について望ましくないと論ずる（Bebchuk（1987），pp.935-936, and note 41）。同様の指摘として、Hannes & Yadlin（2008），p.54 note 89.

5 有事導入型買収防衛策の問題

　以上からすると、買収手法に強圧性があるからといって、買収防衛策を導入することが望ましいかどうかは少なくとも自明ではない。買収防衛策を導入することによって当該会社に対する買収コストを高めることになり、そのことは、経営陣に対する市場の規律を弱めるという欠点は無視し得ないもののように思われる。現在、事前警告型買収防衛策を導入する会社が一貫して減少傾向にあり、また、これまで事前警告型買収防衛策を導入する会社でこれを廃止する会社も見られるなどの傾向が見られるが、その背景としては、機関投資家が買収防衛策に対して否定的な態度をとっていることが指摘されている[58]。このこと自体、買収防衛策が株主にとって望ましいとはいえないことを示

56　Easterbrook & Fischel（1981），pp.1178-1179. 公開買付けが開始されたこと自体、及び、公開買付者が金商法の規整などによって情報を開示する必要があることによって、潜在的な競争者は最初の公開買付者よりも低い調査費用で対抗買付けを開始する判断が可能となる。このフリーライドの問題により公開買付期間の延長は最初の公開買付者が買収を成功させることを困難にし、そのことは、敵対的買収の数の減少、ひいてはエージェンシーコストの増加を招くことになる。田中（2012）は、同様の論理で、交渉の機会の確保を買収防衛策の目的とすることについて否定的である（292頁以下、437頁以下参照）。

57　*See* Easterbrook & Fischel（1981），pp.1176-1178（公開買付けがなされた場合に経営者が受動的でなければならないというルールと公開買付けに抵抗する手段をとりうるというルールを考えた場合、買付けが生じた後（ex post）に株主が選択するとすれば対抗買付けをもたらしうる後者のルールを選択するであろうが、買付けが生ずる前（ex ante）に選択するのであれば前者を選択する十分な理由があるとする）。

58　茂木＝谷野＝西川（2022）・43頁以下参照。

唆するものではないか。

　仮にそうであるとすれば、買収防衛策を導入するかどうか、換言すれば、何らかの意味で強圧性のある買収行為が開始された場合に、買収の成否について株主総会決議による承認を条件とする仕組みを採用するかどうかについては、株主の選択に委ねることが妥当であると思われる。この点、有事導入型の買収防衛策の適法性を、それが総会決議を経ている限り、一般的に適法と認めることは、このような仕組みを導入しないという選択を不可能にするという問題がある[59]。

　この点、選択は(a)有事導入型の買収防衛策を導入できることをデフォルトとする場合に（現在の下級審判例を維持する）、当該デフォルトから逸脱する場合につき明示的な決定を要する（具体的には、株主総会決議をもってしても大規模買付行為を阻止する行為を行わないことを約束する）方法と、(b)有事導入型の買収防衛策を導入できないことをデフォルトとし（一般的に有事導入型の買収防衛策は不適法であると考える）、このような仕組みを導入する場合には事前に明示的な定めをすることを要する（事前警告型買収防衛策の形をとることを要する）、という方法が考えられる。いずれの場合であっても、このような定めは、会社統治の基本構造に関わる問題として、定款で定めるべき事項なのではないかと思われるが[60]、(a)をとる場合には、技術的

---

[59]　松中（2022b）・42頁参照。田中（2022b）は、これに対して、「対象会社が、平時に買収防衛策を導入していない場合、それは必ずしも、『いかなる大規模買付けに対しても対抗措置を発動してはならない』というのが『株主の意思』であることを意味しない」と論ずる（33頁）。

[60]　関連して、新株予約権の無償割当てに関する決定が取締役会の権限であること（会社法278条3項）から、株主意思の確認は、正式な株主総会決議である必要はない（アンケートで足りる）と論ずる見解があるが、買収防衛策としてなされる新株予約権無償割当てであることを看過したものであり、当然にそのようにいうことはできないのではないかと思われる。

にも定款変更の形をとらなければならないであろう。株主総会の普通決議（勧告的決議）で定めたのでは、法理上、当該決議を有事になって普通決議で撤回することが可能となって意味がないからである。そのことの困難性[61]と、一般に事前警告型買収防衛策を採用する会社が少数であることを考え合わせれば、(b)の方法を選択すべきではないかと考える[62]。

6　結語

　敵対的買収に対して対抗措置をとるかどうかについての判断に際して、取締役が利益相反に直面することは明らかであり、実際にそのような例は多くあるのではないかと思われる。これに対して、株主が強圧性の問題に直面する結果、企業価値を毀損する買収が成立することがあり得るかについては、理論的にそのようなことがあり得るというにとどまり、実際にそのようなことが生じたというエピソードや、実証的な論証には乏しいように思われる。本稿はもとより実証的な検討を行うものではないが、買収手法の強圧性を根拠に買収防衛策を正当化する際に前提とされている条件をできるだけ明らかにするよう努めたものである。

---

[61]　Easterbrook & Fischel, 1181（株主の集合行為問題によってこのような定款規定を設けることが困難だとする）。

[62]　松中（2022b）・46頁注100参照。また、Easterbrook & Fischel（1980）, p.1181.

【参考文献】

- Bebchuk, Lucian Arye, *The Pressure To Tender: An Analysis and a Proposed Remedy*, 12 Delaware Journal of Corporate Law, 911 (1987)
- Bradford, C. Steven, *Stampeding Shareholders and Other Myths: Target Shareholders and Hostile Tender Offers*, 15 Journal of Corporation Law, 417 (1990)
- Easterbrook, Frank H. & Daniel R. Fischel, *The Proper Role of a Target's Management in Responding to a Tender Offer*, 94 Harvard Law Review 1161 (1981)
- Gilson, Ronald J., *A Structural Approach to Corporations: The Case Against Defensive Tactics in Tender Offers*, 33 Stanford Law Review, 819 (1981)
- Grossman, Sanford J. & Oliver D. Hart, *Takeover Bids, The Free-Rider Problem, and the Theory of the Corporation*, 11 Bell Journal of Economics, 42 (1980)
- Hannes, Sharon & Omri Yadlin, *The SEC Regulation of Takeovers: Some Doubts from a Game Theory Perspective and a Proposal for Reform*, 25 Yale Journal on Regulation, 35 (2008)
- Lowenstein, Louis, *Pruning Deadwood in Hostile Takeovers: A Proposal for Legislation*, 83 Colum. L. Rev. 249 (1983)

- 飯田秀総「買収防衛策の有事導入の理論的検討―公開買付けの強圧性への対処―」商事法務2244号4頁（2020）
- 黒沼悦郎「市場買付けは買収防衛策を正当化するか―東京機械製作所事件を題材に―」Law&Practice 16号49頁（2022）
- 白井正和「買収防衛策の有効性の判断枠組み（最決平成19・8・7）」法学教室471号25頁（2019）
- 白井正和「近時の裁判例を踏まえた買収防衛策の有効性に関する判例法理の展開」民商法雑誌158巻2号283頁（2022）
- 田中亘「ブルドックソース事件の法的検討〔上〕〔下〕」商事法務1809号4頁（2007a）、商事法務1810号15頁（2007b）
- 田中亘『企業買収と防衛策』（商事法務、2012）
- 田中亘「防衛策と買収法制の将来〔上〕〔下〕―東京機械製作所事件の法的検討

一」商事法務2286号 4 頁（2022a）、商事法務2287号32頁（2022）
・中東正文「ブルドックソース事件と株主総会の判断の尊重」ジュリスト1346号17頁（2007）
・松下憲＝福田剛＝増野駿太＝西村智宏「買収防衛策に関する裁判所の判断枠組みと実務からの示唆〔上〕〔中〕〔下〕―近時の裁判例を踏まえて」商事法務2290号17頁（2022）、商事法務2291号47頁（2022）、商事法務2292号36頁（2022）
・松中学「買収防衛策とその法的規律」法学教室433号34頁（2016）
・松中学「敵対的買収防衛策に関する懸念と提案〔上〕〔下〕―近時の事例を踏まえて―」商事法務2295号 4 頁（2022a）、商事法務2296号37頁（2022b）
・ミルハウプト、カーティス＝宍戸善一「東京機械製作所事件が提起した問題と新 J-Pill の提案」商事法務2298号 4 頁（2022）
・茂木美樹＝谷野耕司＝西川恵祐「敵対的買収防衛策の導入状況とその動向―2022年 6 月総会を踏まえて―」商事法務2309号39頁（2022）

第12章

金融商品取引法における市場概念

学習院大学大学院法務研究科 教授

神田　秀樹

1　はじめに

　本稿は、金融商品取引法における「市場」概念について若干の整理
を試みるものである。金融商品取引法においては、「金融商品市場」
（同法 2 条14項）、「取引所金融商品市場」（同法 2 条17項）、「市場デリ
バティブ取引」（同法 2 条21項）の定義が置かれているが、「市場」概
念についての定義は存在しない。歴史的には、有価証券の現物市場に
ついて取引所が開設する市場とそれ以外という区分から進展してきた
と見受けられるが、デリバティブについて規定が整備された際に、デ
リバティブ取引は「市場デリバティブ取引、店頭デリバティブ取引又
は外国市場デリバティブ取引」と定義され（同法 2 条20項）、今日では、
有価証券とデリバティブとで市場概念に多少の相違が見られる。以下、
若干の整理をしてみたい。

2　金融商品取引法の規定

(1)　主な規定

　まず第 1 に、金融商品取引法には次の規定が置かれている（以下で
は、原則として外国の市場と商品関連の市場は除く。下線は、筆者。
以下同じ）。なお、「特定取引所金融商品市場」（金融商品取引法 2 条32
項）と「特定上場有価証券」（同法 2 条33項）は、上場有価証券（取引

所金融商品市場で取り扱われる有価証券）の一部を対象とするものであるが、本稿では省略する。

金融商品取引法２条14項

　この法律において「金融商品市場」とは、<u>有価証券の売買又は市場デリバティブ取引を行う市場</u>（商品関連市場デリバティブ取引のみを行うものを除く。）をいう。

同法２条17項

　この法律において「取引所金融商品市場」とは、金融商品取引所の開設する金融商品市場をいう。

同法２条20項

　この法律において「デリバティブ取引」とは、市場デリバティブ取引、店頭デリバティブ取引又は外国市場デリバティブ取引をいう。

同法２条21項

　この法律において「市場デリバティブ取引」とは、金融商品市場において、金融商品市場を開設する者の定める基準及び方法に従い行う次に掲げる取引をいう。【以下、略（先物・オプション・スワップ等の取引が挙げられている）】

同法２条22項

　この法律において「店頭デリバティブ取引」とは、<u>金融商品市場及び外国金融商品市場によらないで行う次に掲げる取引</u>（その内容等を勘案し、公益又は投資者の保護のため支障を生ずることがないと認められるものとして政令で定めるものを除く。）をいう。【以下、略（先渡・オプション・スワップ等の取引が挙げられている）】

第2に、金融商品市場の開設について、次の規定が置かれている。

金融商品取引法80条

1項　金融商品市場は、認可金融商品取引業協会を除き、内閣総理大臣の免許を受けた者でなければ、開設してはならない。

2項　前項の規定は、金融商品取引業者等若しくは金融商品仲介業者又は金融サービス仲介業者が、この法律又は金融サービスの提供に関する法律の定めるところに従つて有価証券の売買若しくは市場デリバティブ取引（取引所金融商品市場によらないで行われるものを除く。）又はこれらの取引の媒介、取次ぎ若しくは代理を行う場合には、適用しない。

上記の80条2項にいう「有価証券の売買」は、いわゆる PTS（私的取引施設における取引）を想定している。そして、PTS は、次のように定義されている。

金融商品取引法2条8項10号

　有価証券の売買又はその媒介、取次ぎ若しくは代理であつて、電子情報処理組織を使用して、同時に多数の者を一方の当事者又は各当事者として次に掲げる売買価格の決定方法又はこれに類似する方法により行うもの（取り扱う有価証券の種類等に照らして取引所金融商品市場又は店頭売買有価証券市場（第67条第2項に規定する店頭売買有価証券市場をいう。）以外において行うことが投資者保護のため適当でないと認められるものとして政令で定めるものを除く。）

　イ　競売買の方法（有価証券の売買高が政令で定める基準を超え

ない場合に限る。）

ロ　金融商品取引所に上場されている有価証券について、当該金融商品取引所が開設する取引所金融商品市場における当該有価証券の売買価格を用いる方法

ハ　第67条の11第１項の規定により登録を受けた有価証券（以下「店頭売買有価証券」という。）について、当該登録を行う認可金融商品取引業協会が公表する当該有価証券の売買価格を用いる方法

ニ　顧客の間の交渉に基づく価格を用いる方法

ホ　イからニまでに掲げるもののほか、内閣府令で定める方法

第３に、上記の２条８項10号ハにおいて、金融商品取引法67条の11第１項により登録を受けた有価証券を「店頭売買有価証券」と定義している。なお、同法67条の11第１項は、次のように規定している。

金融商品取引法67条の11

１項　店頭売買有価証券市場を開設する認可協会は、当該店頭売買有価証券市場において売買を行わせようとする有価証券の種類及び銘柄を当該認可協会に備える店頭売買有価証券登録原簿に登録しなければならない。

認可協会（日本証券業協会）とは金融商品取引法67条１項に規定があり、次のように規定されているが、同条２項において「店頭売買有価証券市場」という概念が定められている（「店頭売買有価証券」概念は、上記の金融商品取引法２条８項10号のなかで定義されており、この点は定義既定の場所としてはわかりにくい）。

金融商品取引法67条

　１項　認可金融商品取引業協会（以下この章において「認可協会」という。）は、有価証券の売買その他の取引及びデリバティブ取引等を公正かつ円滑にし、並びに金融商品取引業の健全な発展及び投資者の保護に資することを目的とする。

　２項　認可協会は、有価証券（金融商品取引所に上場されていないものに限る。第67条の11第１項において同じ。）の流通を円滑にし、有価証券の売買その他の取引の公正を確保し、かつ、投資者の保護に資するため、店頭売買有価証券の売買（協会員（認可協会の会員をいう。以下この節において同じ。）が自己の計算において行うもの並びに協会員が媒介、取次ぎ及び代理を行うものに限る。同項において同じ。）のための市場（以下「店頭売買有価証券市場」という。）を開設することができる。

　３項　認可協会は、定款の定めるところにより、その開設する店頭売買有価証券市場ごとに、協会員が特定投資家等以外の者（当該有価証券の発行者その他の内閣府令で定める者を除く。）の委託を受けて行う有価証券の買付け（第67条の12第５号において「一般投資家等買付け」という。）を禁止することができる。

【４項以下、略】

　そして、金融商品取引法67条の18第４号において「取扱有価証券」という概念が登場する。

金融商品取引法67条の18（認可協会への報告）

　協会員（第一号から第三号までに掲げる場合にあつては、店頭

売買有価証券市場を開設する認可協会の協会員に限る。）は、次
の各号に掲げる場合において当該各号に定める事項を、内閣府令
で定めるところにより、その所属する認可協会に報告しなければ
ならない。

　　一　自己の計算において行う店頭売買有価証券の売買又は媒介、
取次ぎ若しくは代理を行う店頭売買有価証券の売買が成立した場
合　当該売買に係る有価証券の種類、銘柄、価格、数量その他内
閣府令で定める事項

　　二　自己の計算において店頭売買有価証券の売付け又は買付け
の申込みをした場合　当該売付け又は買付けの申込みに係る有価
証券の種類、銘柄、価格その他内閣府令で定める事項

　　三　店頭売買有価証券の売買の受託等をした場合　当該受託等
に係る有価証券の種類、銘柄、価格、数量その他内閣府令で定め
る事項

　　四　自己の計算において行う<u>取扱有価証券</u>（当該認可協会がそ
の規則において、売買その他の取引の勧誘を行うことを禁じてい
ない株券、新株予約権付社債券その他内閣府令で定める有価証券
（金融商品取引所に上場されている有価証券、店頭売買有価証券
及び当該規則において流通性が制限されていると認められる有価
証券として内閣総理大臣が定めるものを除く。）をいう。以下同
じ。）の売買又は媒介、取次ぎ若しくは代理を行う取扱有価証券
の売買が成立した場合　当該売買に係る有価証券の種類、銘柄、
価格、数量その他内閣府令で定める事項

　　五　自己の計算において取扱有価証券の売付け又は買付けの申
込みをした場合　当該売付け又は買付けの申込みに係る有価証券

の種類、銘柄、価格その他内閣府令で定める事項

　六　取扱有価証券の売買の受託等をした場合　当該受託等に係る有価証券の種類、銘柄、価格、数量その他内閣府令で定める事項

【7号・8号、略】

　なお、有価証券の「売出し」から除かれるものを定める金融商品取引法施行令1条の7の3は、次のような規定ぶりとなっている。

金融商品取引法施行令1条の7の3
　法第2条第4項及び第6項に規定する政令で定める有価証券の取引は、次の各号のいずれかに該当する取引とする。
　一　取引所金融商品市場における有価証券の売買
　二　店頭売買有価証券市場（法第67条第2項に規定する店頭売買有価証券市場をいう。以下同じ。）における有価証券の売買
　三　法第2条第8項第10号に掲げる行為による有価証券（金融商品取引所に上場されているもの又は店頭売買有価証券（同号ハに規定する店頭売買有価証券をいう。以下同じ。）に限る。）の売買（当該有価証券が特定上場有価証券（同条第33項に規定する特定上場有価証券をいう。以下同じ。）である場合にあつては、特定投資家等のみを当事者として行われるものに限る。）
【4号以下、略】

(2)　関連する規定など

(ア) ToSTNeT

　東京証券取引所は、ToSTNeT と呼ばれる立会外取引の機会を提供している。具体的には、まず、平成 9 年 6 月の証券取引審議会の報告「証券市場の総合的改革」において取引所集中義務の撤廃が提言されたことを受けて、大口取引やバスケット取引といった多様化する取引手法に対応する観点から、同年11月に立会外取引制度が開始された。これは、注文発注・約定処理のシステム化が図られず、会員証券会社が同一条件の売注文と買注文を同時に発注する対等取引の執行に限定され、かつ、オークションの立会時間以外に限定されたものであった。続いて、平成10年に、立会外取引制度を拡充し、電子取引市場である ToSTNeT（Tokyo Stock Exchange Trading NeTwork System）が導入された。同年 6 月に大口取引やバスケット取引を対象とする ToSTNeT-1 が、同年 8 月に売買立会における終値等で取引を行う ToSTNeT-2 が稼働した。なお、これらは、引き続き、オークションの立会時間以外に限定されている。そして、平成20年 1 月に、ToSTNeT 取引の取引目的が多様化し、立会時間中の取引などの要望が高まったことを踏まえ、ToSTNeT 市場を立会市場から独立した市場とし、取引時間が拡大された。また、これに合わせて、事前公表型の自己株式取得のための新たな手段として自己株式立会外買付取引を対象とする ToSTNeT-3 が導入された [1]。

1　本稿は、高橋康文編著『平成16年証券取引法改正のすべて』94頁以下（第一法規、2005年）に負うところが大きい。ToSTNeT の歴史については、東京証券取引所上場部企画グループ総括課長の池田直隆氏からご教示を得た。ただし、本稿についての責任は筆者のみが負う。

これらの ToSTNeT 取引は、公開買付けに係るいわゆる 3 分の 1 ルールとの関係で、平成17年 7 月 8 日の金融庁告示第53号（官報号外154号10頁）により、「取引所金融商品市場における有価証券の売買等であつて競売買の方法以外の方法による有価証券の売買等として内閣総理大臣が定めるもの」として指定されている。つまり、ここでは、ToSTNeT 取引は「取引所金融商品市場における」取引であるけれども 3 分の 1 ルールの適用対象となるとされたわけである（他の立会外取引も同じ）。

（イ）商法と破産法の例

参考までに、金融商品取引法以外の法律を見ると、私法ではあるが、商法の平成 6 年改正によって導入された当時の自己株式取得禁止規制を一部緩和する規定として、次のものがある（下線は、筆者）。

商法第210条ノ 2 （平成 6 年改正により追加）

1 項　会社ハ前条ノ規定ニ拘ラズ正当ノ理由アルトキハ使用人ニ株式ヲ譲渡ス為ニ発行済株式ノ総数ノ百分ノ三ヲ超エザル範囲内ニ於テ自己ノ株式ヲ取得スルコトヲ得

2 項　前項ノ場合ニ於テ株式ヲ買受クルニハ左ノ事項ニ付定時総会ノ決議アルコトヲ要ス此ノ場合ニ於テハ取締役ハ使用人ニ株式ヲ譲渡スコトヲ必要トスル理由ヲ開示スルコトヲ要ス

一　決議後最初ノ決算期ニ関スル定時総会ノ終結ノ時迄ニ買受クベキ株式ノ種類、総数及取得価額ノ総額

二　買受クベキ株式ガ取引所ノ相場アル株式及取引所ノ相場ニ準ズル相場アル株式ニ非ザルモノナルトキハ其ノ売主

3 項　第 1 項ノ場合ニ於テハ買受クルコトヲ得ベキ株式ノ総数ハ

発行済株式ノ総数ノ100分ノ3ヲ超ユルコトヲ得ズ且其ノ株式ノ取得価額ノ総額ハ貸借対照表上ノ純資産額ヨリ第290条第1項各号ノ金額及定時総会ニ於テ利益ヨリ配当シ若ハ支払フモノト定メ又ハ資本ニ組入レタル額ノ合計額ヲ控除シタル額ヲ超ユルコトヲ得ズ

4項　第1項ノ場合ニ於テ株式ヲ買受クルコトヲ得ベキ期間ハ第2項第一号ニ定ムル時迄トス

5項　第2項第二号ニ定ムルトキハ同項ノ決議ハ第343条ノ規定ニ依リ之ヲ為スコトヲ要ス此ノ場合ニ於テハ第204条ノ3ノ2第3項及第4項ノ規定ヲ準用ス

6項　第2項ノ場合ニ於ケル議案ノ要領ハ第232条ニ定ムル通知ニ之ヲ記載スルコトヲ要ス同項第二号ニ掲グル事項ニ関スル議案ノ要領ヲ記載スルトキハ次項ノ規定ニ依ル請求アリ得ベキコトヲモ記載スルコトヲ要ス

7項　株主ハ第2項第二号ニ掲グル事項ニ関スル議案ノ要領ガ記載サレタル前項ノ通知ヲ受ケタルトキハ取締役ニ対シ会日ヨリ5日前ニ書面ヲ以テ其ノ事項ニ係ル議案ヲ売主ニ自己ヲモ加ヘタルモノト為スベキコトヲ請求スルコトヲ得此ノ場合ニ於テハ第256条ノ3第6項ノ規定ヲ準用ス

8項　第1項ノ場合ニ於テ株式ヲ買受クルニハ其ノ株式ガ取引所ノ相場アル株式ナルトキハ取引所ニ於テスル取引ニ、取引所ノ相場ニ準ズル相場アル株式ナルトキハ取引所ニ於テスル取引ニ準ズル取引ニ依ルコトヲ要ス

改正時の立案担当者の説明では、ここにいう「取引所の相場ある株

式」とは、上場株式を意味し、「取引所の相場に準ずる相場ある株式」とは、店頭登録株式を意味するとされている[2]。店頭登録株式の取引が行われる場は取引所（市場）ではないが、取引所の相場に準ずる相場があると整理されたわけである。なお、その後、証券取引法の平成10年改正により、店頭登録株式の取引が行われる場は「市場」（店頭登録市場）になっている。そして、この商法の規定は、その後、平成13年の商法改正を経て、平成17年に制定された現在の会社法の次の規定となっている。

> 会社法165条
> １項　第157条から第160条までの規定は、株式会社が市場において行う取引又は金融商品取引法第27条の２第６項に規定する公開買付けの方法（以下この条において「市場取引等」という。）により当該株式会社の株式を取得する場合には、適用しない。
> ２項　取締役会設置会社は、市場取引等により当該株式会社の株式を取得することを取締役会の決議によって定めることができる旨を定款で定めることができる。
> 【３項、略】

　ここでは「市場」概念についての定義は存在しないが、証券取引法（そして金融商品取引法）における市場と同様に考える趣旨ではないかと思われる[3]。

　別の法律の例として、破産法（平成16年制定）には次の規定が置か

2　法務省民事局参事官室編『一問一答・平成６年改正商法』45頁（商事法務研究会、1994年）。

3　前注文献を参照。

れている。

破産法58条（市場の相場がある商品の取引に係る契約）

１項　取引所の相場その他の市場の相場がある商品の取引に係る契約であって、その取引の性質上特定の日時又は一定の期間内に履行をしなければ契約をした目的を達することができないものについて、その時期が破産手続開始後に到来すべきときは、当該契約は、解除されたものとみなす。

２項　前項の場合において、損害賠償の額は、履行地又はその地の相場の標準となるべき地における同種の取引であって同一の時期に履行すべきものの相場と当該契約における商品の価格との差額によって定める。

３項　第54条第１項の規定は、前項の規定による損害の賠償について準用する。

４項　第１項又は第２項に定める事項について当該取引所又は市場における別段の定めがあるときは、その定めに従う。

５項　第１項の取引を継続して行うためにその当事者間で締結された基本契約において、その基本契約に基づいて行われるすべての同項の取引に係る契約につき生ずる第２項に規定する損害賠償の債権又は債務を差引計算して決済する旨の定めをしたときは、請求することができる損害賠償の額の算定については、その定めに従う。

ここにいう「その他の市場の相場」というのは広く解されている[4]。

4　伊藤眞ほか『条解破産法（第３版）』471頁（弘文堂、2020年）参照。

「市場」概念の定義は破産法に存在しないが、金融商品取引法における「市場」よりは広そうであるということになる。

(3) 若干の整理

　以上を歴史的に振り返ると、まず、いわゆる店頭売買登録銘柄は、昭和38年以降日本証券業協会が認めてきたものであるが、これは証券取引法の平成4年改正で証券取引法に位置づけられ、不公正取引禁止規制の対象とされたが、その際に「店頭売買有価証券」と定義されることとなった（市場で売買されるものとは位置づけられていなかった）。これが、証券取引法の平成10年改正で「店頭売買有価証券市場」として位置づけられることとなった（店頭登録銘柄はジャスダック銘柄となって「市場」銘柄すなわち上場株式となった）。そして、この平成10年改正において、新しく「PTS」制度が導入された。その後、平成16年にジャスダックの運営主体である「株式会社ジャスダック」は商号を「株式会社ジャスダック証券取引所」へと変更し、同年12月に証券取引法上の「店頭売買有価証券市場」から「取引所有価証券市場」へと転換した[5]。

　次に、日本証券業協会が「店頭取扱有価証券」と呼ぶものは、非上場の株券等（店頭有価証券）のうち、上場会社並みの開示が行われているもので、勧誘が認められている[6]。法制度としては、証券取引法の平成16年改正により、「取扱有価証券」が取引・気配情報の報告・公表義務の対象となり、証券取引法上位置づけられた。「取扱有価証

5　高橋編著・前掲（注1）94頁以下を参照。
6　日本証券業協会のウェブサイトを参照。https://market.jsda.or.jp/shijyo/phoenix/seido/gaiyou/gaiyou/s002.html

券」には不正行為の禁止やインサイダー取引規制等の不公正取引の禁
止規制も適用されるが、相場操縦の禁止や相場変動の風説の流布の禁
止は適用されない。いわゆるグリーンシート銘柄は、金融商品取引法
上の「取扱有価証券」である。「取扱有価証券」は、認可協会（日本証
券業協会）がその規則において投資勧誘を禁じていない株券などの非
上場・非店頭登録の有価証券（株主コミュニティ銘柄を除く）をいう
ことになる。なお、グリーンシート銘柄は、平成9年に開始したが、
平成30年に廃止されている。いわゆるフェニックス銘柄も取扱有価証
券であり、平成20年に開始したが、株主コミュニティ銘柄が平成27年
に開始したこともあり、平成28年以降は存在しない[7]。

　以上に概観した有価証券（すなわち現物株）の「市場」について、
一般には、次のように説明されている[8]。

　　有価証券市場とは、「一般的には、一定の物件について、多数
　の者が集合して……、定型化された方法、条件に基づき、継続的
　に取引が行われる場（物理的だけでなく電子的なものでもよい）
　と整理されると考えられる」。
　　グリーンシートは、「証券業協会が一定の規則を設けることで
　取引の場を提供している」ことから「証券業協会が開設する有価
　証券市場」にあたりうる。

以上を「業」に関する規制との関係で整理すると、次のような3層
の構造とされていることになる。
①　金融商品市場の開設（免許制）・店頭売買市場の開設（認可制）

7　高橋編著・前掲（注1）94頁以下を参照。
8　高橋編著・前掲（注1）108頁・113頁。

② PTS業務（第1種金融商品取引業／認可制）

③ 有価証券の売買・その媒介等（第1種又は第2種金融商品取引業／登録制）

なお、「市場」と有価証券の関係を見ると、次のようになる。

① 取引所金融商品市場で取引される有価証券は、上場有価証券

② 店頭売買有価証券市場で取引される有価証券は、店頭売買有価証券

③ グリーンシートやフェニックス等（上記のように市場にあたりうるとの見解がある）で取り扱われる有価証券は、取扱有価証券

これに対して、「市場」でないPTSや証券会社内（いわゆるダークプール）では、上記の3種類の有価証券のいずれについても取引（取扱い）が可能である。

以上に対して、デリバティブは、次のように、市場との関係でも、また業規制との関係でも、2層構造になっているように見受けられる。ただし、店頭デリバティブ取引の場を提供することは、それだけでは市場にはならないが、金融商品取引法の平成24年改正により、電子店頭デリバティブ取引等業務（電子取引基盤の提供）の制度が導入され、第1種金融商品取引業で許可制となっている（同法60条の14）[9]。このため、一部3層構造になっていると見ることもできなくはない。

① 市場デリバティブ取引を行う金融商品市場の開設（免許制）

② 店頭デリバティブ取引・その媒介等（場の提供を含む）（第1

---

9 古澤知之＝栗田照久＝佐藤則夫監修・高木悠子＝齊藤将彦＝小長谷章人＝笠原基和編著『逐条解説・2012年金融商品取引法改正』（商事法務、2013年）を参照。

有価証券　　　　　　　　　　　　　　デリバティブ

金融商品市場の開設 （免許制）	店頭売買市場の 開設（認可制）	市場デリバティブ取引を行う金融商品 市場の開設（免許制）

PTS 業務 （第1種金融商品取引業／認可制）

有価証券の売買・その媒介等 （第1種・第2種金融商品取引業／登録制）	電子店頭デリバティブ取引等業務（電子 取引基盤の提供） （第1種金融商品取引業／許可制） 店頭デリバティブ取引・その媒介等 （上記以外の場の提供を含む） （第1種金融商品取引業／登録制） 市場デリバティブ取引・その媒介等 （第2種金融商品取引業／登録制）

種金融商品取引業／登録制、一部許可制）

③　市場デリバティブ取引・その媒介等（第2種金融商品取引業／
登録制）

3　むすびに代えて

以上に概観したところからいえそうなことは、次の通りである。

第1に、有価証券の市場については、有価証券の種類（3種類）に
基づいて市場が把握されている。しかし、市場でない PTS と証券会
社のダークプールについては、こうした有価証券の種類に応じた認識
はされていない（いずれにおいても、3種類の有価証券のすべてにつ
いて取扱いが可能である）。

第2に、デリバティブについては、市場デリバティブと市場でない
店頭デリバティブという2分類とされている。

有価証券の取引とデリバティブの取引とはその経済実質が同じわけではないので、「市場」概念も同じであるべきであるとはいえないかもしれない。しかし、複雑でわかりにくいことを別としても、「市場」概念を定義することができれば、それに応じた規制は説明もしやすくなるように思われる。また、有価証券取引について PTS 制度が存在することを前提とすると、それに該当するものがデリバティブについて制度として存在しないことは、少なくとも論理的には、その理由を見出すことはできにくいように思われる。そうだとすれば、概念整理の問題としては、有価証券についても市場とそれ以外とに整理することとして、デリバティブと同様に2層構造に整理するか、あるいは、有価証券については現状のままの3層構造とし、デリバティブについて PTS に相当する仕組みにおける取引を認識して、デリバティブについても3層構造にするか、どちらかの整理を目指すことが論理的には一貫するように思われる。

【執筆者】

【責任編集・座長】

神田　秀樹（かんだ　ひでき）

　学習院大学大学院法務研究科教授。東京大学名誉教授。

　1977年　東京大学法学部卒業。1993年から東京大学大学院法学政治学研究科教授。2016年に東京大学を退職し、同年から学習院大学大学院法務研究科教授。東京大学名誉教授。専攻は、商法、金融法、証券法。主著として、『会社法（第23版）』（弘文堂、2021年）、『会社法入門（新版）』（岩波新書、2015年）、『金融商品取引法概説（第2版）』（共編著、有斐閣、2017年）、『The Anatomy of Corporate Law（3rd ed.）』（共著）（Oxford University Press, 2017）など。

【執筆者・五十音順】

飯田　秀総（いいだ　ひでふさ）

　東京大学大学院法学政治学研究科教授。

　2002年東京大学法学部卒業。2003年司法修習（第56期）修了。2006年東京大学大学院法学政治学研究科修士課程修了。2006年東京大学大学院法学政治学研究科助手。2008年ハーバード・ロー・スクール LL.M. 修了。2010年神戸大学大学院法学研究科准教授。2017年東京大学大学院法学政治学研究科准教授。2023年同教授（現在に至る）。主著として、『株式買取請求権の構造と買取価格算定の考慮要素』（商事法務、2013年）、『公開買付規制の基礎理論』（商事法務、2015年）、『企業買収法の課題』（有斐閣、2022年）、『金融商品取引法』（新世社、2023年）などがある。

石川　真衣（いしかわ　まい）

　東北大学大学院法学研究科准教授。

　2011年早稲田大学法学部卒業。2013年早稲田大学大学院法学研究科修士課程修了。博士（法学）。早稲田大学法学学術院助手、早稲田大学高等研究所助教・講師（任期付）、公益財団法人日本証券経済研究所研究員を経て、2022年4月より現職。主要な業績として、「フランス株式会社法における『ソシエテ契約（contrat de société）』概念の意義（1）～（3・完）」早法95巻1号125～163頁、95巻2号125～161頁、95巻4号93～138頁（2019～2020）、「サステナビリティ・ガバナンスをめぐるフランス企業法制の最新動向―2019年 PACTE 法とその後―」商事2300号24～35頁（2022）など。

伊藤　雄司（いとう　ゆうじ）

　法政大学法学部　教授。

　1996年、東京大学法学部卒業。東京大学大学院博士課程修了（博士（法学））。2003年日本学術振興会特別研究員。2005年専修大学法学部専任講師、2007年同大学准教授。2014年上智大学法学部教授、2023年法政大学法学部教授（現在に至る）。主著として、『論点体系保険法１』（共著）（第一法規、2014）、『事例で考える会社法〔第２版〕』（共著）（有斐閣、2015）などがある。

大崎　貞和（おおさき　さだかず）

　野村総合研究所未来創発センター主席研究員・東京大学公共政策大学院客員教授。

　1986年東京大学法学部卒業後、野村総合研究所入社。ロンドン大学法科大学院、エディンバラ大学ヨーロッパ研究所にて、それぞれ LL.M.（法学修士）取得。主な著書に『フェア・ディスクロージャー・ルール』（日本経済新聞出版社、2017年）、『ゼミナール金融商品取引法』（宍戸善一氏と共著、日本経済新聞出版社、2013年）『解説金融商品取引法』〔第３版〕（弘文堂、2007年）、『金融構造改革の誤算』（東洋経済新報社、2003年）など。

加藤　貴仁（かとう　たかひと）

　東京大学大学院法学政治学研究科教授。

　2001年東京大学法学部卒、神戸大学大学院法学研究科助教授、同准教授、東京大学大学院法学政治学研究科准教授を経て、2017年10月より現職。主な著書・論文として『株主間の議決権配分――株一議決権原則の機能と限界―』（商事法務、2007年）、「高値取得損害／取得自体損害二分論の行方―判例法理における有価証券報告書等の虚偽記載等と投資者が被った損害の相当因果関係の判断枠組みの検討」（落合誠一先生古稀記念論文集『商事法の新しい礎石』（有斐閣、2014年）所収）、「株主優待制度についての覚書」（江頭憲治郎先生古稀記念論文集『企業法の進路』（有斐閣、2017年）所収）等がある。

鈴木　利光（すずき　としみつ）

　大和総研ニューヨークリサーチセンター長。

　2002年、慶応義塾大学法学部卒業。2007年５月、大和総研入社、会計制度を担当。2010年２月から2012年７月、ロンドンに駐在し、欧州及び英国の金融制度の動向を担当。2012年７月から2017年６月、邦銀のバーゼルⅢ対応、大口信用供与等規制、証拠金規制等を担当。2017年７月から2019年６月、金融庁監督局総務課健全性基準室（兼金融研究センター）に出向し、バーゼル規制、FSB レポ規制、証拠金規制等の国内実施に従事。また、2019年６月には、金融庁金融研究センターの研究官として、バーゼル規制の国内実施に関するディスカッション・ペーパーを作成、公表。2019年７月から2023年７月、金融制度、会計、金商法を担当。

2023年8月より現職、米国の金融制度を担当。主な著書に「なるほど金融　バーゼルⅢの初歩 Q&A（Kindle 版）」（大和総研調査本部、2015年8月）など。

関　雄太（せき　ゆうた）

野村資本市場研究所 常務。

1990年慶應義塾大学法学部卒業、1999年南カリフォルニア大学マーシャルビジネススクール修了。1990年野村総合研究所入社、2004年4月、新設の野村資本市場研究所に転籍、ニューヨーク駐在主任研究員として米国資本市場・金融ビジネスの潮流に関わる調査研究に携わる。2011年4月、日本に帰任し、同研究所研究部長。2017年4月より同研究所執行役員、2021年4月より現職。多数の寄稿・講演のほか、証券経済研究所「証券業界とフィンテックに関する研究会」座長代理、投資信託協会海外調査部会委員、不動産証券化協会国際委員会専門委員などを務める。主な著作物（分担執筆）に「金融サービスの新潮流〜ゴールベース資産管理」（2023年、日本経済新聞出版）など。

中空　麻奈（なかぞら　まな）

BNP パリバ証券グローバル統括本部副会長／チーフクレジットストラテジスト、チーフ ESG ストラテジスト兼務。

1991年慶應義塾大学経済学部終了。野村総合研究所、野村アセットマネジメントなどを経て、モルガンスタンレー、JP モルガン証券。2008年に BNP パリバ証券クレジット調査部長として入社し、2010年に投資調査本部長。2020年2月より現職。経済財政諮問会議民間議員、財政制度審議会起草委員、税制調査会メンバーなどを務める。

根本　剛史（ねもと　たけし）

西村あさひ法律事務所・外国法共同事業弁護士（パートナー）。

2003年、慶應大学法学部法律学科卒業、2005年、弁護士登録（58期）。2014年、ヴァージニア大学ロースクール卒業（LL.M.）、2015年、米国ニューヨーク州弁護士登録。

〈主要著作〉

『「ビジネスと人権」の実務』（共著、商事法務、2023年）、『誇れる会社であるために　戦略としての CSR』（共著、クロスメディア・パブリッシング、2022年）、『NPO の法律相談［改訂新版］』（共著、英治出版、2022年）、『M&A 法大全［全訂版］』（共著、商事法務、2019年）など。

藤野　大輝（ふじの　だいき）

大和総研金融調査部制度調査課（ESG 調査課兼任）課長代理。

2017年東京大学経済学部卒業。同年4月、大和総研入社。2018年より現職、開示／会計制度、情報法制、金融商品取引法、税制を担当。主な著書に「ESG 情報

開示の実践ガイドブック」（中央経済社、2022年）など。

松尾　直彦（まつお　なおひこ）

弁護士（松尾国際法律事務所）。

1986年3月東京大学法学部卒業、1986年4月大蔵省入省、1989年6月米国ハーバード大学ロースクール修了（LL.M.）、1990年5月米国ニューヨーク州弁護士登録。2002年7月金融庁総務企画局国際課企画官、2005年8月金融庁総務企画局市場課 投資サービス法（仮称）法令準備室長（2006年7月金融商品取引法令準備室長）兼政策課法務室長、2007年8月〜2019年3月東京大学大学院客員教授、2009年8月〜2019年5月西村あさひ法律事務所弁護士を経て、2019年5月より現職。主な著書等に、『Q＆A　アメリカ金融改革法　ドッド＝フランク法のすべて』（金融財政事情研究会、2010年）、『最新インサイダー取引規制―平成25年改正金商法のポイント』（金融財政事情研究会、2013）、『金融商品取引法〔第7版〕』（商事法務、2023年）他、著書・論稿多数。

森田　多恵子（もりた　たえこ）

西村あさひ法律事務所・外国法共同事業弁護士（パートナー）。

2003年、京都大学法学部卒業、2004年、弁護士登録（57期）。2010年、ペンシルベニア大学ロースクール卒業（LL.M.）、2011年、米国ニューヨーク州弁護士登録。〈主要著作〉

『「ビジネスと人権」の実務』（共著、商事法務、2023年）、『サステナビリティ委員会の実務』（共編集、商事法務、2022年）、『会社補償の実務〔第2版〕』（共編著、商事法務、2022年）、『デジタルトランスフォーメーションハンドブック』（共編著、商事法務、2022年）、『株主総会デジタル化の実務』（共編著、中央経済社、2021年）、『債権法実務相談』（共監著、商事法務、2020年）など。

脇田　将典（わきた　まさのり）

東北大学大学院法学研究科　准教授。

2012年東京大学法学部卒業。2014年東京大学法学政治学研究科法曹養成専攻専門職学位課程修了。東京大学大学院法学政治学研究科助教、東京大学大学院法学政治学研究科特任講師、金沢大学人間社会研究域法学系講師を経て、2022年4月より現職。主要な業績として、「組織再編の差止めの訴え（1）」法学協会雑誌137巻2号161頁（2020）、「公開買付規制の総合的検討―序論」資本市場研究会編『企業法制の将来展望―資本市場制度の改革への提言―2022年度版』247頁等（財経詳報社、2021）がある。

企業法制の将来展望—資本市場制度の改革への提言—
2024年度版

平成24年12月10日　初版発行©
令和 5 年12月26日　2024年度版発行

　　　　編　集　公益財団法人　資本市場研究会
　　　　発行人　日出島　恒夫

　　　　発行所　公益財団法人　資本市場研究会
　　　　〒103-0025　東京都中央区日本橋茅場町2-8-4
　　　　　　　　　　電話　03-3667-3514（代表）
　　　　　　　　　　FAX　03-3669-1765
　　　　　　　　　　http://www.camri.or.jp
　　　　　　　　　　E-mail：camri@camri.or.jp
　　　　発　売　株式会社　財経詳報社
　　　　〒103-0013　東京都中央区日本橋人形町1-7-10
　　　　　　　　　　電話　03-3661-5266
　　　　　　　　　　FAX　03-3661-5268

落丁・乱丁本はお取り替えいたします。　　印刷・製本　創栄図書印刷
　　　　　　　　　　　　　　　　　　　　2023 Printed in Japan
　　　　　　　　　ISBN 978-4-88177-781-7